INSIDERBUCH FLASH 5

INSIDERBUCH

Flash 5

Tipps, Tricks und Techniken für die professionelle Arbeit mit Macromedia Flash 5

Claude Ammann

MIDAS VERLAG

Insiderbuch Flash 5

Tipps, Tricks und Techniken für die
professionelle Arbeit mit Macromedia Flash 5

ISBN 3-907020-47-2
1. Auflage 2001

03 02 01 00 / 5 4 3 2 1

Verantwortlicher Herausgeber: Gregory C. Zäch

Deutsche Originalausgabe

Illustrationen: Kabeljau, Zürich | www.kabeljau.ch

GRUNDLAGEN

EINLEITUNG 16

1. IHRE ARBEITSUMGEBUNG IN FLASH 24

4. Erweiterte Animationen 58

5. Einfügen von Sound 66

6. Interaktion 72

7. Die Premiere 82

VERTIEFUNG

17. Swish 220

18. Flax und SWfX 230

«Best of Flash»

Index 261

GRUNDLAGEN

WILLKOMMEN!

Vielen Dank, dass Sie sich für dieses Insiderbuch zu Flash 5 interessieren!

FLASH REVOLUTIONIERT DAS WEB

Schon seit Flash 4 gibt es keine Zweifel mehr: Dieses Programm bestimmt den neuen Standard von Webseiten. Die Version 5, von der dieses Buch handelt, wurde um einige interessante Funktionen ergänzt: So wurde das Programm in der Benutzerführung erheblich verbessert. Auch die Einführung von frei schwebenden Paletten in Flash 5 ermöglicht nun ein intuitives und zeitsparendes Arbeiten.

Und so sehe ich mich in meiner Überzeugung – übrigens schon seit Erscheinen von Flash 3 im Herbst 98 – bestätigt, endlich diejenige Arbeitsumgebung gefunden zu haben, mit der ich *ansprechende Multimedia-Anwendungen im World Wide Web* realisieren kann.

Technische Herausforderungen

Das technische Problem im Internet liegt immer noch in seiner relativ geringen Bandbreite: Wenn man z. B. ein Bild im Web betrachten möchte, erfordert dies – selbst wenn das Bild sehr klein ist – einige Sekunden, bis es endlich auf dem Bildschirm bzw. im Browser erscheint. Nun kann man sich ja vorstellen, wie lange es dauert, einen ganzen Videofilm oder eine 3D-Animation zu betrachten...
Und selbst mit den neueren Technologien zur virtuellen Bildübertragung wie z. B. «QuickTime» oder «RealVideo» kann von einem «flüssigen Ablauf in Echtzeit» immer noch nicht die Rede sein; denn wer wartet schon – noch dazu im «Zeitalter des Zapping» – über Minuten vor seinem Bildschirm auf eine unbekannte Webseite und dazu noch auf eigene (Telefon-) Kosten? Wie also können animierte Bilder, Sound und dynamische Benutzeroberflächen im Internet ohne derartige Geduldsproben schnell abgerufen werden?

Ein kurzer Blick zurück

Blicken wir dabei einmal kurz auf die bisherige Entwicklung, mit der auch Macromedia nach einem Weg suchte, um die Klippe der begrenzten Bandbreite elegant zu umschiffen... Zudem hatte sich dieses Unternehmen schon einen Namen mit anderen qualitativ hochwertigen Produkten wie *FreeHand*, *Dreamweaver*, *Fireworks* und vor allem *Director* gemacht.

Director war zudem als Multimedia-Autorenumgebung schon früh dafür bekannt, Anwendungen für CD-ROMs extrem komprimieren zu können und somit auch geeignet, sie ins Netz zu stellen bzw. hochzuladen. Die Technologie hierzu nennt sich «Shockwave»; und obwohl Shockwave ein Schritt in die richtige Richtung war, erwies es sich doch nicht als die brauchbare Lösung: Zu gross waren die komprimierten, «geshockten» Filme, die im Internet platziert werden sollten.

Streaming-Verfahren und vektorbasierte Gestaltungsgrundlagen

Doch schon bald wurde Macromedia fündig: Eine kleine Firma entwickelte eine ansprechendes Lösungsmodell, das vor allem in zwei Punkten überzeugen konnte:

- *Streaming-Verfahren*
  «Streaming» wurde und wird als eine Technologie schon von QuickTime und RealVideo verwendet. So kann hiermit z. B. ein Film – noch während er geladen wird! – bereits auf dem Monitor des Anwenders abgespielt werden; dies geschieht dadurch, dass kleinere Datenpakete übers Netz versendet werden, die unmittelbar betrachtet werden können. Welch ein Zeitgewinn und eine ideale Möglichkeit, um langwierige Ladezeiten zu vermeiden!

- *Vektorbasierte Gestaltungsgrundlage*
  Während in *Director* – aber auch z. B. im Bildbearbeitungsprogramm *Photoshop* aus dem Hause Adobe bis zur Version 6 – so genannte «Bitmaps», also *pixelorientierte Bilder*, verwendet werden, hatte sich gerade im Internet der Einsatz von *vektorbasierten Grafiken* weitaus besser bewährt. Hierzu einige kurze aber grundlegende Erklärungen:

Die gerade erwähnten Bitmap-Bilder setzen aus Tausenden von Pixeln zusammen: Ein Bild beispielsweise von 100 Pixeln Länge und 100 Pixeln Höhe speichert Bildinformationen für 100 x 100, also für 10'000 Pixel. Folglich steigt auch die Dateigrösse rasant an und dies kann gerade bei einer anspruchsvolleren Darstellung im Internet zu einem grossen Daten-Transferproblem werden.

Das Phänomen der «Vektor-Grafiken» hingegen basiert auf mathematischem Formeln, die Informationen über Grösse, Form, Farbe usw. eines Bildobjektes enthalten. Die Formeln gewährleisten, dass selbst komplexere Grafiken dennoch kleine Dateigrössen besitzen. *Auch können diese beliebig skaliert, also vergrössert oder verkleinert werden, ohne dass diese dabei an Qualität verlieren.* Und das ist genau das, was wir uns für das Internet so leidenschaftlich wünschen!

Lassen Sie uns diesen Unterschied zwischen einem Vektor- und einem Bitmapbild einmal in einem konkreten Beispiel anschauen. So haben die Bitmap-Bilder die unschöne Eigenschaft, bei einer Vergrösserung leider ziemlich auszufransen.
Sehen Sie es selbst: Der Vektorkreis links ist am Rand geschnitten scharf. Der Bitmapkreis rechts ist an den Kanten unsauber und ausgefranst.

Der Unterschied zwischen einem vergrösserten Vektor- und einem vergrösserten Bitmap-Kreis fällt deutlich ins Auge.

Doch noch kurz weiter zur Historie von Flash: Jenes mit diesen beiden attraktiven Features ausgestattete Programm hiess damals noch «Futuresplash»; nach dem Aufkauf durch Macromedia erblickte *Flash* das Licht der Welt. In seiner Version 1 war Flash dabei vor allem auf die Erstellung von so genannten «Bannern» spezialisiert. «Banner» sind die mitunter etwas nervigen Werbeflächen auf einer Webseite. Aber auch hier kommt es natürlich auf die Kunst der Präsentation an, die sie auch mit diesem Buch vielleicht zu verfeinern gedenken. Schon mit Flash 3 war – neben der Banner-Erstellung – eine eigenständige, mächtige Autorenumgebung geschaffen worden, die das Gesicht des Internets entscheidend beeinflusste; und so geriet die bisherige Shockwave-Lösung aufgrund der zu enormen Dateigrösse der einzelnen Filme – und auch wegen der Schwierigkeit, das Shockwave-«Plug-In» zu verbreiten – mehr und mehr ins Hintertreffen. Doch das gibt uns die Gelegenheit, noch zu einem weiteren Thema – den Plug-Ins – einige wissenswerte Aspekte anzuführen.

Plug-In – Ihr Garant der Unabhängigkeit

«Plug-In» stammt aus dem Englischen und bedeutet unter anderem «Stecker»; im Software-Bereich bezeichnet man mit Plug-In ein kleines Zusatzprogramm, welches den Funktionsumfang eines bestehenden Programmes weiter vergrössert. Es wird jeweils im Plug-In-Ordner des jeweiligen Programms abgespeichert.

Auch Flash benötigt ein Plug-In, um mit dem Browser eigenständige Filmdateien auf einer Webseite abzuspielen. Die bisherige Sprache des Webs «HTML» – ausgeschrieben heisst dies *Hypertext Markup Language* – wird mit Flash nur noch dazu verwendet, die Filmdatei auf der Webseite zu platzieren, die Funktionsfähigkeit des einzelnen Films selbst wird über das Plug-In geregelt. Der grosse Vorteil: Die Filmdatei wird *unabhängig von einer bestimmten Plattform bzw. von einem bestimmten Browser-Typus*; dies war für alle Web-Designer bisher eine recht grosse Hürde – wir erinnern uns an die entsprechenden Lektionen aus Büchern wie «Web Site Design» von David Siegel & Co. Und so wird Flash als eigenständiger Film auf allen mit einem Plug-In ausgestatteten Plattformen gleich dargestellt.

Das Flash-Plug-In war mit seinen nur ca. 165 KiloByte/KB schnell heruntergeladen und im Browser installiert. Und so wurde dieses Plug-In mittlerweile so häufig wie vielleicht kaum ein anderes Software-Tool downgeloadet: Mittlerweile dürften es bereits über 334 Millionen Anwender sein, die die grossartigen Möglichkeiten von Flash nun auch in Ihrem Browser erfassen wollen; zudem ist das Plug-In aber nun auch schon in allen gängigen Browser-Versionen standardmässig mit im Lieferumfang enthalten.

Was genau kann Flash?

Flash ist eine Autorenplattform, mit der es Ihnen möglich wird, *interaktive Websites und Animationsfilme* zu erstellen. Die *Spezialität* von Flash liegt zweifelsohne in der *Animation auf* der bereits erwähnten *Vektorbasis*; so bringen Sie einfach Leben in Ihre Webseiten! Sie erstellen Objekte und Texte, die Sie dann nach Belieben über den Bildschirm schicken, einblenden /ausblenden, umformen uvm. können. Auch einfache Licht-

effekte, bewegte Rollovers und eine intuitivere Interaktion mit dem Anwender sind kein Problem.
Die Krönung bildet «ActionScript», die Flash-interne Programmiersprache. In der Flash-Version 5 wurde Actionscript vom Aufbau her zudem JavaScript angepasst. Hiermit erstellen Sie einfache Aktionen wie z.B. Tasten, welche der Anwender drücken kann, um irgendwohin zu gelangen, oder sogar ganze Spiele, welche Ihre Website enorm aufwerten können.
Doch dazu mehr auf den hinteren Seiten dieses Buches und vor allem Schritt für Schritt.

ÜBER DIESES BUCH

Philosophie

In der tagtäglichen Arbeit habe ich sehr schnell festgestellt, dass Flash in manchen Teilen durchaus gewöhnungsbedürftig ist – also: Man muss es regelmässig fordern, um seine Ideen zielstrebig umsetzen zu können! Und so werden Sie es schnell auf den nachfolgenden Seiten merken: Dieses Buch verfolgt vor allem einen Ansatz: *Praxis, Praxis, Praxis*.
Wichtig erscheint mir vor allem, dass man die einzelnen Komponenten von Flash versteht und weiss, wie diese einzusetzen sind.

Aufbau

Im *Grundlagen-Teil des Buches* werden Sie mit den wichtigsten Komponenten bekannt gemacht und die entscheidenen Arbeitstechniken anhand von praktischen Beispielen erlernen.

Wenn Sie mit dann diesen ersten Schritten experimentieren und ein Gefühl dafür bekommen, wie diese Grundtechniken einzusetzen sind, können Sie Ihr Wissen *im Vertiefungs-Teil* Schritt für Schritt erweitern.

Darüber hinaus erfahren Sie dann noch, welche *Zusatzprogramme* Ihnen die Arbeit mit Flash noch weiter erleichtern können; doch dazu wenig später schon mehr.

Im Anschluss daran präsentiere ich Ihnen diejenigen *«Best of Flash»-Sites*, die auch mich in meiner Arbeit ganz wesentlich beeinflusst haben; und – gleich noch ein Tipp – schauen Sie hierzu auch bei den entsprechenden Internet-Adressen der jeweiligen Anbieter einmal vorbei.

Es gibt einige Bücher zu diesem Programm, die Sie mit einer Tonne Theorie überhäufen – was alles machbar ist und unzählige Funktionen beschreiben, ohne dass Sie jedoch lernen, *mit den Techniken effektiv zu arbeiten*. Mit diesem Buch hingegen werden Sie auf eine ganz einfache Weise erfahren, wie ein Flash-Film bzw. eine Flash-Website aufgebaut ist und was wo am besten eingesetzt wird.

Flash besitzt eine steile Lernkurve; Sie müssen deshalb wirklich damit arbeiten und experimentieren!

ZUR BEACHTUNG: MACINTOSH / WINDOWS
Mit Flash wird auf zwei verschiedenen Oberflächen gearbeitet: Mac und Windows. Die Unterschiede sind zwar gering; denn allein bei der Ausführung von Befehlen müssen unterschiedliche Tasten gewählt werden. Da die Windows-Plattform jedoch weiter verbreitet ist – ich hoffe, die Apple-User unter Ihnen «lesen

dennoch gnädig weiter»... :-) – als der Mac, habe ich die Screenshots von der Windows-Oberfläche verwendet. Auch bei den Befehlen erwähne ich im Buch zumeist die Windows-Befehle. Die Mac-Anwender bitte ich daher also um die Beachtung folgender Entsprechungen:

Windows	Macintosh
Die rechte Maustaste: Drücken Sie die rechte Maustaste: Der entsprechende Menüdialog öffnet sich.	**ctrl-Taste:** Drücken Sie die ctrl-Taste und klicken Sie: Der entsprechende Menüdialog öffnet sich. Alternativ dazu klicken Sie und halten Sie die Maustaste gedrückt.
Alt-Taste	**Wahl-/Options-Taste**
Strg-Taste	**Apfel-/Befehls-Taste**

Inhalt der CD-ROM

Auf der CD-ROM finden Sie zu den Kapiteln und Übungen weitere Daten, die Ihnen den praktischen Zugang zu den einzelnen Features von Flash erleichtern sollen; bitte schauen Sie sich auch diese einmal an!

Tipp: Bevor Sie die einzelnen Musterbeispiele ausprobieren, enpfiehlt es sich, diese vorher auf Ihre Festplatte zu kopieren; so können Sie diese noch leichter nach Ihren Wünschen modifizieren.

Neben einer HTML-Datei, über die Sie direkt auf diverse in diesem Buch erwähnte Links springen können, stehen Ihnen auch einige Demoversionen zur Verfügung, die Sie zum sofortigen Ausprobieren einladen. Bitte beachten Sie dabei, dass manche Demoprogramme nur für das Betriebssystem Windows angeboten werden. Im Zweifelsfall bitte ich Sie, auch die entsprechend angegebenen Herstellerseiten im Web zu konsultieren, denn so schnell kann ich hier gar nicht eine CD-ROM für Sie zur Verfügung stellen, wie schon wieder Updates über das Internet angeboten werden. Gern verweise ich dazu etwas später auch auf eine Service-Seite im Internet nur zu diesem Buch.

HILFREICHE ZUSATZPROGRAMME

3D-Animationen im Internet

Eine kurze Anmerkung hierzu: Die Ausdehnung in eine dreidimensionale Realität ist für uns Menschen selbstverständlich. Daher liegt natürlich auch der Wunsch nahe, diese Erfahrung im virtuellen Bereich umzusetzen. So findet das Thema «3D» mehr und mehr Beachtung. *Eine virtuelle 3D-Welt jedoch ist sehr komplex und erfordert vom Computer höchste Rechenleistungen.* Und gerade wegen des bereits angedeuteten Bandbreitenproblems ringt das Internet noch schwer mit der 3D-Technologie.
In Zusammenhang mit Flash haben Sie sicher schon einige Sites gesehen, wo 3D zum Einsatz kam. Allein, ich muss Ihnen leider mitteilen, dass die Erstellung von 3D-Objekten in Flash bisher ziemlich aufwendig, sprich «harte Knochenarbeit» war.

Und nun die gute Nachricht: In diesem Buch lernen Sie zwei 3D-Programme kennen, die Ihnen diese Arbeit ungemein erleichtert: *Vecta 3D* und *Swift 3D*. Denn wie erwähnt erreichen 3D-Bilder und Animationen schnell hohe Dateigrössen. Daher bietet es sich – nach dem obigen Vergleich zwischen Pixeln und Vektoren – an, die Bilder oder Animationen zu vektorisieren. Die beiden nun genannten Programme ermöglichen die Erstellung einfacher 3D-Animationen in vergleichsweise kurzer Zeit.

VECTA 3D

Vecta 3D bewährt sich durchaus als unterstützendes Flash-Werkzeug, auch wenn es nicht immer das erreicht, was man sich unter echtem 3D versprochen hatte: 3D-Modelle werden zwar mit Lichteffekten umgesetzt, doch bleibt alles sehr im Comic-Stil und ist nicht wirklich 3D. In *Vecta 3D* gibt es zudem noch ein Zusatzprogramm, welches Lichtverläufe ermöglicht, doch bleibt auch diese Funktion begrenzt.

SWIFT 3D

Auch mit *Swift 3D* von Electric Rain lassen sich ziemlich realistische 3D-Bilder erzeugen; doch geht das Programm noch einige Schritte weiter als *Vecta 3D*: Neben einem weitaus grösseren Funktionsumfang – Sie können z. B. einfache Modelle bauen –, wird auch eine geniale Exportfunktion – hier «Rendering» genannt – geboten, mit der sich 3D-Objekte mit einem Minimum an Dateigrösse erstellen lassen.

In diesem Buch stelle ich Ihnen beide Programme mit praktischen Umsetzungsbeispielen vor; so lernen Sie die jeweiligen Vorzüge am besten kennen.

Texteffekte

Texteffekte sind ein sehr wichtiges Element guter Flash-Webseiten. Doch raubt auch diese Art von Effekten bei der Erstellung einen recht grossen Aufwand! In diesem Buch erfahren Sie, wie Sie mit einigen Zusatz-Applikationen gekonnt und effizient weiterkommen.

SWISH / WILD SWFX / FLAX

So sind auch hier einige interessante Produkte auf dem Markt erschienen: *Swish, Wild SWfX* und *Flax.*
Hierbei handelt es sich um Texteffekt-Generatoren, mit denen Sie in kürzester Zeit Texteffekte erzeugen können, welche Ihnen sonst Stunden rauben! Schon nach nur kurzer Einarbeitungszeit gelingen Ihnen die verrücktesten Textspielereien. Doch auch dazu auf den hinteren Seiten dieses Buches mehr.

ABSCHLIESSENDE BETRACHTUNGEN

Was ist gelungenes Web-Design?

Die Gestaltung einer Seite kann schnell in Effekthascherei ausarten. Setzen Sie also niemals Effekte ein, nur weil Sie dazu *fähig* sind. Die Effekte sollten sich eher ins *Gesamtbild* einer Site einfügen; so können diese auch Ihren Seiten das gewisse Etwas geben.

Dabei sind vor allem zwei Sachen wichtig: *Rhythmus* und *Konsistenz*: Lernen Sie danach Ihre Animationen gezielt einzusetzen, um beim Betrachter die entsprechenden Emotionen und Rückschlüsse hervorzurufen. Und bedenken Sie dabei: *Bewegung überträgt Absicht*:

Sich drehende, wirbelnde Texte lassen vor allem auf Verspieltheit schliessen, während langsam fliessende Texte hingegen eher Sicherheit und Ruhe ausstrahlen.

Gezielter Einsatz von Animationen

Das erste Fazit dieses Buches soll also lauten: Erwecken Sie die Aufmerksamkeit des Betrachters, *ohne dabei in den «Wow-Effekt» abzugleiten*, denn dieser verpufft nur allzu schnell. Ihre Sprache muss klar sein und soll dazu verhelfen, dass ein Betrachter auch wiederkommt. Die begrenzte Bandbreite der Übertragungstechnologie sollte Sie also auch dazu zwingen, Überflüssiges wegzulassen, und so kann – bei allen noch vorhandenen technischen Hürden – die bewusst gewählte Einfachheit so für Sie zum fast «genialen Verbündeten» werden!
Spielen Sie also mit den verschiedenen Möglichkeiten und entwickeln Sie daraus Ihre individuellen Arbeitstechniken. So können Sie sich mit diesem Programm neue Dimensionen des Web-Designs erschliessen: Ihre Kunden und auch Sie selbst werden von den Resultaten sicherlich einfach begeistert sein.

SERVICE-SEITE ZUM BUCH

Aktuelle Links

Zu diesem Buch finden Sie auch eine *Service-Seite mit aktuellen Links* unter ***www.wigwam.ch***. Bitte schauen Sie auch dort immer wieder vorbei, wenn Sie weitere Anregungen wünschen.

Feedback willkommen!

Möchten Sie darüber hinaus auch positive wie verbessernde Kritik äussern? Gern können Sie mir Ihr Feedback via E-Mail ***info@wigwam.ch*** zukommen lassen. Ich freue mich auf Ihre Antwort!

Doch nun wünsche ich Ihnen
erst einmal eine anregende Lektüre!

Claude Ammann,
Zürich, im Sommer 2001

Zu diesem Buch finden Sie eine Service-Seite mit aktuellen Links und Download-Adressen unter **www.wigwam.ch.**

Ihre Arbeitsumgebung in Flash – Vorhang auf!

Die folgende Einführung verschafft Ihnen einen Überblick über die einzelnen Flash-Werkzeuge, mit denen Sie arbeiten werden. Vergewissern Sie sich bitte, dass Sie diese in ihrer Funktion wirklich verstehen. Denn auf diese Funktionen baut Flash in all seinen kreativen Potentialen auf.

So lernen Sie nun die Verwendung und die schnellsten Arbeitstechniken von Flash kennen. Schritt für Schritt bauen Sie einen Film zusammen, den Sie am Schluss dieses Grundlagen-Teils eigentlich schon im Internet platzieren können; oder aber Sie beeindrucken Ihre Freunde mit spannenden Animationen; oder Sie bauen ein Intro für Ihre bereits bestehende Website, um so noch mehr Besucher anzulocken. Kurzum, es ist Ihnen überlassen, die Vorteile von Flash extensiv zu nutzen und es gibt – wie bereits erwähnt – einen riesigen Markt, der nur darauf wartet, auch von Ihnen erschlossen zu werden. Wenn Sie sich wirklich kurzzeitig anstrengen und die hier aufgezeigten Arbeitsschritte ausführen, gewinnen Sie in relativ kurzer Zeit ein breit gefächertes Basiswissen. Natürlich ist anschliessend eine konstante Anwendung des Programms in der Praxis erforderlich, bis Ihnen die Funktionen in Fleisch und Blut übergegangen sind.

Um es nochmals zu verdeutlichen: Die *Vorteile von Flash im Gegensatz zu HTML* liegen vor allem in der Browserunabhängigkeit: Egal auf welchem Browser Sie eine Flash-Website betrachten, Ihr Design wird immer gleich aussehen; es gibt absolut keine Verschiebungen und auch die Farben erscheinen auf PC und Mac identisch. Sie können zudem beliebige Schriften verwenden, ohne dass diese auf dem jeweiligen System installiert zu sein brauchen; die von Ihnen gewählten Schriften werden nämlich in Vektoren umgewandelt und sind daher unabhängig. Mit Flash haben Sie die Möglichkeit, Ihre Elemente – nach dem bekannten Motto «WYSIWYG / What you see is what you get» – frei zu platzieren. Sie können Animationen erstellen, Sound integrieren, und so Ihren Webseiten Leben einhauchen sowie ein «Feeling von Multimedia» aufkommen lassen. Und das Beste daran ist: Laut Macromedia sind bereits *96%* aller Surfer mit dem Flash-Plug-In ausgestattet!

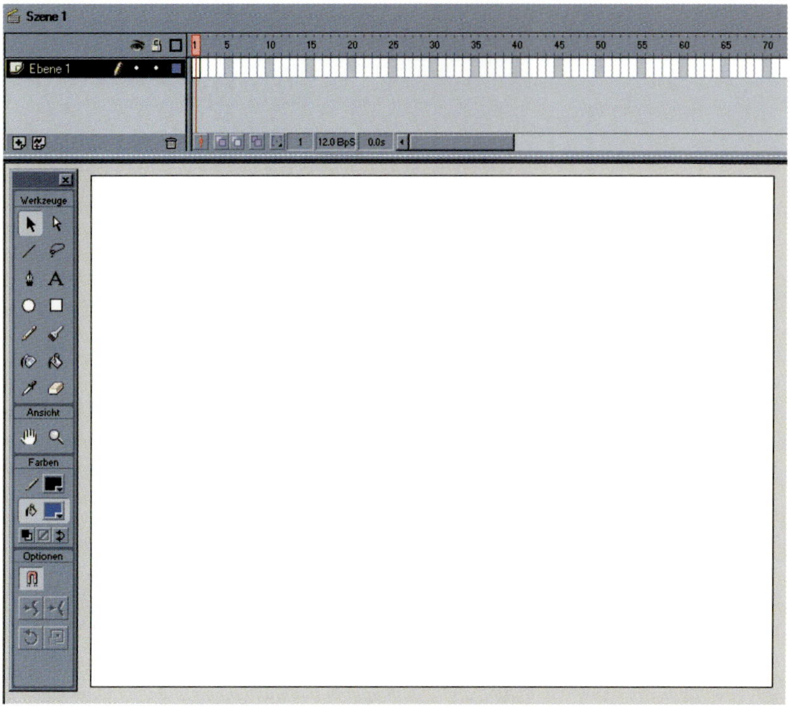

Arbeitsoberfläche in Flash.

In der obigen Abbildung sehen Sie die Hauptelemente der Arbeitsoberfläche, wie sie sich nach dem Starten von Flash zeigen.

BÜHNE

Die Bühne ist die *weisse Fläche* in der Mitte der Arbeitsumgebung. Dies ist der Ort, wo sich Ihre Animationen und Interaktionen abspielen. Sie kann beliebig vergrössert oder verkleinert werden, pro Film jedoch müssen Sie sich auf *eine Bühnengrösse* festlegen bzw. beschränken.
Ein nachträgliches Verändern der Bühnengrösse erfordert ein manuelles Anpassen aller verwendeten Objekte bzw. deren Animationen. Überlegen Sie sich deshalb die Bühnengrösse von Anfang an gut. Für die Anwendung bei einem grossen Betrachterkreis müssen Sie mit einer Minimalaustattung eines Bildschirms von 800 x 600 Pixeln Auflösung rechnen. Dies bedeutet auf einen Browser umgerechnet, dass Sie eine maximale Fläche von 780 x 395 Pixeln zur Verfügung haben. Sie können sich aber auch dafür entscheiden, dass sich Ihr Flash-Movie jeweils der Browsergrösse anpasst. Doch dazu später mehr... Sie können Ihre Objekte innerhalb der weissen Fläche oder auch ausserhalb platzieren. Sichtbar ist jedoch nur das, was auf der weissen Fläche liegt. Alles auf der hier am Rand sichtbaren grauen Fläche liegt folglich ausserhalb und wird im Film nicht angezeigt.

ZEITLEISTE

Die Zeitleiste ist mit einer Filmkamera vergleichbar, die einzelne Bilder aufnimmt und abspielt: Sobald viele Bilder hintereinander abgespielt werden, entsteht die Illusion einer Bewegung. Die Zeitleiste enthält diese ganzen *Einzelbilder*, die gern auch mal auf Englisch als «frames» bezeichnet werden. Zudem werden alle Bilder fortlaufend in der Zeitleiste nummeriert.
In Flash passiert Folgendes: Der *hellrote Strich* – auch *Abspielkopf* genannt – rast über die Zeitleiste; er be-

stimmt, welches Bild in der Zeitleiste angezeigt wird. In jedem Einzelbild befindet sich eine Darstellung auf der Bühne. Wenn Sie z. B. einen roten Ball von links nach rechts über den Bildschirm laufen lassen wollen und dazu 20 Einzelbilder benutzen, ist in jedem Einzelbild dasselbe Bild des Balles dargestellt, jedoch immer ein wenig weiter nach rechts verschoben.

Wenn Sie den Film dann starten und der Abspielkopf über die Zeitleiste läuft, glauben Sie einen sich von links nach rechts bewegenden Ball zu sehen. *Zum Glück müssen Sie nicht jedes Bild einzeln zeichnen,* sondern nur Start- und Endbild bestimmen. Die Zwischenbilder berechnet dann der Computer. Dieser Vorgang wird *Tweening* genannt. In der Zeitleiste arbeiten Sie dann mit so genannten *Schlüsselbildern* – Englisch: «keyframes».

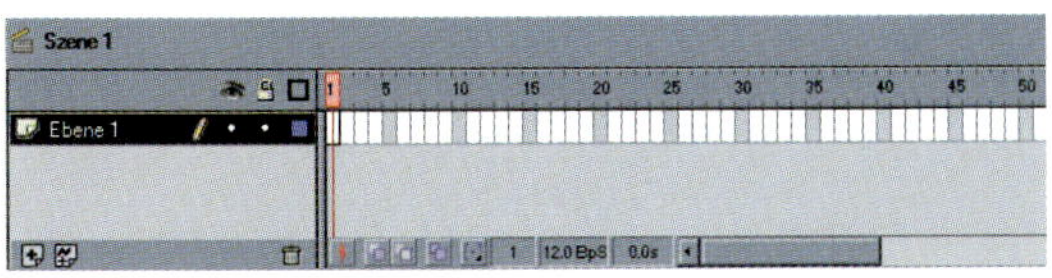

Zeitleiste mit Keyframe.

Immer wenn Sie ein Objekt auf der Bühne platzieren, müssen Sie in der Zeitleite ein Schlüsselbild einfügen. Ein Schlüsselbild wird grafisch so dargestellt:

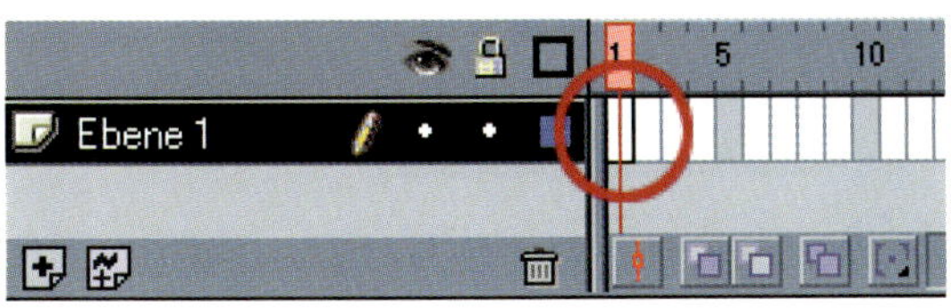

Im roten Kreis ist ein Schlüsselbild dargestellt.

*Tipp: Wenn Sie noch an Flash 4 gewöhnt sind, können Sie die leeren Schlüsselbilder auch wieder mit einem kleinen Kreis darstellen lassen. Wählen Sie dazu **Bearbeiten | Einstellungen** und markieren Sie die Auswahl **Leere Schlüsselbilder anzeigen**. Die leeren Schlüsselbilder werden dann wie in Flash 4 mit einem kleinen Kreis in der Mitte angezeigt.*

In einem Schlüsselbild können Sie Objekte zeichnen oder editieren. Wenn Sie auf ein Schlüsselbild in der Zeitleiste klicken, wird Ihnen auf der Bühne das zu dieser jeweiligen Ebene zugehörige Objekt – sofern eines vorhanden ist – mit entsprechend umrahmter Farbe angezeigt. So können Sie rasch erkennen, welches Objekt sich in welcher Ebene befindet. Die Farben der Objektumrahmung sind der jeweiligen Ebene als kleines farbiges Quadrat zugeordnet.
Vertikal ist die Zeitleiste in eben diese gerade erwähnten Ebenen aufgeteilt. Ebenen stehen dabei für eine Art Folien, die übereinander liegen: Sie sind so angeordnet, dass die oberste Ebene obenauf liegt wie auf einem Papierstapel. Die jeweils übergeordnete Ebene verdeckt die darunter liegende, d. h. auf unsere Flash-Bühne übertragen, dass Objekte, die auf einer übergeordneten Ebene liegen, solche Objekte überdecken, die sich auf einer darunter liegenden Ebene befinden.

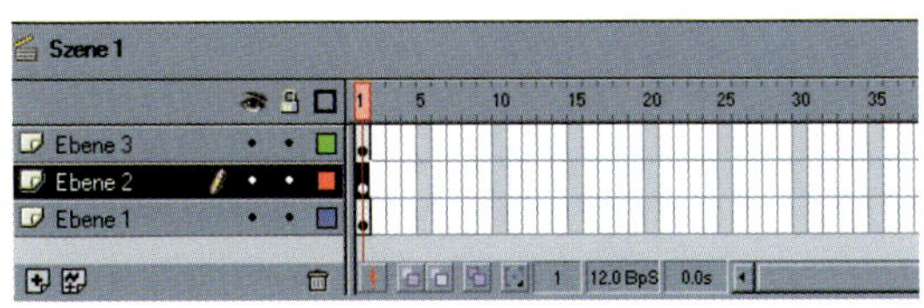

Ebenen in Flash.

Tipp: Pro Ebene kann nur ein Objekt gleichzeitig animiert werden! Für eine andere gleichzeitig ablaufende Animation muss auch eine neue Ebene erstellt werden.

ÄNDERN DER ZEITLEISTEN-ANSICHT

Die Zeitleiste kann in ein frei schwebendes Fenster umgewandelt werden. Klicken Sie dazu auf den Teil der Zeitleiste oberhalb der Ebenen und ziehen Sie diesen dann auf die Bühne.

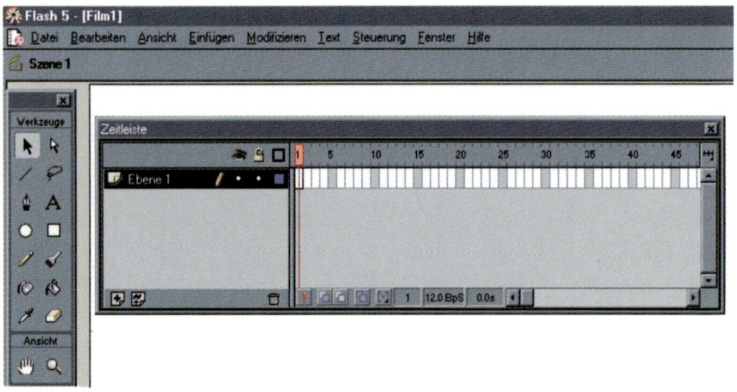

Die Zeitleiste lässt sich beliebig platzieren.

Für eine Veränderung der Darstellung der Zeitleiste wählen Sie die Taste rechts oben in der Zeitleiste. Die Zeitleiste lässt sich dabei unterschiedlich darstellen:

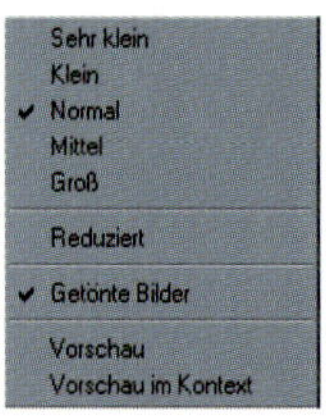

Die Darstellungsmöglichkeiten der Zeitleiste.

Zuoberst verstellen Sie die Zeitleiste horizontal von *sehr klein* bis *gross*. *Reduziert* verändert die Zeilenhöhe, so dass mehr Ebenen gleichzeitig dargestellt werden können. Mit *Vorschau* wird jedes Objekt auch im Schlüsselbild dargestellt. Mit *Vorschau im Kontext* wird das Objekt im Verhältnis zur Bühne dargestellt.

WEITERE ANSICHTSOPTIONEN

Zoom

Es bieten sich aber auch noch weitere Möglichkeiten an, die Ansicht Ihrer Filme zu beeinflussen; z.B. durch die Zoomoption unten links. Wählen Sie darin einen ***vorgegebenen Zoomwert***; sofern Sie einen anderen Wert wünschen, geben Sie ihn einfach ***manuell*** ins Prozentfeld ein. Hiermit verändern Sie nur die Darstellungsgrösse; die Grösse Ihrer Objekte hingegen bleibt beim Film-Export immer bei «100%».

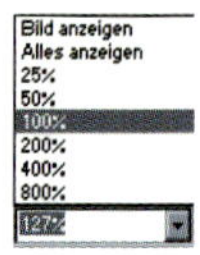

Zoomen Sie die Ansicht der Bühne beliebig.

Lineal

Um die Platzierung von Objekten etwas zu vereinfachen, können Sie – über die Menüleiste **Ansicht | Lineale** – so genannte «Lineale» aufrufen:

Lineale ermöglichen ein genaueres Arbeiten.

Aus den Linealen heraus können Sie nun Hilfslinien auf die Bühne ziehen: Klicken Sie auf eines der Lineale und ziehen Sie die Maus mit gedrückter Maustaste auf die Bühne. Für eine horizontale Linie ziehen sie vom oberen Lineal aus, für eine vertikale Linie ziehen Sie vom seitlichen Lineal aus. Sie können auch mehrere Linien auf die Bühne ziehen.

Ziehen Sie Hilfslinien aus den Linealen auf die Bühne.

Um eine Linie zu löschen, gehen Sie mit dem Pfeil auf die Linie, bis rechts neben dem Cursor ein kleines Dreieck erscheint und ziehen diese zurück auf das Lineal und lassen es dort los; und schon ist die Linie wieder verschwunden!

Gitternetz

Ein Gitternetz hilft bei der optischen Einteilung.

Als weiteres Hilfsmittel zur optischen Aufteilung Ihres Arbeitsfeldes können Sie auch ein Gitternetz aufrufen. Wählen Sie dazu aus dem Menü **Ansicht | Gitternetz | Gitternetz anzeigen**. Um das Gitternetz zu verändern, wählen Sie bitte über das Menü **Ansicht | Gitternetz | Gitternetz bearbeiten.**

WERKZEUGPALETTE

Mit der Werkzeugpalette erschaffen Sie sich Ihre «Schauspieler», d. h. Sie zeichnen Objekte, Schriften etc., um sie dann gegebenenfalls zu animieren.

Die Zeichenwerkzeuge in Flash sind voll ausgereift und stellen ein intuitiv zu bedienendes Vektor-Zeichnungsprgramm mit einigen einzigartigen Möglichkeiten dar. Für komplexere Objekte können Sie auch Bilder aus den verschiedensten Formaten importieren.

Im unteren Teil der Werkzeugpalette befinden sich die so genannten Werkzeug-Optionen. Damit können z. B. Liniendicke, Farbe, Skalierung eines Werkzeugs uvm. bestimmt werden.

In Flash 5 ist in der Werkzeugpalette die wichtigste Neuerung das Bézier-Werkzeug; damit lassen sich nun – wie in FreeHand oder Illustrator – genaue Kurven zeichnen. Doch zu all diesen Details ein wenig später schon mehr...

Mit der Werkzeugpalette erschaffen Sie sich Ihre «Schauspieler»...

BIBLIOTHEK

Die Bibliothek können Sie – wenn Sie so wollen – mit der Künstlergarderobe im Theater vergleichen, in der Ihre «Schauspieler» auf den Auftritt warten. Aus dieser heraus können Sie diese jederzeit auf der Bühne erscheinen lassen. Das Entscheidende daran ist: Wenn Sie ein Objekt bzw. einen Schauspieler in der Bibliothek abspeichern, können Sie diesen *beliebig oft* und *zahlenmässig unbegrenzt* auf der Bühne erscheinen lassen, und vor allem *ohne dabei zusätzlichen Speicherplatz zu verbrauchen!* Wenn Sie einen Schauspieler auf der Bühne erscheinen lassen, heisst dies in der Flash-Fachsprache: *Sie erstellen eine «Instanz».*

Die Bibliothek – Ihr persönlicher Fundus.

BEDIENFELDER

Tipp: Lesen Sie die Beschreibung der Bedienfelder einmal durch, um einen Überblick zu erhalten. Und auch wenn Sie einiges nicht auf Anhieb verstehen, wird es Ihnen gegebenenfalls später dann bei etwaig noch offenen Punkten leichter fallen, sich dann wieder hier einzulesen und Details abzuklären.

In Flash 4 wurde noch mit dem so genannten «Inspektor» gearbeitet. Dieser ist in der Version 5 durch etliche freischwebende Bedienfelder – auf Englisch: «panels» – ersetzt worden. Diese lassen sich beliebig zusammensetzen und wieder auseinander nehmen. Da hier einige wichtige Funktionen für Ihre Arbeit mit Flash zu finden sind, erhalten Sie hier eine Kurzübersicht der wichtigsten Bedienfelder:

Farbmischer

Das Bedienfeld «Farbmischer».

Mit dem Mixer können beliebig Farben zusammengemischt und auch in ihrer Transparenz verändert werden. Links oben wählen Sie zwischen Strich- und Füllfarbe. Die Strichfarbe wird durch einen Stift, die Füllfarbe durch den aus vielen Programmen bekannten Farbeimer dargestellt. Entweder klicken Sie auf das Farbfeld im unteren Teil des Bedienfeldes oder Sie wählen einen so genannten RGB-Wert auf der rechten Seite. Mit dem kleinen schwarzen Rechtspfeil oben rechts wählen Sie folgende Farbanzeigen:

RGB: *Standard-Farbanzeige für **R**ot, **G**elb und **B**lau: Wählen Sie für jeden Farbwert eine Zahl zwischen 0 und 255 aus. Zahlen, die in der 51er-Reihe liegen gelten als «websicher» – Englisch: «web-safe»–, d.h. sie können in jedem Browser ohne Farbveränderungen angezeigt werden.*

HSB: *HSB Farben werden angegeben in **H**ue, **S**aturation und **B**rightness.*

Hex: *Die Hex-Farbanzeigen wird für **hexadezimale Werte** verwendet. Mit dieser Farbanzeige wählen Sie ausschliesslich die so genannten Web-Farben aus.*

Wenn Sie eine neue Farbe erzeugt haben, klicken Sie auf das kleine schwarze Dreieck oben rechts und wählen Sie *Füllmuster hinzufügen.* Wählen Sie dann das Bedienfeld *Farbtöne* und scrollen Sie ganz nach unten. Ihre neue Farbe wurde hinzugefügt.

Farbtöne

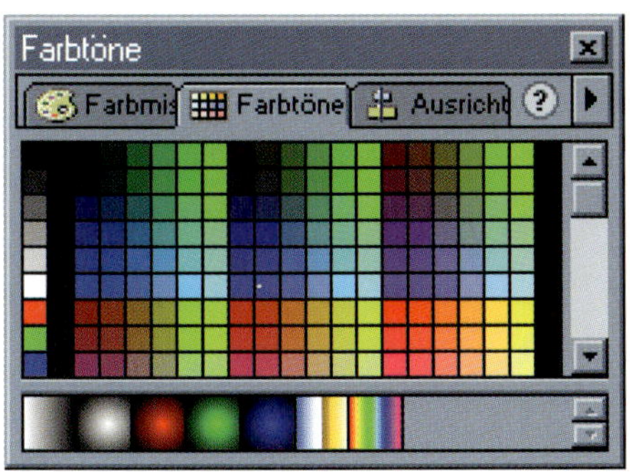

Das Bedienfeld «Farbtöne».

Mit diesem Bedienfeld laden und entladen Sie bestimmte Farb-Paletten. Als Standard ist die *Web 216-Farben*-Palette gewählt. Die Farben erzeugen Sie ja – wie eben dargestellt – im Farbmischer und fügen diese hier Ihrer Palette hinzu. Umgekehrt können Sie hier auch auf eine Farbe klicken, um diese auszuwählen; sie wird automatisch im Farbmischer-Bedienfeld angezeigt. Es ist sehr wichtig, das Zusammenspiel dieser beiden Paletten zu verstehen. Je nachdem, ob im Bedienfeld *Farbmischer* Strich oder Füllfarbe angewählt ist, wird eben auch entsprechende Farbe geändert. Ganz unten sind zudem noch Verläufe angegeben. Bearbeiten Sie diese mit dem Bedienfeld *Füllung*, das ich Ihnen ein wenig später erkläre.

In den Optionen des Pfeilmenüs rechts oben finden Sie zudem Funktionen zum Löschen oder Hinzufügen von Farbpaletten. Einige Paletten finden Sie im Flash-Programmordner unter «Color Sets».

Info

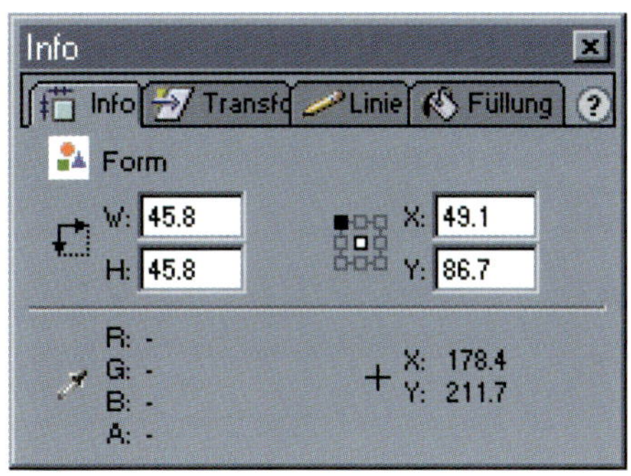

Das Info-Panel.

Das Info-Bedienfeld werden Sie sehr häufig benutzen; hier bestimmen Sie die Grösse und Position Ihrer gewünschten Objekte. Aus diesem Grund hier nun eine etwas detailliertere Beschreibung:

- Wählen Sie ein Objekt auf der Bühne an.
- Im Info-Bedienfeld ändern Sie die Werte des Objekts nach Ihrem Gusto wie folgt :
  W: für Breite
  H: für Höhe
  x: für die horizontale Position
  y: für die Position auf der Vertikalen
- Schauen Sie, wie sich Ihr Objekt verändert.

Sofern Sie ein Symbol ausgewählt haben, ist zudem oben links angegeben, um welches Symbol es sich genau handelt. Im unteren linken Teil wird der Farbton angezeigt – jedoch nicht bei Symbolen. Rechts davon wird angezeigt, wo sich der Mauszeiger befindet.

Transformieren

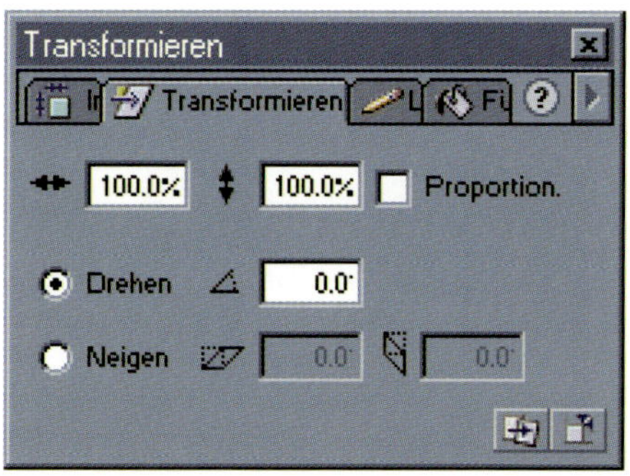

Das Bedienfeld «Transformieren».

Mit dem Bedienfeld *Transformieren* verändern Sie Grösse, Drehung und Form Ihrer Objekte. Wählen Sie dazu jeweils ein Objekt auf der Bühne an.
Klicken Sie in das Proportionenfeld, um eine gleichmässige Transformation Ihres Objektes zu erreichen.
Die erste Taste zuunterst rechts erzeugt ein Duplikat des Objektes und verändert dieses mit den oben angegebenen Werten. Die Schaltfläche rechts daneben setzt die Transformation auf die Grösse des Originalobjekts.

Linie

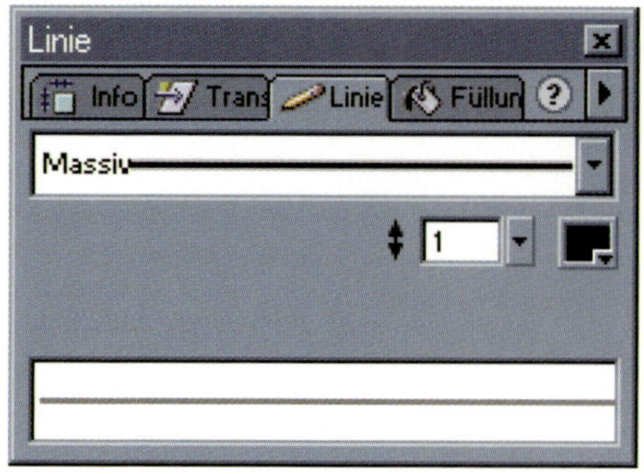

Das Bedienfeld «Linie».

Hier kontrollieren Sie Bleistiftstriche und Linien in ihrer Farbe, Art und Form. Dies geht recht geschwind: Zuoberst wählen Sie einen Linientyp, dann die Liniendicke von 1-10 Pixel und daneben die Linienfarbe. Unten präsentiert Ihnen eine Vorschau, wie Ihre Linie jeweils ausschaut. Wenn Sie eine eigene Linie erstellen möchten, klicken Sie auf den kleinen schwarzen Pfeil rechts oben und wählen Sie *Benutzerdefiniert*:

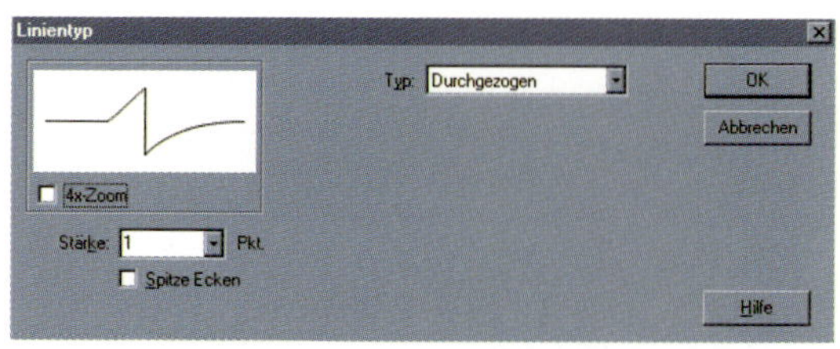

Definieren Sie einen beliebigen Linientyp.

Jetzt können Sie die Linien nach Ihren Bedürfnissen gestalten. Im kleinen Fenster links oben sehen Sie jeweils ein Vorschau der erstellten Linie.

Füllung

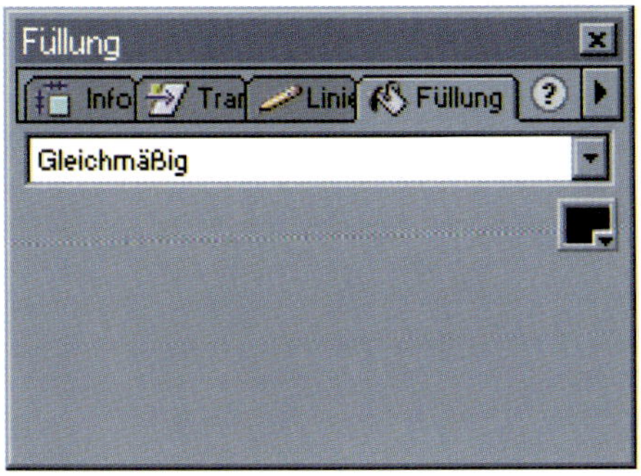

Das Bedienfeld «Füllung».

Wie schon kurz zuvor erwähnt, bearbeiten und erstellen Sie hier Verläufe oder Bitmapbilder, die als Füllungen verwendet werden sollen. Sie können dabei wählen zwischen radialen bzw. linearen Verläufen, einfarbigen Farbtönen oder Bitmapbildern, die als Füllung eines Objektes eingesetzt werden.

EINEN VERLAUF ERSTELLEN

Wählen Sie einen kreisförmigen Verlauf aus. Am Anfang besteht dieser logischerweise immer aus zwei Farben, welche durch zwei Zeiger links und rechts definiert werden.

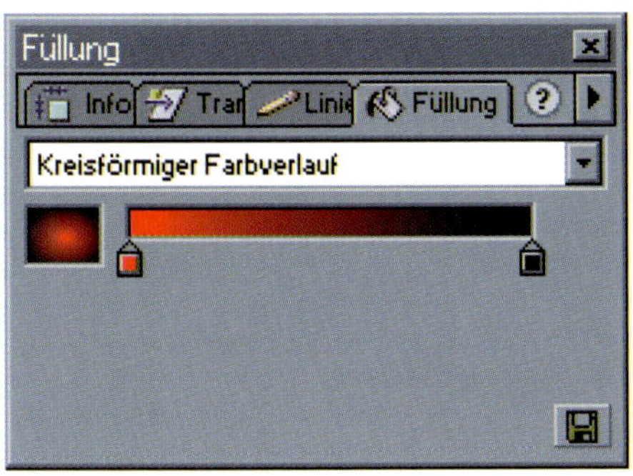

Erstellen Sie mit dem Panel «Füllung» auch Ihre eigenen Verläufe.

Klicken Sie unter den Balken, der die Farben anzeigt; sogleich erscheint ein neuer Zeiger. Ingesamt können Sie bis zu 8 Zeiger kreieren. Klicken Sie dann auf einen Zeiger; rechts davon erscheint ein Farbfeld: Klicken Sie darauf und wählen Sie eine Farbe aus.

Wenn Sie nun einen Zeiger wieder loswerden wollen, klicken Sie auf den entsprechenden Zeiger und ziehen Sie ihn einfach nach unten.

Sie können die Zeiger auch links und rechts verschieben, um die Breite einer Verlaufsfarbe zu bestimmen. Wenn Sie mit dem Verlauf zufrieden sind, klicken Sie auf den kleinen schwarzen Zeiger rechts oben und wählen Sie Farbverlauf hinzufügen. Der Verlauf wird nun im Bedienfeld *Farbtöne* abgespeichert.

Instanz

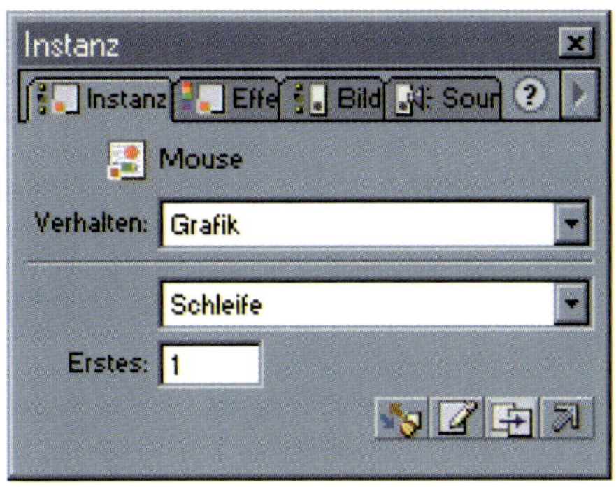

Das Bedienfeld «Instanz»

In diesem Bedienfeld werden so genannte «Instanzen» bearbeitet. Wie oben angedeutet sind Instanzen Grafiken, die von der Bibliothek auf die Bühne gezogen werden. Über das Verhalten einer Instanz legen Sie fest, welche Art von Symbol die Instanz darstellen soll, doch schauen wir uns dies einmal im Detail an:

Folgende Instanz-Arten stehen Ihnen zur Verfügung:

- *Grafik*: Ein einfache Grafik.
- *Schaltfläche*: Eine Schaltfläche, die Interaktionen auslösen kann.
- *Filmsequenz*: Eine in sich geschlossene Animation, die einer eigenen Ebene entspricht.

Instanzen bieten so diese Darstellungsmöglichkeiten:

GRAFIK

Schleife: Falls in der Grafik eine Animation erstellt wurde, kann bestimmt werden, ob sich die Grafik in einer Schleife wiederholt, die Animation nur einmal abgespielt werden soll oder ob ein einzelnes Bild der Animation angezeigt werden soll.
Der Unterschied zur im Folgenden vorgestellten Filmsequenz ist der, dass eine Filmsequenz nur *ein* Schlüsselbild benötigt. *Eine Animation eines Grafiksymbols braucht jedoch im Hauptfilm genauso viele Bilder wie die Animation des Grafiksymbols.*
Der Vorteil hierbei ist, dass man immer sieht, wie die Animation im Hauptfilm abläuft, während eine Filmsequenz erst im Vorschaumodus *Ctrl/Enter* sichtbar wird.

Achtung: Verwenden Sie wenn immer möglich Filmsequenzen – auch als Einzelgrafiken. Beim Verhalten Grafik wurden Probleme mit der Dateigrösse festgestellt. Diese treten auf, wenn Sie Instanzen auf die Bühne ziehen. Diese werden dann statt nur einmal mehrmals berechnet.

SCHALTFLÄCHE

Schaltflächen sind Tasten, durch welche – nach Interaktion mit einem Benutzer – verschiedenste Aktionen ausgelöst werden können.

Als Schaltfläche behandeln: Die normalen Funktionen einer Schaltfläche.
Als Menüelement behandeln: Die Schaltfläche verhält sich wie ein Menüelement in einem DropDown-Menü.

FILMSEQUENZ

Unter «Name» geben Sie einen Instanznamen ein. Dieser wird benötigt, damit man ein Filmsequenz-Symbol über Action-Script ansprechen kann. Weitere Details finden Sie dann gleich in den nächsten Kapiteln in der praktischen Anwendung. Unten rechts im Instanz-Bedienfeld finden Sie vier Tasten von links nach rechts mit folgender Bedeutung:

SYMBOL WECHSELN

Hiermit ersetzen Sie ein Symbol durch ein anderes, wobei Sie dabei am besten wie folgt vorgehen:

- Wählen Sie dasjenige Symbol, das ausgetauscht werden soll, auf der Bühne an.
- Klicken Sie auf die Taste «Symbol wechseln» im Bedienfeld.
- Wählen Sie aus der dann erscheinenden Dialogbox das neue Symbol aus und klicken Sie auf *OK*. Das Symbol wird ausgetauscht.

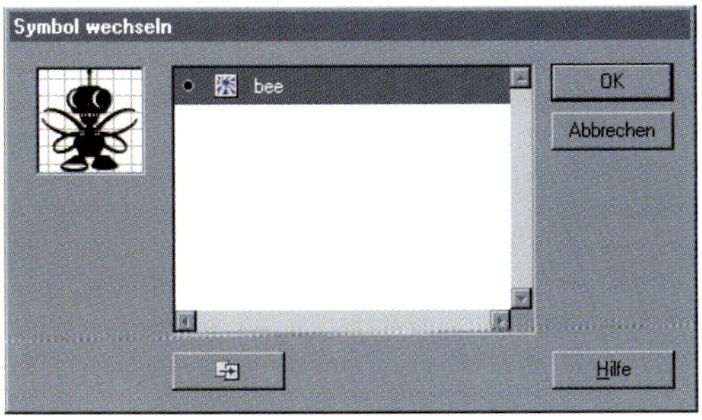

Ein Symbol wird durch ein anderes ersetzt.

SYMBOL BEARBEITEN

Wenn Sie hier klicken, gehen Sie in den Symbol-Bearbeitungsmodus, wo Sie Ihr Symbol nach Belieben verändern können.

SYMBOL DUPLIZIEREN

Hiermit erstellen Sie ein Duplikat Ihrer Instanz, welches in der Bibliothek abgespeichert wird. Sie können in der erscheinenden Dialogbox einen beliebigen Namen wählen.

AKTIONEN BEARBEITEN

Wenn Sie hier klicken, öffnet sich das Aktionen-Bedienfeld und Sie können der Instanz eine Aktion zuweisen.

Effekt

Hier werden Effekte auf die einzelnen Instanzen angewendet. Folgende Effekte stehen Ihnen dabei zur Verfügung:

HELLIGKEIT

Mit dem Regler rechts kann die Helligkeit des Objektes eingestellt werden.

FARBTON

Weisen Sie dem Objekt einen Farbton zu. Entweder klicken Sie dafür auf die kleine Farbfläche oder Sie geben den Farbwert als RGB-Wert an. Mit dem Prozentregler bestimmen Sie die Transparenz der Farbe.

ALPHA

Mit dem Prozentregler auf der rechten Seite bestimmen Sie die Transparenz der gesamten Instanz.

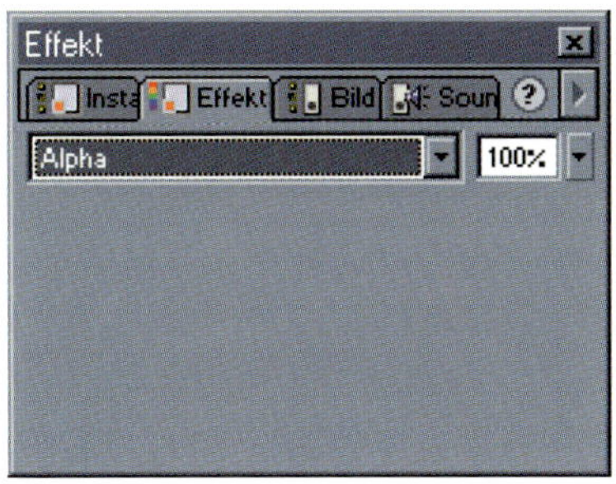

Das Bedienfeld «Effekt» – hier mit der Auswahl «Alpha».

ERWEITERT

Hier können Sie obige Effekte miteinander kombinieren. Probieren Sie die einzelnen Regler aus und sehen Sie, wie sich Ihre Instanz auf der Bühne verändert.

Bild

In diesem Bedienfeld kontrollieren Sie die Animation Ihrer Instanzen oder Objekte. Mit dem so genannten «Tweening»-Verfahren lassen sich vom Computer die Zwischenbilder einer Animation berechnen.
Des Weiteren können Sie hier noch Feinheiten einstellen, die Ihre Animationen noch interessanter machen und so entscheidend beinflussen können.

Das Bedienfeld «Bild».

Zuoberst können Sie einem Schlüsselbild eine Bezeichnung geben. Dies ist von Vorteil, wenn Sie mit ActionScript ein bestimmtes Schlüsselbild anspringen möchten. Dadurch wird gewährleistet, dass auch durch Verschiebungen innerhalb der Zeitleiste das Schlüsselbild weiterhin angesprungen werden kann.
Um nun eine Animation zu erstellen, klicken Sie ins jeweilige Start-Schlüsselbild Ihrer Animation. Wählen Sie dann aus dem Bedienfeld entweder «Bewegung» oder «Form».

«Bewegung» bedeutet, dass eine Instanz aus der Bibliothek animiert wird; «Form» hingegen lässt Sie eine beliebige Form, die Sie direkt auf die Bühne zeichnen können, animieren. Doch schauen wir auch hier einmal auf die einzelnen Einstellungsoptionen:

Definieren Sie die Animations-Parameter!

BEWEGUNG

«Skalieren» lässt das Objekt die Grösse verändern. «Abbremsen» lässt das Objekt am Anfang oder Ende die Geschwindigkeit reduzieren; dies erhöht die Weichheit einer Animation. «Drehen» lässt das Objekt im oder gegen den Uhrzeigersinn drehen. «An Pfad ausrichten» lässt ein Objekt entlang eines Pfades in einer bestimmten Richtung ausrichten.

FORM

«Verteilt» erstellt eine Animation, in der die Zwischenformen glatter und unregelmässiger erscheinen. «Winkelförmig» erzeugt eine Animation, die erkennbare Ecken und gerade Linien in den Zwischenformen beibehält.

Sound

Hier kontrollieren Sie die gesamten Soundeinstellung, d. h. wann ein Sound in der Zeitleiste abgespielt wird –

z.B. wenn der Abspielkopf «Bild 35» erreicht, soll ein von Ihnen bestimmbarer Sound ausgelöst werden. Klicken Sie dazu auf das Schlüsselbild, indem der Sound ausgelöst werden soll und wählen Sie unter «Ton» einen Sound aus, den Sie allerdings zuvor importiert haben müssen. Sie sehen eine Liste aller verfügbaren Sounds, aus denen Sie auswählen können.

Das Bedienfeld «Sound».

Unter «Effekt» wählen Sie einen Effekt aus einer doch recht limitierten Auswahl aus. Besser ist es, einen Sound in einem Spezialprogramm zu bearbeiten und erst nach dem Fine-Tuning in Flash einsetzen. Informationen zum Detail «Ereignis» entnehmen Sie dem Vertiefungskapitel über Sound. Mit «Wiederholung» bestimmen Sie, klar, die Anzahl der Wiederholungen: So können Sie einen «einfachen Loop» beliebig viele Male hintereinander abspielen und somit daraus ein fortlaufendes Musikstück erzeugen, welches dank der Wiederholungen auch nicht allzu viel Speicherplatz in Anspruch nimmt.

Zeichen

Wenn Sie eine Schrift mit den Text-Bedienfeldern editieren, wählen Sie den zu bearbeitenden Text aus, und nehmen Sie dann Ihre Veränderungen vor. Zuoberst bestimmen Sie die «Schriftart». Dann folgt die «Schriftgrösse», «Fett», «Kursiv» und «Schriftfarbe». Darunter folgt die «Laufweite» und dann «hoch-» oder «tiefgestellte Schrift». Zuletzt können Sie noch eine beliebige «URL» zuordnen.

Das Bedienfeld «Zeichen».

Absatz

Mit dem Bedienfeld «Absatz» legen Sie oben die Ausrichtung Ihres Textes fest. Darunter definieren Sie gegebenenfalls den «Einzug links/rechts», «von oben» und den gewünschten «Zeilenabstand» vor.

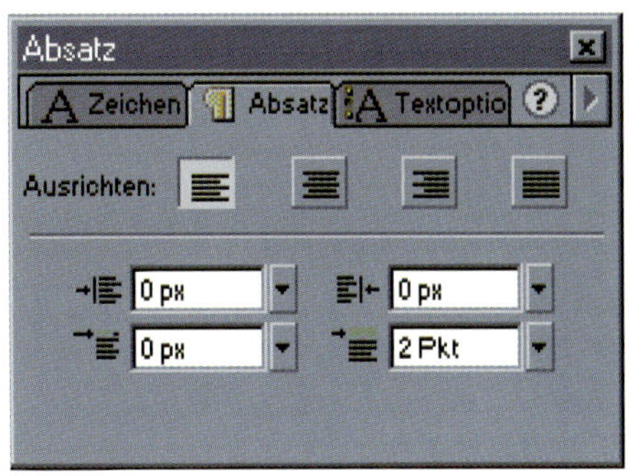

Das Bedienfeld «Absatz».

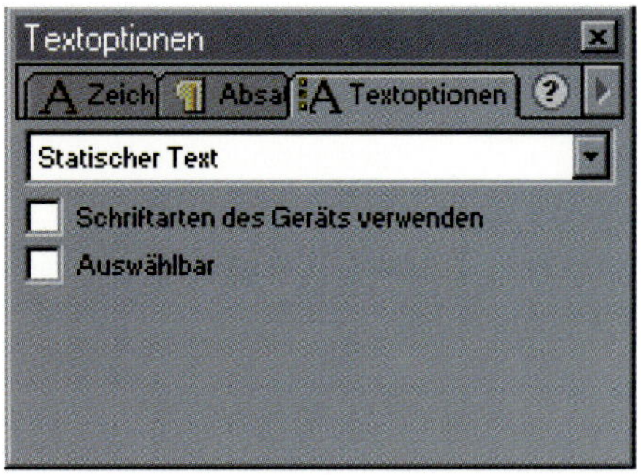

Weitere Textoptionen werden im Kapitel «Formulare» erklärt.

Objektaktionen

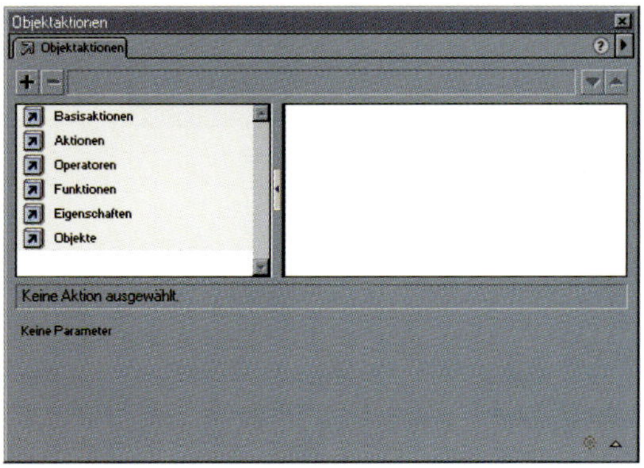

Das Bedienfeld «Objektaktionen».

Das Aktions-Bedienfeld nutzen Sie zur Programmierung Ihrer Flashfilme. Von einfachsten Sprungziel-Befehlen bis hin zu komplexen Programmroutinen – hier wird's bewerkstelligt. Weitere Erklärungen finden Sie dann ebenso im entsprechenden Vertiefungskapitel unter ActionScript.

Film-Explorer

Der Film-Explorer dient Ihnen zur Überwachung Ihres Filmes. Hier entgeht Ihnen nicht das kleinste Detail.

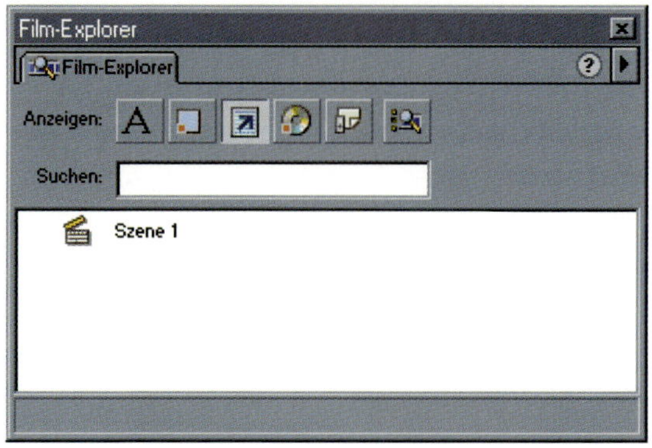

Der Film-Explorer.

Dieses Bedienfeld ist gerade dann besonders wertvoll, wenn Sie komplexere Filme mit vielen Programmieranweisungen erstellen.
Der Film-Explorer funktioniert folgendermassen:

- Wählen Sie jeweils die von Ihnen gewünschte Szene aus.
- Darunter werden die von Ihnen gewünschten Elemente angezeigt:

Hiermit werden Textelemente ein- und ausgeblendet.

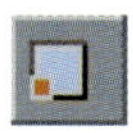

Hier können Sie Schaltflächen, Filmsequenzen und Grafiken ein- und ausblenden.

Mit dieser Taste werden ActionScripts ein- und ausgeblendet.

Externe Dateien – Videos, Sounds und Bitmaps – werden ein- und ausgeblendet.

Hiermit blenden Sie Bilder und Ebenen der Zeitleiste ein und aus.

Mit dieser Taste bestimmen Sie über ein Dialogfenster, welche Elemente individuell eingeblendet werden sollen.

Nach der Anzeige der gewünschten Elemente doppelklicken Sie einfach das gewünschte Element und der Abspielkopf springt in der Zeitleiste in das Bild, in welchem das gewünschte Objekt liegt. Es werden jeweils jene Elemente angezeigt, die zur aktuellen Szene gehören. Zu Szenen folgen später noch weitere Details.

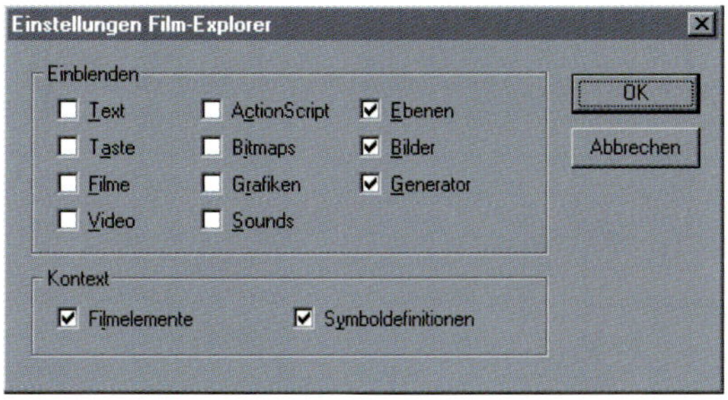

Elemente können auch individuell definiert werden.

Die Palette zum Einblenden der Bedienfelder sieht wie folgt aus. Klicken Sie auf die Icons, um das jeweilige Bedienfeld ein- bzw. auszuschalten.

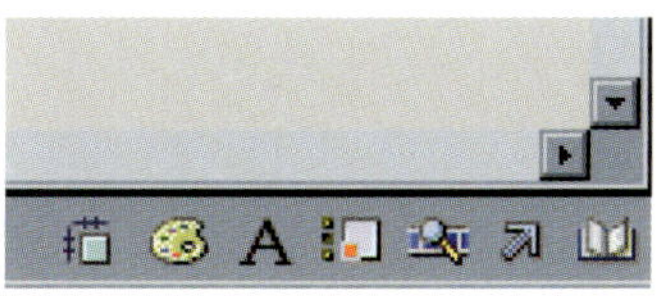

Über diese Palette können Sie verschiedene Bedienfelder einblenden lassen.

Es sind jeweils vier Bedienfelder zu einer Gruppe zusammengefasst. Sie können die Bedienfelder beliebig auseinander nehmen, indem Sie auf ein solches klicken und dann mit gedrückter Maustaste wegziehen. Genau umgekehrt können Sie Bedienfelder auch wieder zusammensetzen; lassen Sie ein Bedienfeld einfach auf einem anderen Bedienfeld los. Wenn Sie den ursprünglichen Zustand der Bedienfelder wieder herstellen möchten, wählen Sie aus der Menüleiste **Fenster | Bedienfeldsätze | Standardlayout.**

ERSTE ANIMATIONEN – SIE SIND DER REGISSEUR!

Jetzt beginnt die eigentliche Arbeit mit Flash und so lernen Sie gleich die «wahre Stärke» von Flash kennen – die Animation. In diesem Kapitel eignen Sie sich daher die Grundfunktionen in der Arbeit mit Objekten an, die Sie animieren möchten. Wenn Sie die unten stehenden Arbeitsschritte verstanden haben, gibt es unzählige Variationen, wie Sie diese einsetzen können.

Spielen Sie mit den Techniken herum, bis Sie Ihnen wirklich vertraut sind! Erst dann sollten Sie weitergehen, damit Sie nicht durch andere Techniken möglicherweise verunsichert werden.

VOREINSTELLUNGEN

Wenn Sie Flash starten, erscheint normalerweise eine weisse Arbeitsfläche, d. h. ein neuer Film wartet auf die Bearbeitung. Falls ein anderer Film in Bearbeitung ist, erstellen Sie einen neuen Film mit **Datei | Neu**.

- Drücken Sie *Ctrl/M* oder wählen Sie das Drop-down-Menü *Modifizieren | Film*. Es erscheint der Filmeigenschaften-Dialog.

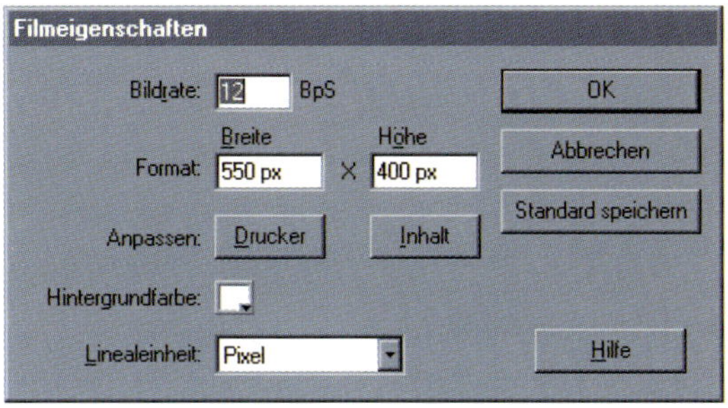

Der Filmeigenschaften-Dialog.

Auch erläutere ich Ihnen hier die wichtigsten Optionen.

Bildrate

Hier bestimmen Sie die Ablaufgeschwindigkeit Ihres Films. Standardmässig ist «12» eingestellt. «12» bedeutet also, es werden pro Sekunde 12 Bilder abgespielt, Erfahrungsgemäss ergeben sich die besten Animationen aber mit dem Wert «20». Experimentieren!

Format

Geben Sie hier die Grösse Ihrer Bühne bzw. Ihres Filmausschnitts an. Um möglichst viele Monitorgrössen optimal zu erreichen, wählen Sie am besten Breite = «600», Höhe = «400».

Hintergrundfarbe

Für das Farbe im Hintergrund klicken Sie auf das entsprechende Feld und wählen eine Farbe aus der Palette aus. Dabei können Sie aus den bereits oben erwähnten 216-websicheren Farben wählen; klicken Sie dann auf *OK*, um die Einstellungen zu speichern.

ERSCHAFFEN SIE EINEN SCHAUSPIELER

Erschaffen Sie nun Ihren ersten Akteur auf der Flash-Bühne; in der Flash-Sprache heisst dies, Sie erstellen ein so genanntes «Symbol».

-  Klicken Sie in der Palette auf das *Ellipsenwerkzeug*.
- Klicken Sie nun auf die Bühne und ziehen Sie die Maus bei gedrückter Maustaste nach rechts unten; es entsteht unmittelbar ein Kreis. Wenn der Kreis genug gross ist, lassen Sie ihn los.
-  Wechseln Sie in der Werkzeugpalette aufs *Pfeilwerkzeug*.
- Doppelklicken Sie nun in die Mitte des neu erstellten Kreises. Der Kreis wird mitsamt seiner Umrahmungslinie angewählt.

Bitte merken Sie sich dabei: Wenn Sie mit dem Ellipsen- oder Rechtecks-Werkzeug arbeiten, besteht das gezeichnete Objekt immer aus einer Fläche mit einer Umrahmungslinie; es sei denn, Sie schalten eines der beiden manuell – wie im Kapitel «Werkzeuge» beschrieben – aus.

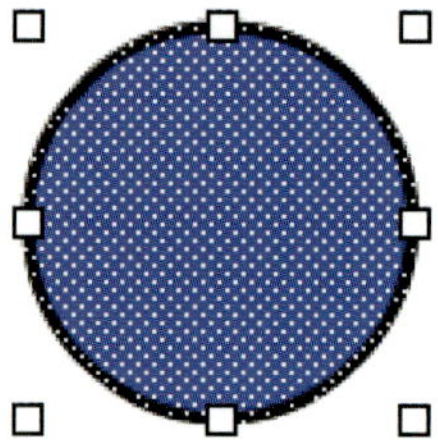

Das Karomuster bedeutet, dass der Kreis angewählt wurde.

- Drücken Sie nun **F8** oder wählen Sie **Einfügen | In Symbol konvertieren** aus der Menüleiste. Es erscheint das Symboleigenschafts-Fenster:

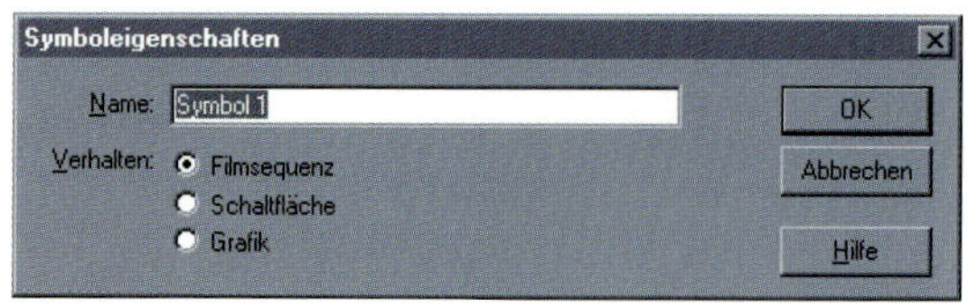

Das Fenster «Symboleigenschaften»

- Geben Sie dem Symbol einen passenden Namen, z. B. «Kreis».
- Belassen Sie das Verhalten auf «Filmsequenz».
- Klicken Sie auf *OK*. Ihr Kreis erscheint nun farbig umrahmt mit einem einem Fadenkreuz in der Mitte; dies ist stets ein sicherer Hinweis darauf, dass es sich hier nun um ein Symbol handelt.

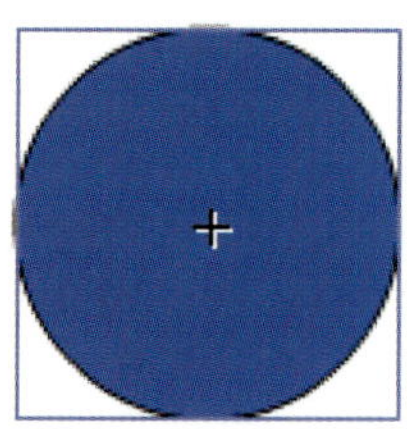

Ihr Kreis wurde nun in ein Symbol umgewandelt.

- Drücken Sie nun die *Entf*-Taste und Ihr Symbol verschwindet. Jedoch keine Angst, es ist bereits gespeichert. Wo? In der Bibliothek. Mit anderen Worten: «Ihr Schauspieler sitzt nun gemütlich in seiner Garderobe...»

Auf diesem Weg werden alle erstellten Symbole in der Bibliothek abgespeichert.

IHRE ERSTE ANIMATION

«Von links nach rechts bitte...»

Tipp: Zu diesem Beispiel finden Sie auf der CD-ROM die Musterdatei «Kreis_A_nach_B.fla».

Jetzt weisen Sie dem Schauspieler eine erste Rolle zu. Er soll die Bühne von links her betreten, über die Bühne gehen und rechts wieder abtreten. D. h. Sie erstellen eine Animation eines Kreises, der in gerader Linie von links nach rechts über den Bildschirm läuft.

- Bitte beachten Sie hierbei: Von Flash 4 zu Flash 5 hat sich die Animationstechnik bzw. die Darstellung etwas verändert. Wenn Sie jedoch lieber die Darstellungsweise von Flash 4 gewohnt sind, können Sie jederzeit auf diesen Modus umschalten.
- Wählen Sie **Bearbeiten | Einstellungen** und dann den Tab «Allgemein».
- Setzen Sie einen Haken im Feld «Leere Schlüsselbilder anzeigen».
- Öffnen Sie nun die Bibliothek, um Ihren Schauspieler bzw. das Symbol aufzurufen.
- Drücken Sie *Ctrl/L* oder wählen Sie aus der Menüleiste **Fenster | Bibliothek**; die Bibliothek erscheint.

Sollte das nicht der Fall sein, dann war die Bibliothek bereits sichtbar und Sie haben sie auf diesem Weg ausgeblendet; blenden Sie sie nun – wie oben beschrieben – wieder ein.

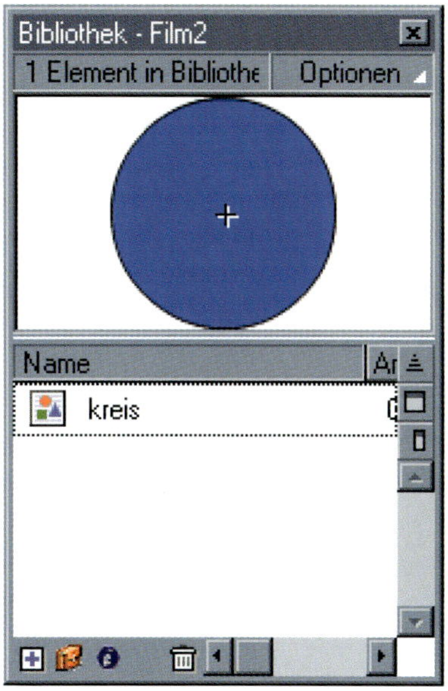

Die Bibliothek.

- Klicken Sie in der Bibliothek auf den Namen, den Sie Ihrem Symbol zuvor gegeben haben; dadurch wird im Bibliotheksfenster Ihr zuvor erstellter Kreis aktiviert. Einmal abgespeichert ist er für einen unlimitierten Einsatz bereit. Klicken Sie daher nun auf das *Pfeilwerkzeug*.
- Klicken Sie auf das Bild, die Schrift oder auch das kleine Symbol neben dem Symbolnamen in der Bibliothek und ziehen Sie mit gedrückter Maustaste auf die Bühne; lassen Sie das

Symbol am gewünschten Ort los. In unserem Fall ist dies die linke Seite der Bühne – wenn Sie möchten, können Sie das Symbol sogar auf der grauen Fläche neben der Bühne platzieren.

Auch hier wieder ein ***Tipp*** *für Sie: Wenn Sie die Bühne verschieben möchten, wählen Sie das Handwerkzeug aus der Werkzeugpalette aus oder halten Sie die Leertaste gedrückt; das Handsymbol erscheint. Klicken Sie mit der Maus, halten Sie gedrückt und ziehen Sie die Bühne an den gewünschten Ort.*

- Wenn Sie die Maus losgelassen haben, können Sie Ihre Objekte jederzeit auf der Bühne verschieben, indem Sie bitte mit der Maus darauf klicken und das Objekt bei gedrückter Maustaste verschieben. Alternativ verwenden Sie die Pfeiltasten, um dasselbe Ergebnis pixelgenau zu erreichen; eine schnellere Verschiebung um jeweils 5 Pixel erreichen Sie, indem Sie gleichzeitig die Shift-Taste drücken.
- Wenn Sie einen Blick in die Zeitleiste werfen, sehen Sie nun, dass in Ebene 1 ein Schlüsselbild vorhanden ist. Doppelklicken Sie auf den Namen «Ebene 1» und geben Sie einen für unser Beispiel passenden ein, z. B. «Ball»; bitte drücken Sie dann Enter, um den neuen Ebenennamen zu bestätigen. Gewöhnen Sie sich unbedingt an, Ihre Ebenen anzuschreiben; ansonsten entsteht binnen kürzester Zeit ein heilloses Durcheinander.

Tipp*: Pro Ebene sollte nur ein einziges Objekt animiert werden. Erstellen Sie daher bestenfalls für jedes neue Symbol eine eigene Ebene. Bei einem Film mit 20 Animationen kann nämlich die Suche nach Ebenen und ihren dazugehörenden Objekten schnell nervenaufreibend werden.*

Und noch ein ***Tipp****: Um die Suche nach Symbolen in Ebenen zu erleichtern, können pro Ebene individuelle Farben angewählt werden. Wählen Sie dazu über das Menü* ***Bearbeiten | Einstellungen | Allgemein | Hervorhebung | Farbe der Ebene****. Nun werden die Objekte jeweils in der Ebenenfarbe umrahmt.*

Momentan befindet sich Ihr Ball in Schlüsselbild 1:

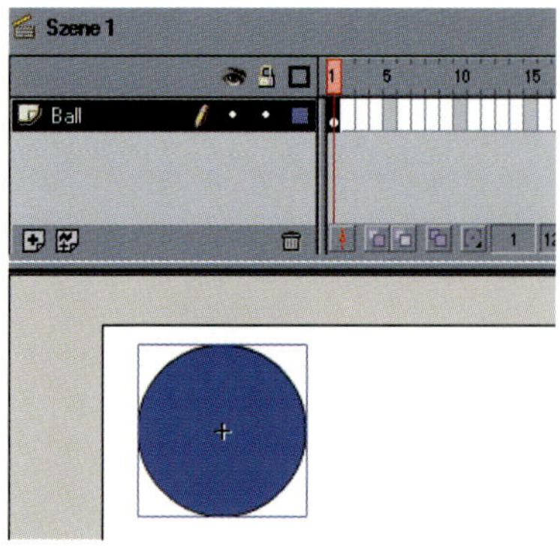

Im Schlüsselbild 1 befindet sich das soeben erstellte Symbol.

Nun erstellen wir eine Animation, die über zwanzig Bilder reicht: Als Erstes kopieren Sie den Ball von Schlüsselbild 1 ins Schlüsselbild 20.

- Klicken Sie mit der Maus in der Ebene «Ball» in Bild 20. Fügen Sie nun ein neues Schlüsselbild ein. Dazu drücken Sie **F6** oder wählen Sie aus der Menüleiste **Einfügen | Schlüsselbild**.

Tipp*: Den Kurzbefehl* ***F6*** *für ein neues Schlüsselbild sollten Sie sich merken; Sie brauchen die Funktion noch oft!*

Auf der Bühne passiert nun ... nichts. Warum? Es wurde eine exakte Kopie unseres Symbols im neuen Schlüsselbild 20 erstellt; d. h. der Kreis in Schlüsselbild 20 liegt exakt über dem Kreis in Schlüsselbild 1.

Also, immer wenn Sie ein neues Schlüsselbild einfügen, wird das Symbol vom vorangehenden Schlüsselbild ins neu eingefügte Schlüsselbild kopiert.

- Um die Animation zu vervollständigen, stellen Sie sicher, dass das Schlüsselbild 20 angeklickt ist. Dann wählen Sie das *Pfeilwerkzeug* aus der Werkzeugpalette. Nun ziehen Sie den Kreis mit gedrückter Maustaste an seine Endposition, in diesem Fall die rechte Seite der Bühne. Klicken Sie probehalber auf Schlüsselbild 1. Der Kreis befindet sich immer noch auf der linken Seite.

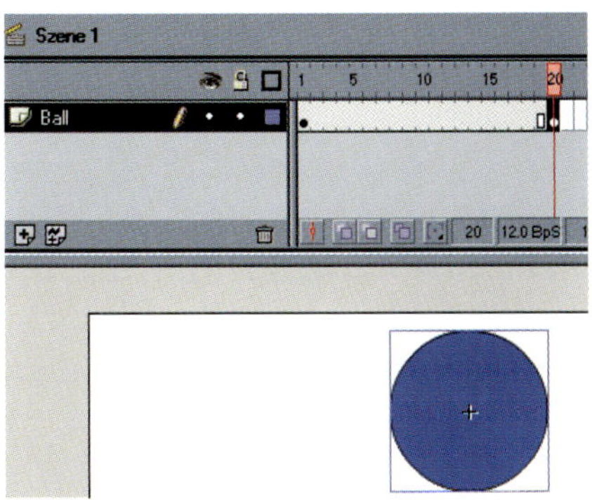

Der Ball in Schlüsselbild 20, nachdem Sie ihn nach rechts verschoben haben.

- Jetzt lassen Sie mal den Computer arbeiten! Durch einen einfachen Befehl wird er nun die dazwischen liegenden Bilder berechnen: Klicken Sie mit der rechten Maustaste irgendwo in der Zeitleiste – Englisch auch «Timeline» genannt – zwischen Bild 1 und Bild 20 und wählen Sie «Bewegungs-Tween erstellen»; oder aber Sie klicken zwischen Bild 1 und Bild 20 und wählen dann in der Menüleiste **Einfügen | Bewegungs-Tween erstellen**; ein hellblau untermalter Pfeil erscheint.

Die hellblaue Farbe weist dabei darauf hin, dass es sich um eine so genannte «Bewegungsanimation» handelt. Als Alternative dazu gibt es die «Formanimation»; diese wird in einem späteren Kapitel beschrieben.

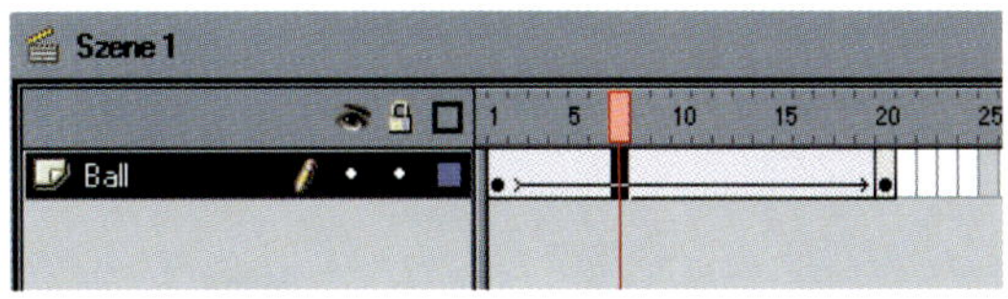

Der hellblaue Pfeil deutet auf eine Bewegungsanimation hin.

- Und nun – «Klappe die Erste!»: Drücken Sie die Eingabetaste. Ihre erste Animation ist vollbracht! Drücken Sie erneut die Eingabetaste, um Ihr Werk wiederholt anzuschauen. Beachten Sie dabei auch den Abspielkopf, der von links nach rechts über die Zeitleiste läuft. Sie können auch auf den Abspielkopf klicken und diesen vor- und zurückbewegen. Oder aber Sie benutzen die Tasten «,» und «.» um den Abspielkopf vor- und zurückzubewegen.

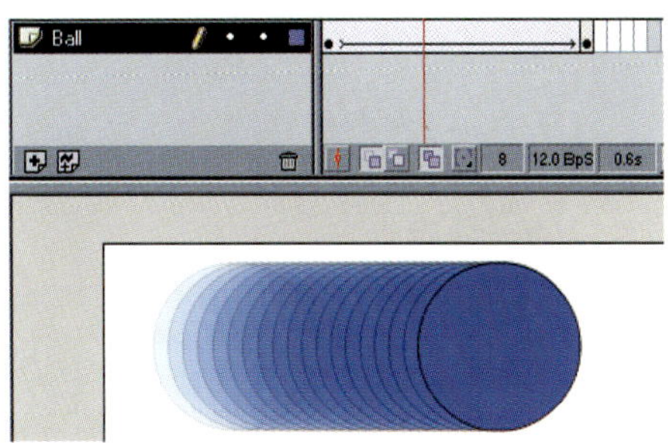

Ihre erste Animation: Ihr Ball bewegt sich von links nach rechts.

Weitere Animationsmöglichkeiten

Sind Sie mit dem Verlauf der Animation nicht zufrieden und möchten diesen ändern, so brauchen Sie nun lediglich die Position in den Schlüsselbildern verändern. Die Zwischenbilder werden vom Computer automatisch neu berechnet und angepasst. Also, «Klappe die Zweite!»:

VERLAUF DER ANIMATION

Tipp: Zu diesem Beispiel finden Sie auf der CD-ROM die Musterdatei «Kreis_verlauf.fla».

- Klicken Sie in der Zeitleiste ins Schlüsselbild 1.
- Ziehen sie ihren Kreis nach links unten.
- Klicken Sie ins Schlüsselbild 20 und ziehen sie ihren Kreis nach rechts oben.
- Drücken Sie die Eingabetaste; der Kreis verläuft in seiner neuen Bahn von links unten nach rechts oben.

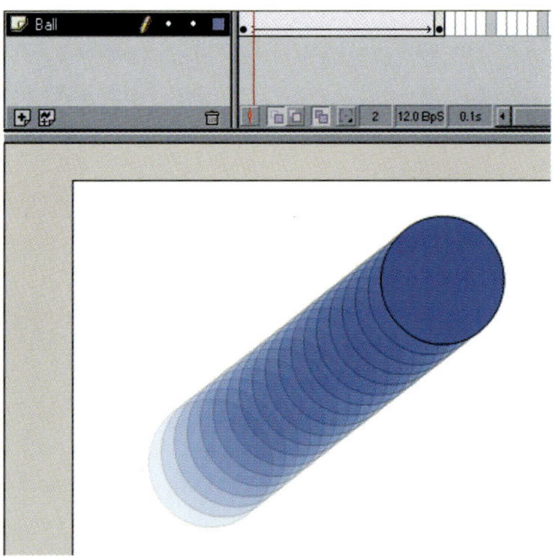

Der Verlauf des Balles wurde geändert. Er läuft nun von links unten nach rechts oben.

GRÖSSE DER ANIMATION

Tipp: Auch hier finden Sie zu diesem Beispiel auf der CD-ROM eine Musterdatei: «Kreis_ani_groesse.fla».

- Klicken Sie in Bild 20.
- 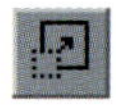 Wählen Sie das *Pfeilwerkzeug* und dann darunter liegend im Optionsfeld das *Skalierwerkzeug*. Es erscheinen acht Griffe:

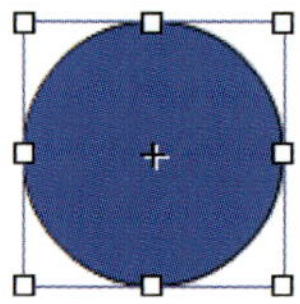

Mit den 8 Griffen können Sie Ihre Objekte skalieren.

- Ziehen sie nun an den Griffen, um Grösse, Höhe oder Breite zu verändern. Ziehen Sie an einem Eckpunkt, skaliert das Obiekt proportional.

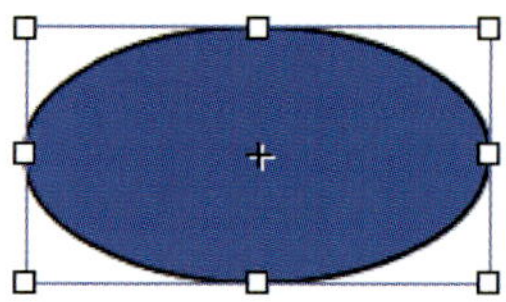

Skalieren Sie Ihr Objekt nach Belieben.

- Wenn Sie mit Grösse & Skalierung zufrieden sind, drücken Sie wiederum die Eingabetaste; der Ball ändert seine Grösse – zum Beispiel so:

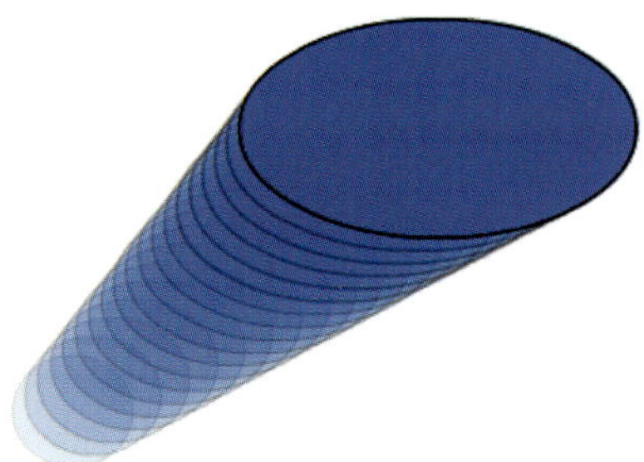

Der Ball ändert seine Grösse.

GESCHWINDIGKEIT DER ANIMATION

Tipp: Auf der CD-ROM habe ich dazu für Sie die Musterdatei «Kreis_ani_tempo.fla» abgelegt.

Nun finden Sie vielleicht, dass Ihre Animation zu schnell und zu ruckartig verläuft. Kein Problem:

- Ziehen Sie mit der Maus das Bild 20 nach rechts ins Bild 60.
- Es werden leere Bilder eingefügt. Dasselbe erreichen Sie, wenn Sie ins Bild 60 klicken und dann **F5** drücken.
- Klicken Sie nun erneut ins Schlüsselbild 20 und ziehen Sie dieses ins Bild 60: Dies bewirkt, dass zwischen Anfangs- und End-Frame mehr Bilder erzeugt werden; die Animation wird langsamer und weicher. Drücken Sie Enter; Ihre Animation ist nun zwar langsamer, dafür aber auf jeden Fall weicher geworden.
- Sie können nun auch wieder mit *Ctrl/M* die Bildrate verändern – aber seien Sie vorsichtig: Die gewählte Bildrate gilt für den ganzen Film!

Die Bildrate bestimmt die Geschwindigkeit der Animation.

TRANSPARENZ DER ANIMATION

Tipp: Auf der CD-ROM lautet die entsprechende Musterdatei «Kreis_ani_trans.fla».

Nun wollen Sie vielleicht das Objekt, anstatt es zu vergrössern, «verschwinden» lassen, d.h seine Transparenz / Durchsichtigkeit auf «0%» setzen.

- Klicken Sie in der Zeitleiste ins Bild 60.
- Wählen Sie das Bedienfeld *Effekt* aus.
- Wählen Sie «Alpha».

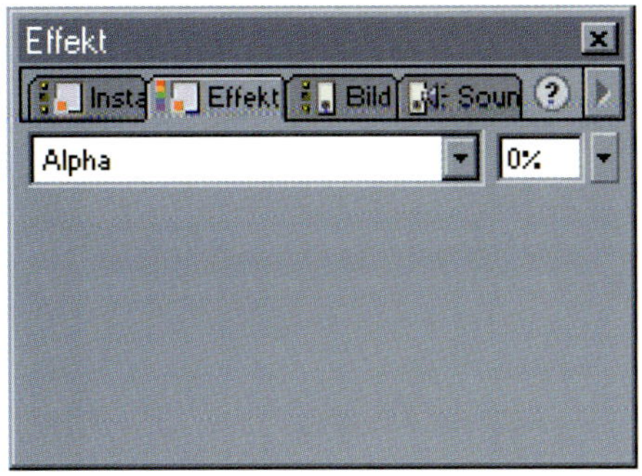

Der Einsatz des Effekt-Bedienfelds

- Stellen Sie den Regler auf «0%»; der Kreis verblasst, bis er bei «0%» unsichtbar geworden ist – zugleich ist das Symbol verschwunden; nur der obligate Symbolrahmen ist sichtbar geblieben.

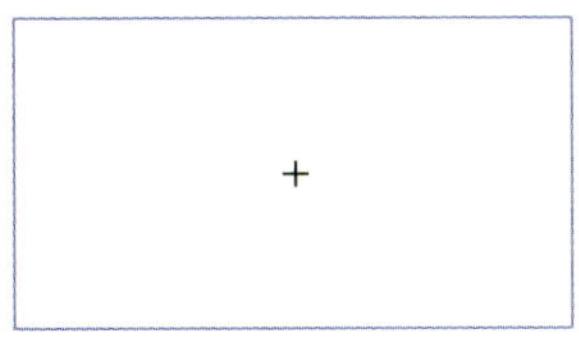

Das Symbol verschwindet beim Wert «0%» und ...

- Drücken Sie *Enter*; das Symbol verblasst in der Bewegung und verschwindet schliesslich ganz.

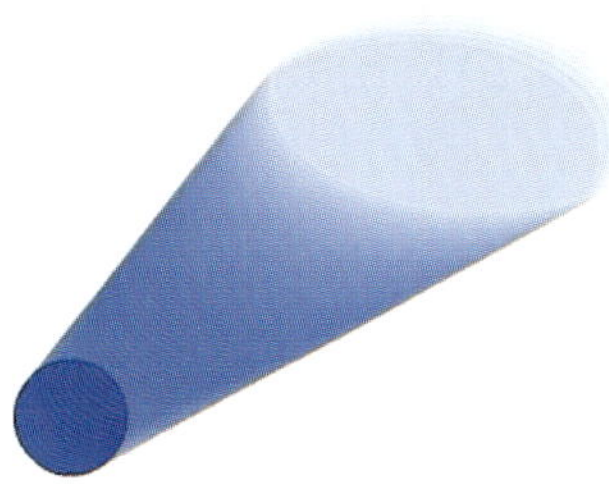

... «verabschiedet sich – hier als Ball – ins Nirvana»!

Sie können in einem Schlüsselbild einem Symbol den obengenannten Alpha-Zustand zuordnen und so Symbole beliebig erscheinen und verschwinden lassen.

WEITERE SCHLÜSSELBILDER EINFÜGEN

Tipp: Auf der Buch-CD-ROM finden Sie dazu die Datei «Kreis_ani_trans2.fla» als Muster.

Nun wollen Sie die Animation komplexer gestalten und vielleicht weitere Schlüsselbilder einfügen.

- Klicken Sie irgendwo in der Zeitleiste zwischen das Anfangs- und End-Schlüsselbild. Der rote Abspielkopf springt ins angeklickte Bild.
- Drücken Sie dann **F6** oder wählen Sie **Einfügen | Schlüsselbild**. Ein neues Schlüsselbild erscheint und das Anfangsbild wird in Ihr neues Schlüsselbild kopiert.
- Verschieben Sie Ihr Symbol im neuen Schlüsselbild auf der Bühne nach Belieben und wenden Sie im neuen Schlüsselbild einen Alpha-Zustand von 0% an. Setzen Sie den Alpha-Zustand im End-Bild wieder auf 100%. Drücken Sie Enter – der Kreis verschwindet und erscheint wieder!

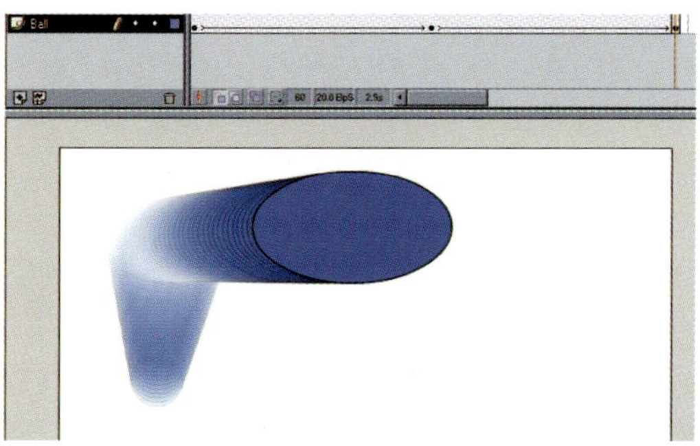

Der Ball entschwindet und taucht wieder auf!

Ein etwas allgemeinerer Tipp: Spielen Sie einfach mit diesen Möglichkeiten: Verschieben Sie Schlüsselbilder, ändern Sie Alpha-Zustände, bzw. wechseln Sie die Positionen der Objekte, bis Sie ein Gefühl dafür bekommen und die Funktionen quasi im Schlaf ausführen können...

ANIMATION MIT HILFE DER BILDEIGENSCHAFTEN

Tipp: Auf der Buch-CD-ROM finden Sie dazu die Datei «Kreis_ani_doppel.fla» als Muster.

Nun zeige ich Ihnen eine weiteren Weg, den Computer Zwischenbilder berechnen zu lassen, wobei Sie noch gleichzeitig einige Parameter wie z. B. Drehungen oder Geschwindigkeitsverzögerungen einbauen können.

- Fügen sie bitte eine neue Ebene ein; entweder klicken Sie auf dieses kleine Icon ganz links...

... oder aber wählen Sie **Einfügen | Ebene** aus der Menüleiste. Geben Sie der Ebene bitte einen sinnvollen Namen – wie hier «rechteck».

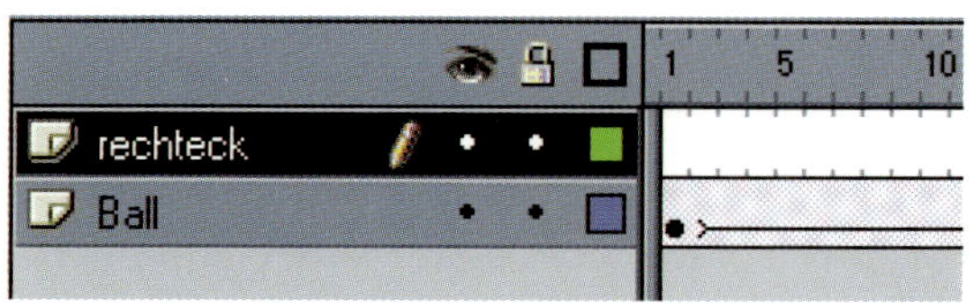

Eine neue Ebene wird über der alten eingefügt.

- Klicken Sie in der neuen Ebene in Schlüsselbild 1.
- Zeichnen Sie ein Rechteck.
- Wählen Sie das Rechteck aus und erstellen Sie mit **F8** ein Symbol. Belassen Sie das Verhalten auf «Filmsequenz»; klicken Sie auf *OK*.

Erstellen Sie ein Symbol.

- Platzieren Sie das Rechteck links oben auf der Bühne.
- Erstellen Sie mit **F6** das End-Schlüsselbild in Bild 60 und ziehen Sie das Rechteck in Bild 60 an den unteren rechten Rand der Bühne.
- Klicken Sie in Schlüsselbild 1 und wählen Sie das Bedienfeld «Bild» aus und wählen Sie unter *Tweening* bitte «Bewegung»:

- Wählen Sie nun «Drehen UZS (im Uhrzeigersinn)» und «1» mal.
- Der Regler *Abbremsen* bewirkt, dass die Animation erst langsam beginnt und dann schneller wird oder umgekehrt; klicken Sie auf *OK* und drücken Sie Enter; Ihre Animation läuft ähnlich wie in der folgenden Abbildung.

Wenn Sie das Bedienfeld «Bild» für die Animation verwenden, können Sie Ihre Objekte drehen oder in der Geschwindigkeit variieren.Klicken Sie dafür immer in das erste Schlüsselbild der Animation und benutzen Sie dann das Bedienfeld «Bild».

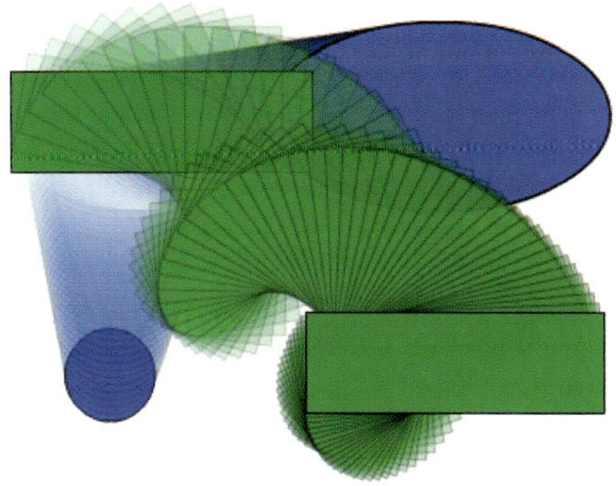

Zwei Animationen laufen gleichzeitig ab.

EXPORTIEREN IHRES MOVIES

Nach den ganzen Arbeitsschritten darf nun eine kurze Einführung in die am häufigsten verwendete Export-Funktion nicht fehlen; denn auch hier lassen sich eine ganze Menge Parameter bestimmen.

Tipp: Gerade in der Anfangszeit halten Sie sich jedoch bitte an den Grundsatz: ***Einfach ist besser****.*

Weitere Infos über den Export lesen Sie bitte auch im Vertiefungskapitel «Exportieren» nach.
Wollen Sie nun einmal eine Vorschau wagen, wie das exportierte Movie am Schluss aussehen wird? Bitte drücken Sie gleichzeitig *Ctrl/Eingabe;* es geht ein neues Fenster auf: Unten sehen Sie – nun exportiert – Ihr fertiges Movie, allerdings noch ohne den sichtbaren grauen Bühnenrand. Im oberen Teil ist der so genannte Bandbreiteninspektor eingeblendet: Er gibt Ihnen Aufschluss über verschiedene Daten des Films.

Falls der Bandbreiten-Inspektor nicht eingeblendet ist, tun Sie dies bitte, indem Sie oben aus der Menüleiste **Ansicht | Bandbreitenprofiler** wählen. Die Menüleiste ist übrigens nicht die gleiche wie im Film-Bearbeitungsmodus. Sie enthält nun Funktionen des Film-Vorschaumodus.

Für Sie ist im Moment die Dateigrösse unter «Grösse» wichtig: Hier sehen Sie, wie gross Ihr aktueller Film ist. Dies ist wegen der leider noch geringen Bandbreite des Internets immer noch ein entscheidendes Kriterium; halten Sie daher die Grösse des Films so gering wie möglich.

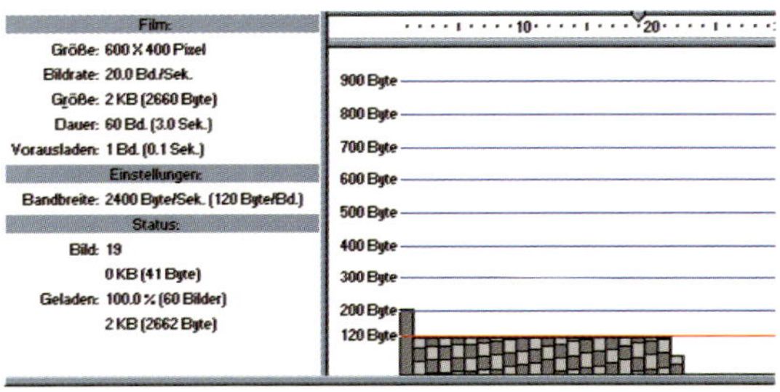

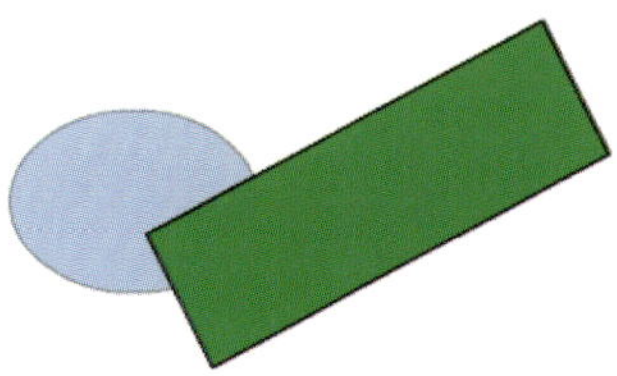

Das Vorschaufenster geht auf.

Schliessen Sie nun das Vorschaufenster rechts oben – das untere Fensterschliesssymbol bitte, anderenfalls beenden Sie Flash... Und jetzt wollen Sie sich Ihr Movie unabhängig von Flash anschauen, als so genannten «Projektor»:

- Wählen Sie bitte die Funktion **Datei | Film exportieren**.
- Eine Dialogbox öffnet sich; speichern Sie Ihre Datei in einen neuen Ordner mit einem sinnvollen Namen.

Achten Sie dabei bitte stets auch auf die Dateiendung – Der Dateityp-Name eines in Flash komprimierten Films endet stets auf «.swf»!

Einen Film exportieren.

- Klicken Sie *OK*.
- Es erscheint wieder eine Dialogbox; ändern Sie da jetzt bitte nichts.

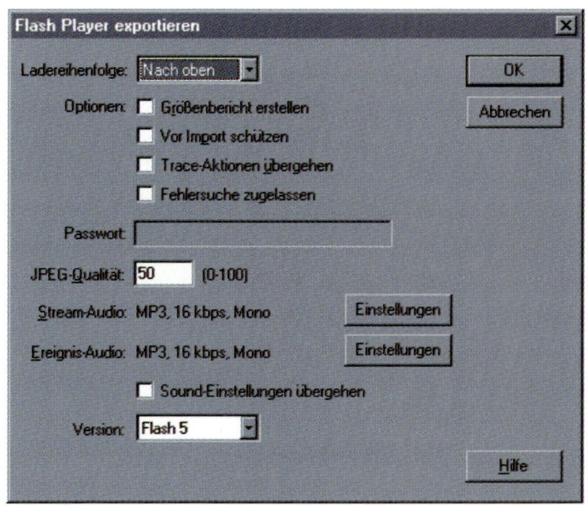

- Drücken Sie wiederum *OK*; Ihr Projektor wurde nun in Ihren Ordner gespeichert.
- Begeben Sie sich in den betreffenden Ordner und und doppelklicken Sie den Projektor mit der Endung «.swf».

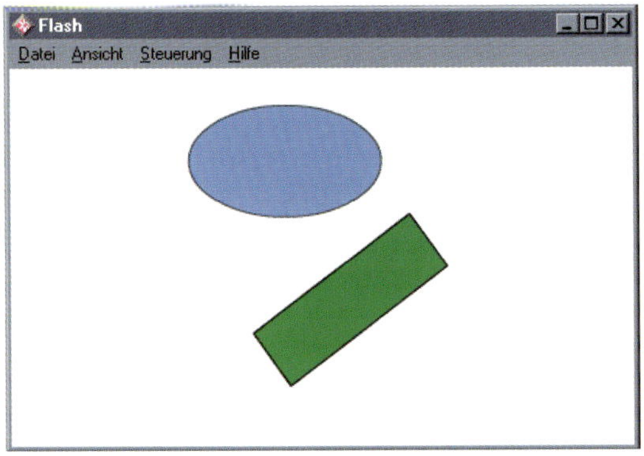

Ihr Flash-Film im Flash-Player – viel Spass beim Betrachten!

Ihr Film wird in einer Endlosschlaufe abgespielt, im so genannten «Flash-Player»; der Flash-Player ermöglicht es Ihnen, Ihre exportierten Filme unabhängig vom Flash-Programm oder eines Browsers direkt vom Betriebssystem aus anzuschauen. So können sie diesen auf sämtlichen Computern abspeichern und anschauen.

Der Flash-Player befindet sich aber auch in allen neueren Betriebssystemen – garantiert jedoch ab Mac OS 8, 9 und weiter sowie Windows 98 und alle fortlaufenden Versionen «um die Jahrtausendwende herum»...

Die Werkzeuge – So gestalten Sie Ihren Film

DIE WICHTIGSTEN FUNKTIONEN

Hier werden Sie mit den einzelnen Werkzeugen vertraut gemacht, die Ihnen Flash bietet. Wenn Sie mit - Illustrator oder FreeHand arbeiten und komplexere Grafiken nicht in Flash erstellen wollen, können Sie diese aus den besagten Programmen natürlich einfach importieren. Es lohnt sich aber allemal, einen Blick in die Flash-Werkzeugkiste zu werfen; so lassen sich wirklich sehr viele Objekt – eben ohne Umwege – auch hier anfertigen. Lesen Sie die Beschreibung der Werkzeuge und probieren Sie diese anschliessend aus. Genaueres zu Arbeitstechniken finden Sie dann im Vertiefungsteil.

Wie gesagt, die Werkzeuge sind hier kurz in den wichtigsten Funktionen beschrieben. Experimentieren und zeichnen Sie mit jedem Werkzeug, bis Sie ein Gefühl dafür haben, wie jedes einzelne effektiv einzusetzen ist. Ausführliche Informationen über die Funktionen erfahren Sie im Vertiefungskapitel «Werkzeuge und ihre Funktion».

Die Werkzeugpalette ist aufgeteilt in «Werkzeuge» und «werkzeug-spezifische Optionen»; wenn Sie das Werkzeug wechseln, stehen Ihnen im unteren Teil stets auch andere Optionen zur Verfügung.

Pfeil

Das Pfeil-Werkzeug dient zum Anwählen und Verschieben von Symbolen. Der Doppelklick auf ein Objekt wählt auch umrahmende Linien mit aus. Mit einem zusätzlichen Drücken der *Shift*-Taste können Sie so auch mehrere Objekte gleichzeitig auswählen.

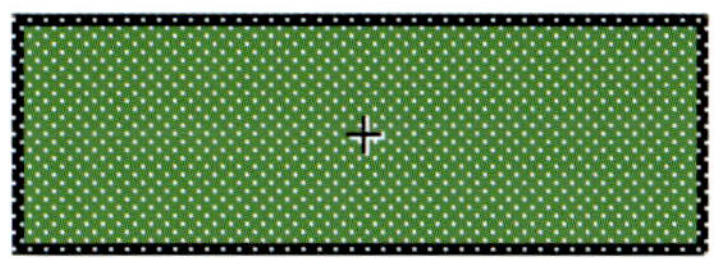

Ein Rechteck mit Umrahmungslinie wird durch Doppelklicken angewählt.

Eine recht interessante Funktion ist das *Verziehen von Vektoren*: Nähern Sie sich dabei mit dem Pfeil einem *nicht* ausgewählten Objekt; bei einer Seitenlinie erscheint unter dem Pfeil eine kleine gerundete Linie – bei einem Eckpunkt ist es eine eckige Linie.

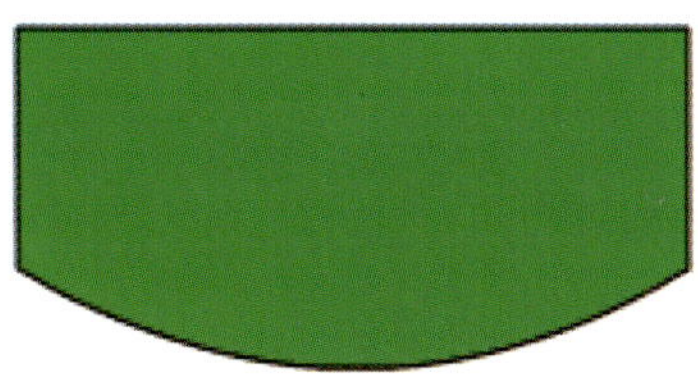

Objekte können auch auseinander gezogen werden.

Klicken Sie nun und ziehen Sie bei gedrückter Maustaste das Objekt auseinander. Ziehen Sie dann mit gleichzeitig gedrückter *Ctrl*-Taste an einer geraden Linie: Ein Eckpunkt entsteht.

Oder ziehen Sie einmal mit dem Pfeilwerkzeug einen Rahmen auf, der ein Stück aus einem Objekt einbezieht; die ausgewählte Fläche wird dabei durch ein Karomuster dargestellt.

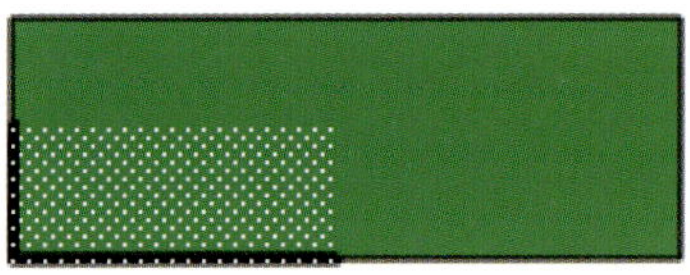

Ziehen Sie die angewählte Fläche dann vom Rechteck weg; ein Stück des Rechtecks wird ausgeschnitten.

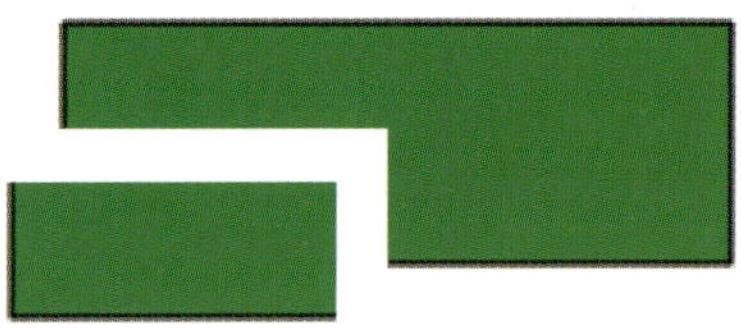

Lasso

Das Lasso dient Ihnen zum Ausschneiden von Bildteilen. Ziehen Sie mit dem Lasso einen Kreis, der den gewünschten Teil eines Objektes enthält.

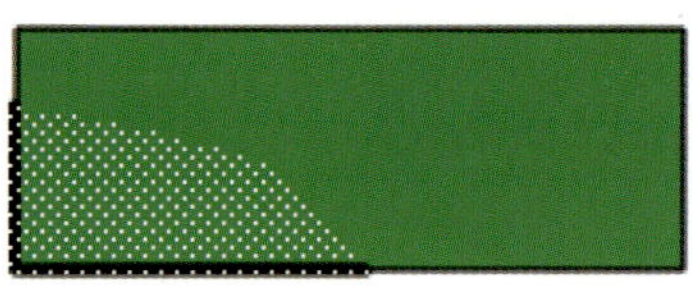

So können Sie beliebige Teile auswählen und dann durch die *Del*-Taste «entschwinden» lassen...

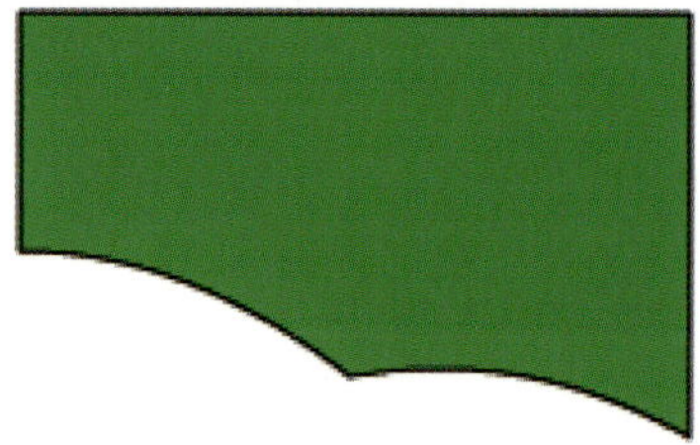

Mit dem Lasso können beliebige Teile aus einem Objekt ausgeschnitten werden

Linie

Das Linien-Werkzeug dient dem Ziehen von geraden Linien. Um Art und Dicke einer Linie zu bestimmen, arbeiten Sie mit dem Bedienfeld «Linie».

Text

Mit dem Text-Werkzeug schreiben Sie, logisch, Ihre Texte. Im Optionen-Teil wählen Sie dabei Ihre «Lieblings»-Schriftart, Grösse, Farbe und entscheiden zwischen Fett oder Kursiv. Die weiteren Optionen finden Sie im gleichlautenden Vertiefungskapitel im Detail erklärt.

Stift

Mit diesem Werkzeug lassen sich so genannte Bézierkurven zeichnen. Sie klicken die einzelnen Punkte des zu zeichnenden Objektes und verziehen mit den dabei auftauchenden Griffen die Linien zu exakten Kurven.

Ellipse

Mit dem Ellipsen-Werkzeug zeichnen Sie kreisförmige Objekte. Im Bedienfeld «Linie» bestimmen Sie Farbe, Art und Dicke der Umrahmungslinie. In den Optionen des Ellipsenwerkzeugs verändern Sie nur die Linienfarbe und Farbe der Kreisfläche.

Rechteck

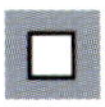
Das Rechteck-Werkzeug bietet dieselben Optionen wie die Ellipse mit Ausnahme des untersten Option: Sie ermöglicht das Abrunden der Ecken.

Freihand

Der Bleistift ermöglicht das Zeichnen von beliebigen Linien: «Begradigen» begradigt Ihre Linie, «Glätten» rundet die Linie sauber ab und mit «Tinte» wird die Linie genauso belassen wie Sie sie zeichnen. Darunter legen Sie auch die jeweilige Linienfarbe, Form und Art fest.

Pinsel

Der Pinsel imitiert Pinselstriche. Wählen Sie dort auch die Farbe, Grösse und Art des Pinsels. Die oberste Option ermöglicht Ihnen zudem verschiedene Ausmaloptionen für ein Objekt. Zu den weiteren Details schauen Sie doch bitte auch im Vertiefungskapitel über «Werkzeuge» nach.

Linien-Füllwerkzeug

Das Linien-Füllwerkzeug – hier visuell eher ein Tuschebehälter – verändert Linien und auch Aussenlinien eines Objektes. Optionen für eine Linie verändern Sie bitte im Bedienfeld «Linie». Klicken Sie danch mit angewähltem Werkzeug auf eine Linie, um diese gemäss den vorher eingestellten Optionen zu verändern.

Flächen-Füllwerkzeug

Das Flächen-Füllwerkzeug, dargestellt durch einen Eimer, füllt die Flächen von Objekten aus. Die Option für das Erstellen von Verläufen wird im Vertiefungskapitel «Grafik» behandelt. Klicken Sie mit dem angewähltem Flächen-Füllwerkzeug auf Flächen, um deren Farbe zu verändern.

Pipette

Mit der Pipette klicken Sie auf Flächen und Linien, um dann die jeweilige Farbe aufzunehmen. Sofern es sich um eine Füllung handelt, wird die Farbe ins Flächen-Füllwerkzeug oder bei einer Linie ins Linien-Füllwerkzeug übernommen.

Radiergummi

Bestimmen Sie Grösse und Form des Radiergummis. Mit dem «Wasserhahn» löschen Sie ganz spezifisch nur Linien; die verschiedene Löscharten werden weiter hinten dargestellt...

Hand

Das Handsymbol kennen Sie ja bereits; es verschiebt die Bühne. Mit der Leertaste kann das Handwerkzeug jederzeit aktiviert werden.

Lupe

Die Lupe «+» zoomt die Bühne heran. Lupe «–» zoomt die Bühne weg. Ein Doppelklick auf das Lupensymbol stellt die Bühnengrösse wieder auf 100%.

IMPORTIEREN VON GRAFIKEN

Kopieren und Einfügen

Wenn Sie mit Illustrator oder FreeHand arbeiten, kann Ihre Grafik direkt importiert werden:

- Markieren Sie in Ihrem vektororientierten Zeichenprogramm diejenige Grafik, die importiert werden soll.
- Wählen Sie **Bearbeiten | Kopieren**, um die Grafik in die Zwischenablage zu bringen.
- Wechseln Sie in Flash und wählen Sie hier **Bearbeiten | Einfügen**.

Weitere Importmöglichkeiten

Es gibt aber auch noch andere Wege; allerdings muss hierzu, um den Befehl «Importieren» aktivieren zu können, ein Schlüsselbild ausgewählt sein.

- Wählen Sie **Datei | Importieren**.
- Wählen Sie Ihre Datei aus den verfügbaren Formaten aus; klicken Sie *OK*.
- Ihre Datei wird importiert und in der Bibliothek / Library abgespeichert.

Bitte beachten Sie zudem: Um die Grafik effektiver zu nutzen, sollte sie noch in ein Symbol verwandelt werden. Genaueres zu den Symbolen haben Sie ja auch bereits im vorangegangenen Kapitel erfahren.

EINE KLEINE ÜBUNG

Erstellen Sie ein kleines Intro für eine fiktive Firma; Vielleicht als Idee einige sich bewegende Objekte und am Schluss der Firmenname, der eingeblendet wird.
Denken Sie daran: Wenn Sie ein Objekt gezeichnet haben, wählen Sie es aus und drücken **F8**, um es dann unmittelbar in ein Symbol zu konvertieren, welches Sie aus der Bibliothek aufrufen können. Wenn das Symbol aus mehreren Einzelteilen bestehen soll, ziehen Sie mit dem Pfeilwerkzeug einen Rahmen auf, der alle gewünschten Teile enthält. Danach drücken Sie **F8**. Alle ausgewählten Objekte werden so in Ihrem neuen Symbol zusammengefasst.

Erweiterte Animationen – «The Show goes on...»

In diesem Kapitel fügen wir zu den bisherig vorgestellten Features & Funktionen noch einige fortgeschrittene Animationstechniken hinzu. So erlernen Sie hier die Nutzung der zweiten Animationsart – des so genannten «Form-Tweening». Mit diesem können Sie verschiedene Formen ineinander überführen. Danach sind Sie mit allen Basistechniken in Bezug auf mögliche Animationen vertraut. Ganz spezielle Animationsarten wie die «Animation entlang eines frei definierbaren Pfades» oder auch die «Maskenfunktion» warten dann in den Vertiefungskapiteln auf Sie.

SYMBOLE UND INSTANZEN

Im letzten Kapitel haben Sie Objekte gezeichnet und daraus so genannte Symbole erstellt, die Sie dann in der Bibliothek abgespeichert haben; diese Symbole haben Sie aus der Bibliothek auf die Bühne gezogen.

Aus der Bibliothek: Eine Instanz

Wie bereits angedeutet, nennt man Symbole, die aus der Bibliothek auf die Bühne gezogen werden, «Instanzen». Der Vorteil der Instanzen liegt vor allem darin, dass Sie *beliebig viele Instanzen* auf die Bühne ziehen können, *ohne dabei mehr Speicherplatz zu beanspruchen* – mit nur einer Ausnahme: Nur wenn Sie eine Instanz *animieren*, kostet die Berechnung der Animation Speicherplatz; allerdings nur sehr wenig verglichen mit der Datenmenge eines Objektes.
Ihr Symbol wird also ein einziges Mal in die Bibliothek / Library gespeichert and damit hat es sich!

Filmsequenz, Schaltfläche und Grafik

Es gibt grundsätzlich drei verschiedene Symbolarten: Filmsequenz, Schaltfläche und Grafiken. Diese sind in demjenigen Moment anwählbar, in dem Sie ein Symbol erstellen:

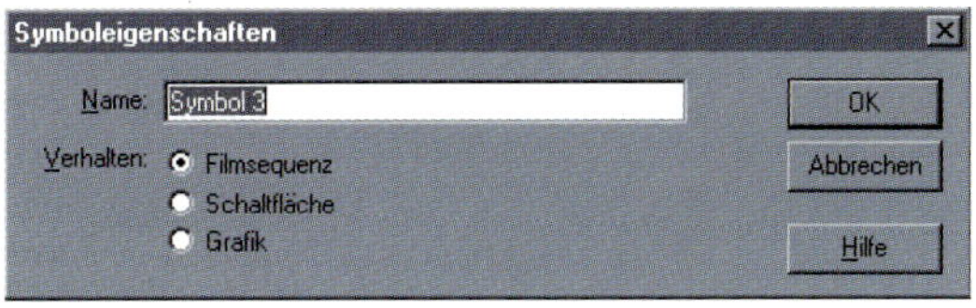

Sie können zwischen drei verschiedenen Symbolarten wählen.

Zu allen drei Symbolarten folgen detailliertere Beschreibungen; jedoch vielleicht schon vorab: Wo liegen nun die groben Unterschiede? Das Verhalten «Grafik» stellt einfache Grafiken dar, die beliebig animiert werden können. «Schaltflächen» sind Tasten, die über verschiedene so genannte «Zustände» verfügen und denen dann einzelne Befehle zugewiesen werden können; «Filmsequenzen» hingegen sind animierte Filmsequenzen, die wie einzelne Ebenen funktionieren – jedoch mit dem Unterschied, dass sie in der Zeitleiste nur ein einzelnes Bild beanspruchen. Doch gehen wir es mal SChritt für Schritt an:

Bisher haben Sie zur Erstellung eines Symbols ein Schlüsselbild angewählt, ein Objekt darin auf die Bühne gezeichnet, dieses dann ausgewählt und mit **F8** in ein Symbol verwandelt, welches dann in der Bibliothek abgespeichert wurde. Nun gibt es aber noch eine zweite Möglichkeit, Symbole zu erstellen:

- Wählen Sie aus der Menüleiste **Einfügen | Neues Symbol** oder drücken Sie *Ctrl/F8*. Geben Sie dem Symbol einen Namen und wählen Sie Filmsequenz; klicken Sie dann bitte *OK*.
- Die Bühne hat sich verändert: Sie befinden sich nun im Symbol-Bearbeitungsmodus.

Dieser kennzeichnet sich dadurch, dass die graue Fläche um die Bühne herum verschwunden ist. In diesem Modus können nur Symbole bearbeitet werden. Sie erkennen den Symbol-Bearbeitungsmodus auch daran, dass links oben der Name einer Szene und daneben der Name des Symbols angegeben ist.

- Zeichnen Sie bitte Ihr Objekt. Wenn Sie fertig sind, klicken Sie auf «Szene 1» oben links.
- So kehren Sie nun zurück in den Film-Bearbeitungsmodus, in dem Sie Ihren Film weiter bearbeiten können.

In den Symbol-Bearbeitungsmodus gelangen Sie auch, wenn Sie in der Bibliothek das Bild des zu bearbeitenden Symbols oder das kleine Icon links vom Namen doppelklicken. Eine andere Möglichkeit besteht darin, ein Symbol auf der Bühne doppelzuklicken. Sie können dann das Symbol auch abändern – allerdings ohne dass die grauen Bühnenränder verschwinden.
Dies hat den Vorteil, dass Sie nun sehen, wie sich das gewählte Symbol zum Rest der Bühne verändert; das ist besonders nützlich beim Erstellen von Rollovern bei Schaltflächen; weiteres dazu finden Sie im übernächsten Kapitel.
Das Interessante am Symbol-Bearbeitungsmodus ist, dass Sie ein Symbol ändern können und damit gleichzeitig alle allfälligen Instanzen, die Sie in Ihrem Film verwenden, automatisch ebenfalls abgeändert werden!

*Tipp: Lassen Sie sich nicht dadurch verwirren, dass der **Symbol-Bearbeitungsmodus** dem **Film-Bearbeitungsmodus** ähnlich sieht. Der Symbol-Bearbeitungsmodus ist nur für die Bearbeitung und Erstellung von Symbolen gedacht. **Von hier aus können Sie am Hauptfilm nichts verändern.***

- Um wieder am Hauptfilm weiterzuarbeiten, kehren Sie zurück mit *Ctrl/E* oder klicken Sie links oben auf «Szene 1»:

Kehren Sie in den Filmbearbeitungsmodus zurück, indem Sie auf Szene 1 links oben klicken.

ZWEI ANIMATIONSARTEN

In Flash gibt es zwei verschiedene Animationsarten, die nicht verwechselt werden dürfen:

Bewegungs-Tweening

Dieses haben Sie bereits kennen gelernt. Es kann nur im Zusammenhang mit Symbolen verwendet werden.

VORTEILE
Die abgespeicherten Symbole können von der Bibliothek aufgerufen und als Instanzen auf die Bühne gezogen werden – ideal für die gewünschte kleine Dateigrösse! Sie können die Dreh- und Geschwindigkeitsvariationen verwenden. Auch können Sie das Symbol einmal modifizieren und alle dazugehörigen Instanzen verändern sich ebenfalls. Sie können auch ein Symbol einem beliebigen Bewegungspfad entlang animieren, d. h. es gibt dann keine eckige Animationen mehr.

NACHTEILE
Es sind keine Formveränderungen möglich, d. h. Sie können ein Objekt zwar skalieren und Farben ändern, aber sie können aus einem Rechteck keinen Kreis machen, ebenso wenig wie – als Idee – «aus einer Katze ein Zebra»...

Form-Tweening

Eine einzelne Form wird in eine andere Form verwandelt; hier können Sie Ihre Objekte direkt auf die Bühne zeichnen und animieren.

VORTEILE
Sie können ein Objekt in ein anderes verwandeln z. B. das eben erwähnte Zebra in eine Katze. Sie können Verläufe auf Objekten animieren. Dies eignet sich damit prima bei der Erzielung von Lichteffekten.

NACHTEILE
Sie können keine Instanzen bilden. Jedes Form-Tweening-Objekt benötigt Speicherplatz. Mit dieser Methode können zwar ebenfalls Bewegungen durchgeführt werden, es gilt jedoch: Wann immer möglich verwenden Sie für Bewegungen Symbole und das Bewegungs-Tweening.

EINE KLEINE ÜBUNG...
Erstellen Sie nun einmal eine Animation über mehrere Schlüsselbilder:

- Erstellen Sie ein Symbol, z. B. ein Rechteck.
- Ziehen Sie es aus der Bibliothek auf die Bühne in Schlüsselbild 1.
- Fügen Sie ein Schlüsselbild mit **F6** in «Bild 30» ein.
- Klicken Sie in Schlüsselbild 30.
- Wählen Sie das Bedienfeld «Transformieren» aus.

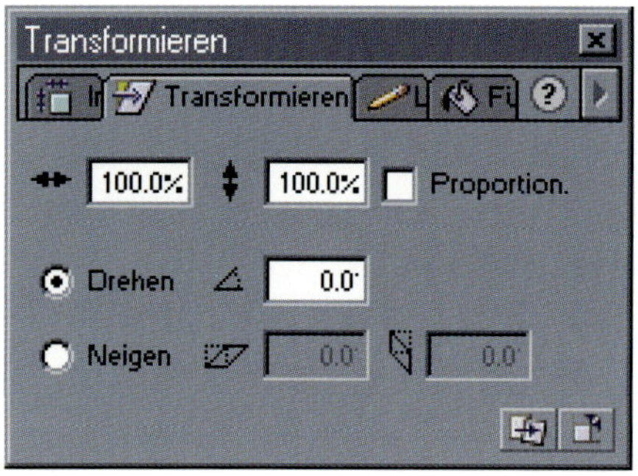

Der Transformations-Inspektor.

- Stellen Sie bitte in der obersten Auswahl die Skalierung auf je «300%».
- Stellen Sie *Drehen* auf «90°».
- Erstellen Sie dann einen Bewegungs-Tween und drücken Sie bitte Enter für die Vorschau: Ihr Objekt wird 300% grösser und dreht sich um 90 Grad.

Nun soll das Objekt wieder verkleinert werden und am Ende so gross wie am Anfang sein. Hierzu benutzen Sie die Funktion **Bearbeiten | Bilder kopieren**:

- Klicken Sie in der Zeitleiste in Schlüsselbild 1 und wählen Sie **Bearbeiten | Bilder kopieren**. Klicken Sie in «Bild 60» und wählen Sie dann wiederum **Bearbeiten | Bilder einfügen**.
- Vervollständigen Sie die Animation von «Bild 30» zu «Bild 60», d. h. erzeugen Sie auch hier wieder ein Bewegungs-Tweening.
- Drücken Sie Eingabe: Ihr Objekt wird grösser und geht dann in die Ausgangsposition zurück.

Tipp: *Als PC-Anwender können Sie, sofern Sie Bilder kopieren oder einfügen wollen, jeweils mit der rechten Maustaste in das Schlüsselbild klicken und die gewünschte Funktion auswählen. Beim Mac drücken Sie, um dieselben Funktionen zu erhalten, die Maustaste und halten diese etwas länger gedrückt.*

Jetzt verwenden Sie in einem nächsten Schritt noch einmal den Inspektor.

- Klicken Sie in «Bild 80» und setzen Sie mit **F6** ein weiteres Schlüsselbild ein.
- Wählen Sie das Bedienfeld *Info* an:

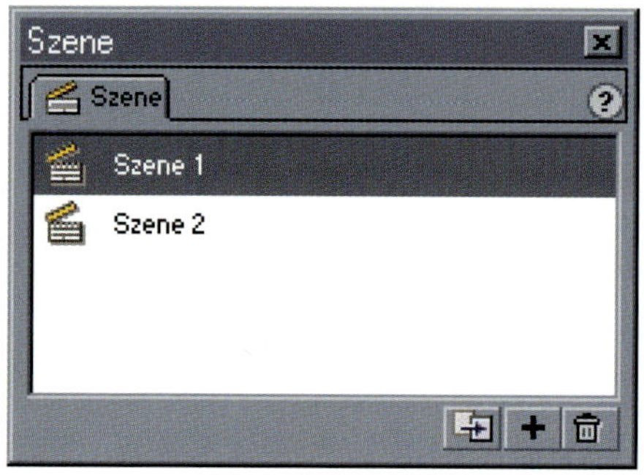

Das Szene-Panel.

- Setzen Sie eine neue *x*/*y*-Position – *x* steht für die Breiten- und *y* für die Höhen-Koordinate –; das Objekt verschiebt sich entsprechend. Finden Sie die von Ihnen gewünschte Position.
- Verändern Sie die Grösse Ihres Objektes mit *w* und *h*; *w* bedeutet Breite und *h* Höhe (aus dem Englischen: «width/heigth») .
- Erstellen Sie das Tweening von Bild 60 bis Bild 80.

Mit dem Objekt-Inspektor können Sie Ihre Objekt auf ein 1/10 Pixel genau setzen und die Grösse des Objekts ebenso genau bestimmen.

Das Form-Tweening im Detail

Tipp: Bitte schauen Sie sich dazu auch die Musterdatei «mutabor.fla» auf der beiliegenden CD-ROM an.

Das Form-Tweening wird vor allem dazu eingesetzt, Objekt-Formen in wiederum andere Formen zu verwandeln. So können Sie nun ein Objekt komplett umwandeln, nehmen wir z. B. eine Banane in eine Melone. Des Weiteren ist es nun auch möglich, Verläufe zu animieren und über ein Objekt streifen zu lassen; weitere Details finden Sie auch im Vertiefungskapitel «Verläufe».

Es ist jedoch auch wichtig zu begreifen, dass das Form-Tweening nur mit auseinandergebrochenen Objekten funktioniert; «auseinandergebrochen» ist ein Objekt dann, wenn Sie es anklicken und das gekachelte Muster erscheint. So ist dies ist der Fall, wenn Sie ein Objekt neu zeichnen; wenn Sie ein Symbol oder importiertes Bild haben, müssen Sie dieses zuerst auseinander brechen. Dieses geschieht über die Menüleiste **Modifizieren | Teilen** oder kurz *Ctrl/B.*

- Erstellen Sie einen neuen Flash-Film.
- Wählen Sie Schlüsselbild 1 aus.
-  Zeichnen Sie darin ein einfaches Rechteck und löschen die Umrahmungslinie. Hierzu klicken Sie auf das Radiergummiwerkzeug und danach auf die Optionstaste; das Symbol «Wasserhahn» erscheint.
-  Dann klicken Sie auf die Umrahmungslinie; sie wird gelöscht. Mit dieser Werkzeugoption lassen sich Linien löschen. Das gleiche Resultat erzielen Sie, wenn Sie eine Linie doppelklicken und dann mit der Del-Taste löschen. Um Aussenlinien oder Füllungen einzeln zu zeichnen, arbeiten Sie mit dem weissen, rot diagonal durchgestrichenen Icon.
- Wählen Sie jeweils die Farbe für Füllung oder die Farbe für Linien aus und drücken Sie die erwähnte Taste. Die jeweilige Farbe wird dann nicht angewendet.

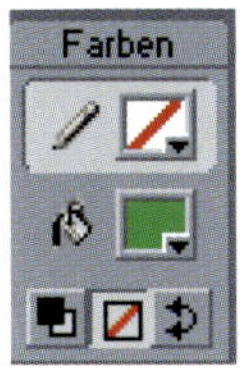

Hier wird die Umrahmungslinie nicht gezeichnet.

- Fügen Sie nun ein Schlüsselbild ins «Bild 30» ein und kopieren somit das Objekt dorthin.
- Löschen Sie nun das Rechteck in «Bild 30».
- Wählen Sie das Textwerkzeug und schreiben Sie relativ gross einen Text z. B. «Mutabor». Wählen Sie zur Vergrösserung des Textes das Bedienfeld «Zeichen» aus oder skalieren Sie den Text mit dem Pfeilwerkzeug.

Der Text vor dem Auseinanderbrechen.

- Brechen Sie nun die Schrift auseinander. Dies ist unbedingt notwendig, um ein Form-Tweening zu erstellen; in diesem Fall bedeutet «Auseinanderbrechen», dass Sie die Schrift in Flash-Vektoren umwandeln. Um die Schrift auseinanderzubrechen, wählen Sie *Ctrl/B.*

Bitte beachten Sie: Nach diesem Auseinanderbrechen können Sie eine Schrift – in diesem Fall «Mutabor» – nicht mehr mit dem Textwerkzeug bearbeiten!

Der Text nach dem Auseinanderbrechen

- Klicken Sie auf «Bild 1». Hier ist immer noch das Rechteck zu sehen. In «Bild 30» befindet sich die Schrift «Mutabor». Achten Sie darauf, dass die Objekte in etwa übereinander liegen.
- Wählen Sie das Bedienfeld «Bild».
- Wählen Sie unter *Tweening* «Form».

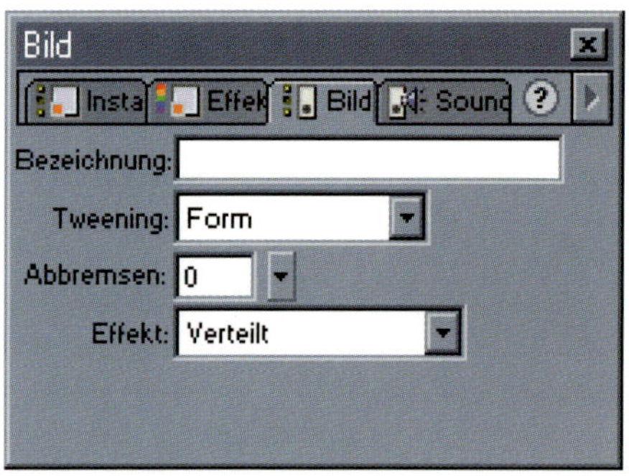

Wählen Sie diesmal das Form-Tweening.

- Drücken Sie Enter; falls nichts passiert, klicken Sie einmal auf die Bühne und drücken dann Enter. Manchmal müssen Sie durch einen solchen Klick die Bühne erst aktivieren, um den Film abzuspielen: Ihre erste Formverwandlung ist nun perfekt! Beachten Sie aber bitte, dass das Form-Wweening nur über das Bedienfeld «Bild» erstellt werden kann.

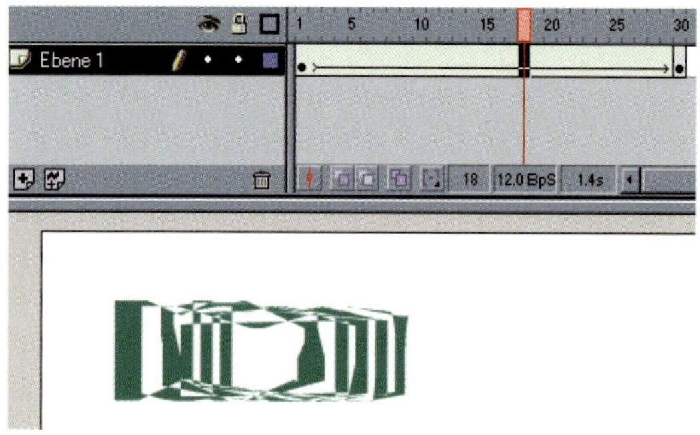

Die erste Formanimation ist gelungen.

Diesmal ist der Pfeil grün geworden; daran erkennen Sie, dass es sich um ein Form-Tweening handelt.

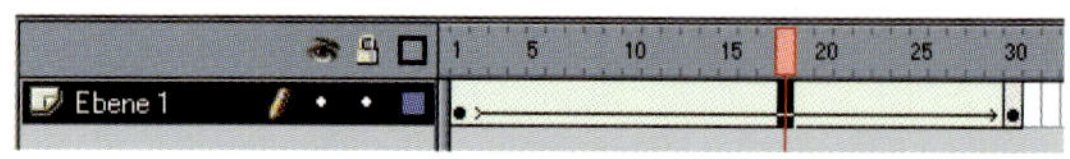

Der grüne Pfeil zeigt an, dass es sich um eine Formanimation handelt.

EIN KURZES FAZIT

Nun kennen Sie die wichtigsten Arbeitsschritte, um Objekte zu zeichnen, Animationen zu erstellen und Objekt in andere zu verwandeln. Dies allein kann Flash bereits zu einem starken Entwicklungstool machen. Aber Sie wollen *Multimedia* – und dies bedeutet *Interaktivität*: Der Betrachter soll mit in den Ablauf einbezogen werden und mitbestimmen, was er sich anschauen möchte. Denn was wäre Ihre Produktion ohne einen Betrachter? Und, richtig, welche Plattform eignet sich besser, um sich vorzustellen oder Arbeiten zu zeigen, als das Internet? Hier liegt ein gewaltiges Betätigungsfeld, das nur darauf wartet, von Ihnen genutzt zu werden.

Einfügen von Sound – Der Soundtrack

MUSIK SCHAFFT PRÄSENZ

Hier erfahren Sie nunmehr Grundlegendes, wie Sie zum Beispiel am besten mit Sound auf Ihrer Website umgehen: Welche Soundformate gibt es? Wie werden sie in Flash integriert und auf Kommando abgespielt? Sie sind danach in der Lage, Sounds gezielt einzusetzen und für Ihr Projekt zu nutzen.

Waren Sie auch schon begeistert von einem Filmsoundtrack und überzeugt davon, dass der Film ohne diese Musik Sie nur halb so mitgerissen hätte? Da liegen Sie absolut richtig. Meiner Meinung nach kann ein Soundtrack einen Film gewaltig aufwerten. Denn *Musik schafft Präsenz* – und dies ist es ja gerade, was für Ihre Website wichtig ist: Sie wollen Ihre Besucher faszinieren und zum Verweilen auf Ihrer Site einladen. In der heutigen Zeit braucht es doch einiges, um die Aufmerksamkeit eines Surfers zu erhalten. Jedoch ist auch hier Vorsicht geboten: Zuviel Sound oder nervtötende Musik, die nicht abschaltbar ist, wird Ihre Besucher eher in die Flucht schlagen als zum Verweilen animieren. Die richtige Mischung und natürlich ein qualitativ guter Soundtrack tragen zum Gelingen des Vorhabens bei. Bis jetzt war das Internet – bis auf ein paar in Webseiten importierte Midi-Files, die zugegeben klägliche Melodien dudelten – relativ «ruhig». In den Genuss von Musik kam man eigentlich nur durch die Real-Audio-Technologie. Mit Flash 5 ist diese Zeit endgültig vorbei. Speziell durch die Möglichkeit, MP3-Files einzubinden, sind der Integration von Musik keine Grenzen mehr gesetzt.

Was ist MP3?

Bei MP3 handelt es sich um ein relativ neues Computer-Format, das Sound in winzigen Digitalpaketen von Rechner zu Rechner schicken kann; beim Komprimieren ins MP3-Format kann die Datenmenge extrem reduziert werden – und dabei praktisch ohne Qualität einzubüssen! Zusätzlich wird die bereits erwähnte «Streaming»-Technolgie auch hier eingesetzt; der Sound ertönt und wird gleichzeitig heruntergeladen. Sie müssen jeweils einige Sekunden warten, bis das erste Paket heruntergeladen ist, dann jedoch gibt's keine Unterbrechungen mehr...

IMPORTIEREN EINES SOUNDS

- Wählen Sie über das Menü **Datei | Importieren**.
- Wählen Sie Ihren Sound im «MP3-», «WAV-»- (Windows) oder «AIF-» (Mac) -Format.
- Doppelklicken Sie den gewünschten Sound. Er wird nun in die Bibliothek / Library importiert.

Eine zweite Möglichkeit besteht darin, die *Sound-Bibliothek* unter **Fenster | allgemeine Bibliotheken | Sounds** zu öffnen und den gewünschten Sound auf die Bühne zu ziehen. Der Sound wird nun in die Bibliothek des gerade geöffneten, aktiven Films gespeichert.

Sound können Sie nun grundsätzlich auf zwei verschiedene Arten einsetzen:

Ereignis-Sound

Wenn in der Zeitleiste ein bestimmtes Schlüsselbild erreicht wird, wird der Sound abgespielt.

Objektbezogener Sound

Diese Möglichkeit benutzt man Zusammenhang mit Schaltflächen. Wenn Sie auf eine Schaltfläche klicken oder Sie mit der Maus darüberfahren, ertönt der Sound.

Ordnen Sie nun einen Sound einem Schlüsselbild zu:

- Erstellen Sie eine neue Ebene und nennen Sie diese sinngemäss «Sound».
- Klicken Sie auf das Schlüsselbild in «Bild 1».
- Importieren Sie einen Sound aus einer Bibliothek oder mit **Datei | Importieren** von Ihrer Festplatte/CD/usw.; der Sound ist in der Bibliothek gespeichert und jederzeit abrufbar.
- Klicken Sie in das Schlüsselbild, in welchem der Sound abgespielt werden soll. Wählen Sie dann das Bedienfeld «Sound»:

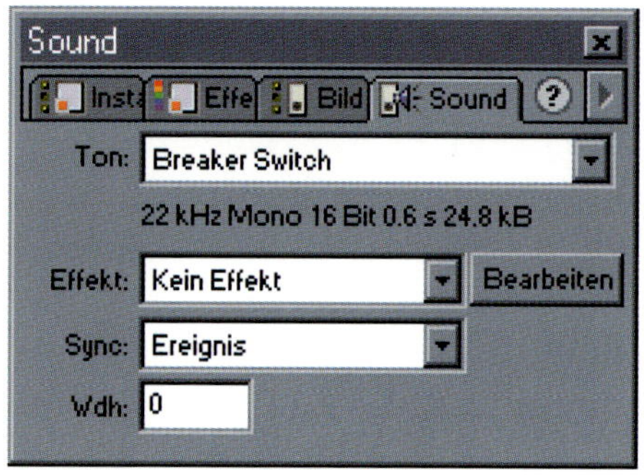

Das Bedienfeld «Sound».

- Wählen Sie unter *Ton* den gewünschten Sound.
- Unter *Effekt* haben Sie die Möglichkeit, den Sound auf verschiedene Art und Weise abzuspielen.
- Unter *Wdh.* wählen Sie, wie oft ein Sound abgespielt werden soll. Dies ist besonders nützlich bei so genannten «Loops» – hierbei wird ein Sound immer wiederholt; wenn er gut geschnitten wurde, ergibt sich daraus ein fortlaufendes Stück. Geben Sie in diesem Fall hier einen hohen Wert ein, z.B. «999».
- Drücken Sie Enter, um sich den Sound anzuhören. Schauen Sie, dass – wenn Sie den Sound ins Schlüsselbild 1 setzen – der Film mehrere Bilder lang ist. Ansonsten wird der Sound nicht im Film-Bearbeitungsmodus, sondern nur im

«Movie-Vorschaumodus» bzw. bei der Tastenkombination *Ctrl/Enter* abgespielt.

- Der Sound wird nun in der Zeitleiste angezeigt. Allerdings ist er erst richtig sichtbar, wenn Ihr Movie mehrere Bilder umfasst. Fügen Sie daher mit **F5** ein neues Bild weiter hinten im Movie ein. Der Sound ist nun durch eine Wellenlänge sichtbar geworden:

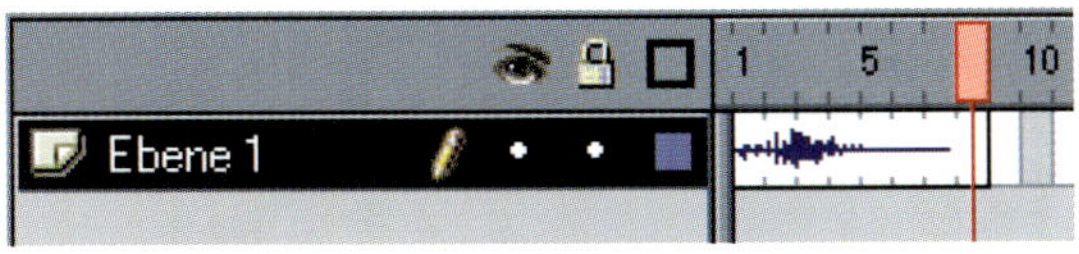

Der Sound wird durch s/eine Wellenlänge. sichtbar.

Tipp: Wird der Sound nun öfters wiederholt, möchten Sie ihn möglicherweise auch einmal «irgendwie» abschalten... Wählen Sie dazu in der Menüleiste ***Steuerung | Sound deaktivieren****. Allerdings müssen Sie diese Option, gleich wenn der Sound aufgehört hat, auf dieselbe Art und Weise – also* ***Steuerung | Sound aktivieren*** *– wieder einschalten, ansonsten werden keine Sounds mehr hörbar sein.*

Wie Sie die Sounds einer Schaltfläche zuweisen, erfahren Sie dann im Kapitel über «Interaktion bei Schaltflächen». Bitte beachten Sie: Die visuelle Darstellung eines Sounds stimmt – je nach Bildrate – nicht unbedingt mit dem akkustischen Vorgang überein.

SOUND-EIGENSCHAFTEN

Öffnen Sie die Bibliothek mit *Ctrl/L*. Doppelklicken Sie das kleine Icon links neben dem Namen des gewünschten Sounds oder klicken Sie auf das Grafik-Vorschau-Icon oben in der Bibliothek. Die Sound-Eigenschaften erscheinen:

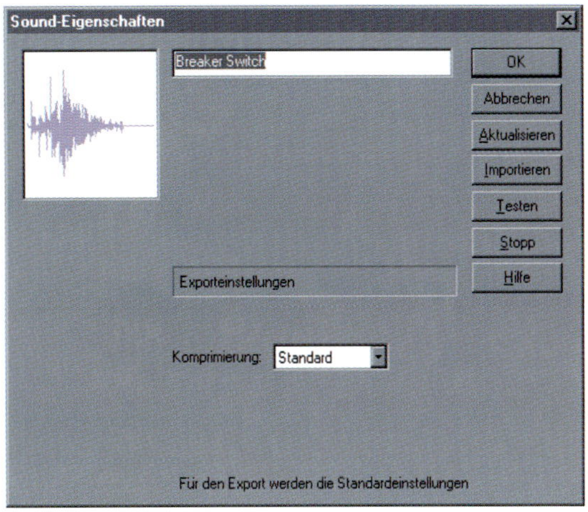

Die Soundeigenschaften im Detail.

Folgende Tasten sind Ihnen dabei besonders nützlich:

- «Testen»: Mit dieser Taste spielen Sie einen Sound ab. Probieren Sie verschiedene Kompressionen und testen Sie ruhig anschliessend das Ergebnis.
- «Importieren»: Importieren Sie einen weiteren Sound.
- «Aktualisieren»: Dies aktualisiert die betreffende Sounddatei.

Unten im Fenster wird jeweils die Änderung des Dateivolumens angegeben.

Unter Komprimierung können Sie wie folgt wählen:

MP3

Dies ist das aktuellste und wohl auch bei geringer Dateigrösse qualitativ beste Soundformat. Leider ist es nur in Zusammenhang mit dem Flash 4-Plug-in oder höheren Versionen verwendbar.

ADPCM

Die «Adaptive Differential Pulse Code Modulation» ist gut für kurze Effekte zu gebrauchen; doch leidet die Qualität des so komprimierten Sounds etwas. Experimentieren Sie mit der Komprimierung. Klicken Sie jeweils auf Testen, um das Ergebnis anzuhören.

Diese Komprimierung ist vor allem für Soundeffekte gut geeignet, weil hierfür kein Streaming verwendet wird. MP3 verwendet Streaming und so kann es zu unschönen Verzögerungen kommen, da ja immer das erste Datenpaket heruntergeladen werden muss. MP3 ist daher eher für längere Soundtracks zu verwenden.

RAW

Hier erreichen Sie eine recht niedrige Kompression, dafür aber auch eine höhere Qualität als ADPCM.

Tipp: *Importieren Sie Ihren Sound immer in der bestmöglichen Qualität. Flash beherrscht die Funktion des Komprimierens perfekt. Wenn Sie einen bereits komprimierten Sound importieren, wird dieser beim Export beträchtlich verschlechtert; Sie gewinnen damit nichts.*

Nun, was wir in diesem Kapitel besprochen haben, ist die Möglichkeit, jeden Sound individuell zu komprimieren; dies ist vor allem dann angebracht, wenn Sie Ihre Sounds aus verschiedenen Quellen importieren.

Testen Sie, bis Sie die optimale Qualität eines jeden Sounds gefunden haben. Im Film-Exportmodus können Sie zudem all Ihre Sounds auf gleiche Art und Weise komprimieren, d.h. alle individuellen Einstellungen werden überschrieben. Doch mehr dazu im nächsten Kapitel.

INTERAKTION – «DER BENUTZER GREIFT EIN»!

«SCHALTFLÄCHEN & CO. ...»

Jetzt sind Sie soweit fortgeschritten, dass Sie das Gelernte wie ein Puzzle zusammensetzen und zu einem Ganzen verweben können. Doch soll nun auch der Betrachter Ihres Online-Auftrittes interaktiv in den Ablauf einbezogen werden. Aus diesem Grund werden Sie mit der Erstellung von Schaltflächen vertraut gemacht und werden staunen, wie einfach sich dies vor sich geht; Sie lassen nun – technisch gesehen – Flash einfache Befehle ausführen und von Ihnen bestimmte Bereiche mit dem Abspielkopf anspringen. Der nächste Schritt besteht darin, mit separaten Filmsequenzen Ihre Seiten dynamisch zu gestalten und die so genannten «Rollover»-Zustände bei Schaltflächen erst richtig auszunutzen.

EINE KLEINE ÜBUNG...

Erstellen wir nun einfach mal ein Movie und wenden viele der bisher gelernten Techniken an. Bei dieser Übung geht es darum, ein so genanntes «Intro» zu erstellen: Es soll Webbenutzer anziehen und neugierig machen. Natürlich darf die Datei nicht allzu gross sein. Denn ein Intro kann bereits darüber entscheiden, ob Sie einen Surfer für Ihre Seite gewinnen oder ob er mit dem Stop-Button das Weite sucht. Denken Sie also immer daran: (Nicht nur) im Internet ist Zeit Geld! Wenn Sie selbst kein Intro erstellen möchten, laden Sie einfach die vorhandene Intro-Datei von der CD-ROM.

Szenen

«Szenen» sind – wie im Theater – einzelne Akte, die in Flash beliebig aufgerufen werden können. Flash spielt die Szenen in normaler, fortlaufender Reihenfolge ab. Aber auch die Reihenfolge können Sie jederzeit verändern. Was dann interessant wird: Die einzelnen Szenen können vom Benutzer später über Schaltflächen-Aktionen aufgerufen werden.

DAS ERSTELLEN EINER SZENE

- Wählen Sie über das Menü **Einfügen | Szene**; oben links wird jetzt «Szene 2» gezeigt.
- Öffnen Sie nun das Bedienfeld «Szene» unter **Fenster | Bedienfelder | Szene**.

Der Szenen-Inspektor.

- Doppelklicken Sie die einzelnen Szenen, um sie – ähnlich wie bei den Ebenen – zu benennen. Ihr Intro sollte sich jetzt in «Szene 1» befinden. Wählen Sie einen Namen für Ihr erstelltes Intro und nennen Sie die neue «Szene 2» bitte in «Hauptmovie» um.

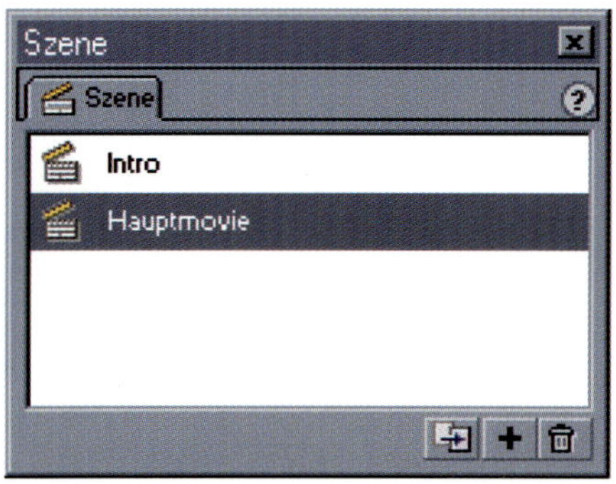

Benennen Sie Ihre Szenen.

- Ziehen Sie mit der Maus die Ebenen rauf und runter, um die Reihenfolge der Szenen zu ändern.
- Klicken Sie auf die jeweilige Szene, in der Sie arbeiten möchten.

Mit Hilfe der Szenen können Sie das Movie aufteilen und in einfach zu überblickende Einheiten unterteilen; speziell sind Szenen in Websites gut zu gebrauchen, da diese so – in eben diese Bereiche unterteilt – dann durch einen Tastenklick jeweils schnell aufgerufen werden können.

Schaltflächen

Sie lernen nun die bereits kurz angesprochene, zweite Symbolart kennen: die «Schaltflächen» – Englisch: «Buttons». Schaltflächen ermöglichen dem Betrachter sich interaktiv zu betätigen. Er kann mit der Maus über die Bühne fahren und allerlei Aktionen auslösen. Am besten bekannt ist wohl der so genannte Rollover-Effekt. Sie fahren mit der Maus über eine Grafik und sie verändert sich. In Flash ist es sogar möglich beim Darüberfahren komplexere Animationen abzuspielen. Des Weiteren kann durch Klicken auf eine Schaltfläche z.B eine andere Szene abgespielt werden, ein Sound ertönt usw.

DAS ERSTELLEN EINER SCHALTFLÄCHE

1. Wählen Sie über das Menü die Funktion **Einfügen | Neues Symbol**.
2. Wählen Sie diesmal nicht «Filmsequenz», sondern «Schaltfläche».
3. Sie kommen in den Symbol-Bearbeitungsmodus, diesmal jedoch mit einer veränderten Zeitleiste; dies deshalb, da Sie ja eine Schaltfläche erstellen wollen und somit im entsprechenden Bearbeitungsmodus gelandet sind.

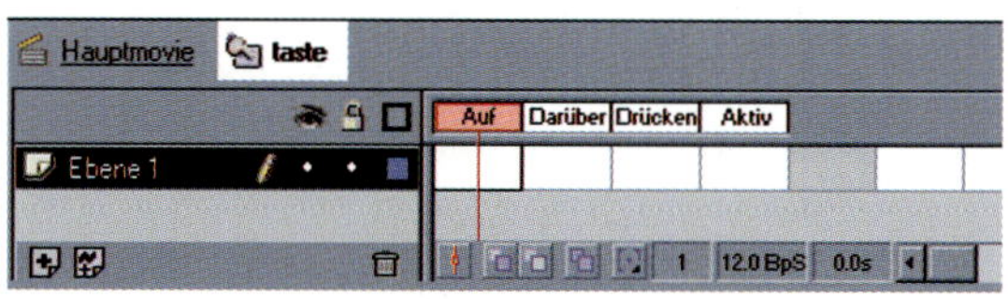

Der Schaltflächen-Bearbeitungsmodus.

4. Zeichnen Sie im Schlüsselbild «Normal» ein Rechteck und beschriften Sie dieses mit «zone»; natürlich steht es Ihnen frei, eine Schaltfläche beliebig zu gestalten.
5. Dann setzen Sie Schlüsselbilder für die Schaltflächen-Zustände «Darüber», «Gedrückt» und «Aktiv» und kopieren so mit der Taste **F6** die Schaltfläche vom «Schlüsselbild normal» in die nachfolgenden Schlüsselbilder:

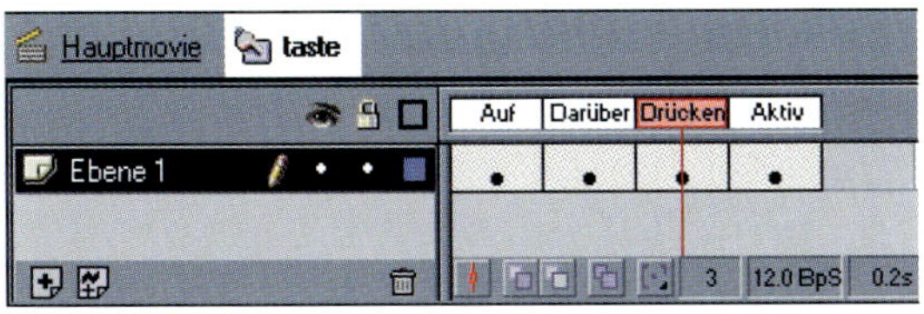

Mit «F6» kopieren Sie die Schaltfläche in die anderen Zustände.

DIE VERSCHIEDENEN SCHLÜSSELBILDER

- «Normal» ist der Zustand der Taste, wie Sie ihn auf der Bühne normalerweise sehen.
- «Darüber» ist derjenige Zustand einer Taste, wenn Sie mit der Maus darüber fahren.
- «Gedrückt» ist der Zustand, wenn Sie auf die Schaltfläche klicken.
- «Aktiv» ist der Zustand, über welchem die Zustände «Darüber» und «Gedrückt» ausgelöst werden; d.h. hier wird die Fläche bestimmt, über welcher – wenn Sie mit der Maus darüber fahren oder klicken – die Zustände «Darüber» und Gedrückt» ausgelöst werden.

6. Klicken Sie nun in das «Darüber»-Schlüsselbild.
7. Nehmen Sie das Flächenfüllwerkzeug und wählen Sie die Button-Farbe, die erscheinen soll, wenn Sie mit der Maus über die Schaltfläche darüberfahren. Ändern Sie die Farbe.
8. Klicken Sie in den «Gedrückt»-Schlüsselframe und ändern Sie die zugehörige Schaltfläche so, wie sie sein soll, wenn Sie mit der Maus draufklicken.
9. Den «Aktiv»-Zustand können Sie im Moment so belassen, da die Aktionen exakt über der Schaltfläche ausgelöst werden sollen; dabei ist es hier egal, welche Farben das Objekt im «Aktiv»-Zustand hat – entscheidend ist lediglich der Bereich, über dem die Schaltflächen-Aktionen ausgelöst werden.
10.  Klicken Sie links oben, um in die Film-Szene zurückzukehren oder aber wählen Sie die kleine Filmklappe rechts oben und wählen die gewünschte Szene aus; oder aber Sie klicken in den Szenen-Inspektor auf die gewünschte Szene.
11. Nun sollten Sie auf einem Weg ins Hauptmovie, d.h. in Ihre so benannte Szene zurückgekehrt sein. Öffnen Sie die Bibliothek mit *Ctrl/L*.
12. Wählen Sie die eben erzeugte Schaltfläche aus und ziehen Sie eine Instanz auf die Bühne.
13. Fahren Sie mit der Maus darüber: Es passiert... – noch nichts. Wählen Sie deshalb **Steuerung | Schaltflächen aktivieren** und fahren Sie anschliessend mit der Maus wieder über die Schaltfläche; das «Darüber»-Bild wird sichtbar. Wenn Sie draufklicken, sollte das «Gedrückt»-Bild sichtbar werden. Sie sollten die Funktion **Steuerung | Schaltflächen aktivieren**, anschliessend jedoch wieder ausschalten, indem Sie sie noch einmal anwählen. Der Kurzbefehl lautet auf Windows *Ctrl/Alt/B* bzw. auf dem Mac *Apfel/Alt/B*. Ansonsten können Sie die Taste auf der Bühne nicht mehr anwählen.

Tipp: *Sie können die Schaltflächen auch aktivieren, indem Sie mit «Ctrl/Enter» in den Movie-Vorschaumodus wechseln.*

Erstellen Sie jetzt vier Schaltflächen und benennen Sie diese mit «zone 1 – 4»; anschliessend fügen Sie vier weitere Szenen ein und benennen diese ebenfalls mit «zone 1 – 4». Dann weisen Sie den vier Schaltflächen die jeweiligen Szenen zu.
Bitte beachten Sie: Wenn Sie das Verhalten eines Symbols – also einer Filmsequenz, Schaltfläche oder Grafik – ändern wollen, klicken Sie mit der rechten Maustaste auf das Symbol in der Bibliothek und wählen Sie «Verhalten»; ändern Sie das Verhalten. Etwaige bereits auf der Bühne vorhandene Instanzen desselben Symbols müssen Sie nun aber nochmals neu auf die Bühne ziehen, um die entsprechende Verhaltensänderung zu aktivieren.

EREIGNISSE UND AKTIONEN

«Aktionen» sind Befehle, welche Flash dazu veranlassen, bestimmte Dinge zu tun: Dies können komplizierte Progammroutinen sein, oder aber auch einfachere Angelegenheiten. Jedoch beachten Sie beim Zuweisen von Aktionen grundsätzlich noch Folgendes: Aktionen sind Befehle, die dann ausgeführt werden, wenn ein bestimmtes «Ereignis» eintrifft; und Flash unterscheidet dabei zwei verschiedene Ereignisse:

- Ereignisse, die ausgelöst werden, *wenn der Abspielkopf ein bestimmtes Schlüsselbild erreicht.*
- Ereignisse, die *durch Interaktion mit Schaltflächen* ausgelöst werden.

Zuweisung von Aktionen

Tipp: *Auf der Buch-CD habe ich dazu für Sie die Musterdatei «zone1-4.fla» bereitgelegt.*

Im Folgenden bauen Sie nun ein kleines, interaktives Movie zusammen. Sie können darin über die vier Schaltflächen fahren und durch Anklicken in die entsprechende Szene gelangen. In der Szene läuft dann eine kleine Animation ab, die am Ende über ein Schlüsselbild-Ereignis wieder zum Hauptmovie zurückkehrt.

1. Gehen Sie in die Szene «Hauptmovie». Sie sollten nun sechs verschiedene Szenen erstellt haben: «Intro, Hauptmovie, zone 1, zone 2, zone 3, zone 4».
2. Wählen Sie die Szene «Hauptmovie».
3. Doppelklicken Sie bitte das Schlüsselbild 1; das Aktionsfenster öffnet sich.
4. Doppelklicken Sie bitte «Basisaktionen» und dann «Stop»; «Stop» wird im Fenster rechts daneben ausgewählt.
5. Der Film stoppt jetzt jeweils in diesem Schlüsselbild, wenn das Hauptmovie in «Bild 1» angesprungen wird.
6. Schliessen Sie das Aktionen-Bedienfeld wieder rechts oben.
7. Ziehen Sie nun vier Instanzen Ihrer vier Schaltflächen – «zone 1 – 4» – in der Szene «Hauptmovie» im ersten Schlüsselbild auf die Bühne.

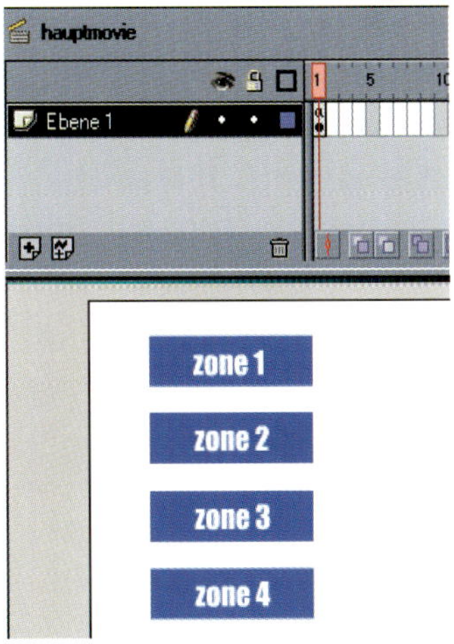

Ziehen Sie die vier Schaltflächen auf die Bühne.

8. Wählen Sie bitte die Schaltfläche «zone 1» aus, klicken Sie die rechte Maustaste und wählen Sie dann Aktionen.
9. Das Bedienfeld für Aktionen erscheint:

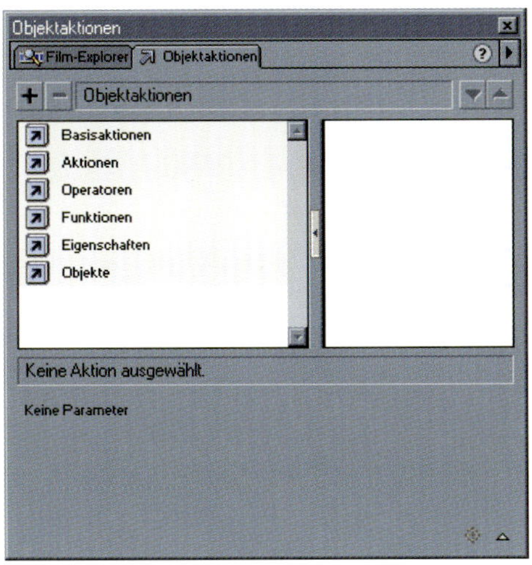

Die Aktionen.

10. Doppelklicken Sie Basisaktionen; die Basis-Aktionen erscheinen.

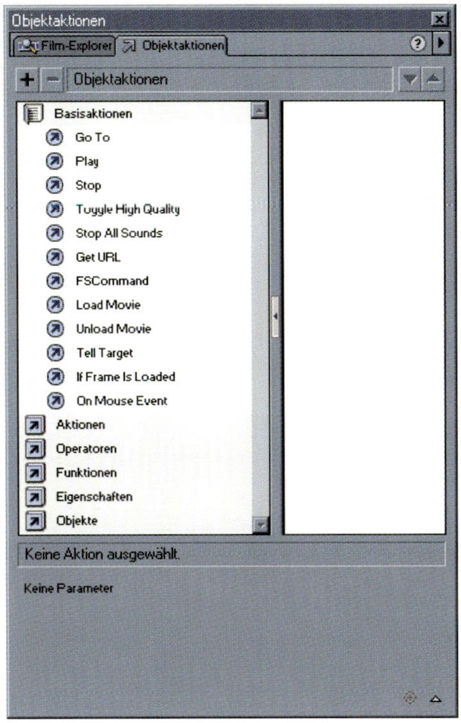

Wählen Sie einen Befehl der ActionScript-Programmiersprache.

11. Doppelklicken Sie den «Goto»-Befehl.

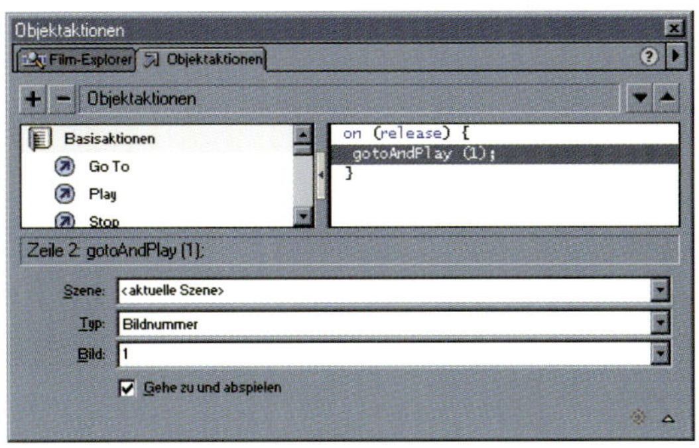

Der «Goto»-Befehl wurde ausgewählt.

12. Im Fenster oben links werden jeweils die Befehle ausgewählt. Auf der rechten Seite erscheinen die dazugehörigen Parameter und

unten stellen Sie diese Parameter ein. «On release» bedeutet, dass die Aktion ausgelöst wird, wenn Sie die Maus loslassen. Wenn Sie rechts im Fenster auf «on (release)» klicken, erscheint unten das Auswahlmenü für die verschiedenen Mausaktionen.

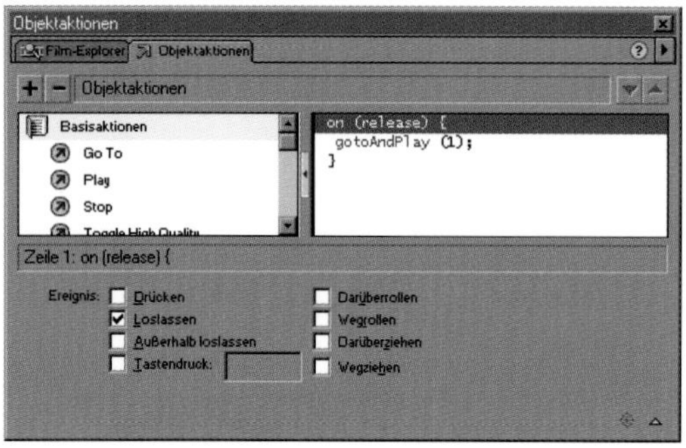

Die verschiedenen Mausaktionen.

13. Klicken Sie wieder im rechten Feld auf «gotoAndPlay». Wählen Sie unter «Szene» im unteren Fenster «zone 1» aus. Wenn Sie später diese Schaltfläche klicken, springt der Abspielkopf in die Szene «zone 1». Den «Typ» belassen Sie auf Bildnummer; und die «Bild-Nummer» belassen Sie bitte auf «1» – d.h. Die Szene «zone 1» wird nach Klicken auf die Schaltfläche von «Bild 1» an abgespielt.

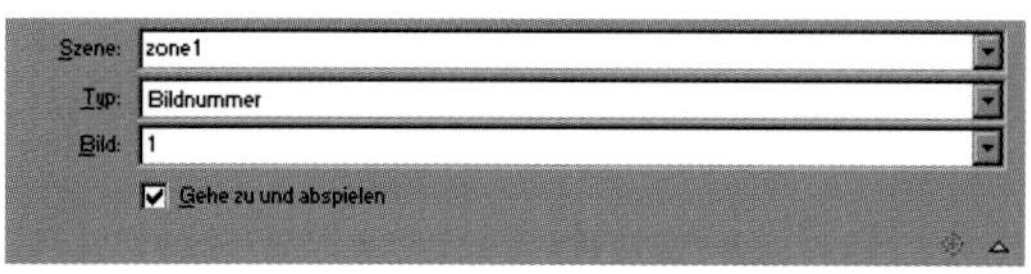

Hier bestimmen Sie, wohin der Abspielkopf beim Klicken der gerade bearbeiteten Schaltfläche springen soll.

14. Ganz unten markieren Sie «Gehe zu» und «Abspielen» – d.h. die Szene wird abgespielt, sobald der Abspielkopf in das entsprechende Schlüsselbild gesprungen ist; ansonsten bleibt der Abspielkopf auf dem als Sprungziel definierten Bild stehen.

15. Schliessen Sie, wenn Sie wollen, das Aktionen-Bedienfeld jetzt wieder – Sie können es aber auch offen lassen. Wenn Sie dann jeweils auf eine Schaltfläche oder ein Schlüsselbild klicken, passt sich der Inhalt des Bedienfeldes der jeweils angewählten Schaltfläche bzw. dem jeweiligen Schlüsselbild an.

Achtung: Wenn Sie auf ein Schlüsselbild doppelklicken, erscheint das Aktionsfenster mit dem Titel «Bildaktionen», d.h. hier weisen Sie in der Zeitleiste Schlüsselbildern entsprechende Aktionen zu. Wenn Sie eine Schaltfläche anklicken und dann die rechte Maustaste drücken und Aktionen wählen, erscheint hingegen das Aktionsfenster mit dem Titel »Objektaktionen»: Hier weisen Sie nun Ihren Schaltflächen die gewünschten Aktionen zu.
Der Unterschied liegt darin, dass bei Schaltflächen-Aktionen immer Mausklicks vorausgesetzt und in den Aktionsbefehlen auch berücksichtigt werden. Doch auch hierzu wenig später mehr.

16. Springen Sie nun mit dem Bedienfeld «Szene» in die Szene «zone1» und erstellen Sie dort eine Animation. Am Schluss der Animation weisen Sie dem «End»-Schlüsselbild eine «Goto»-Aktion zu. Wie beim Zuweisen der Stop-Aktion im Hauptmovie wählen Sie erneut ein Schlüsselbild aus, um von dort ein Schlüsselbild-Ereignis in der Zeitleiste auszulösen; denn wenn Sie Ihre Animation abspielen, soll der Abspielkopf beim Erreichen des letzten Schlüsselbildes zurück in die Szene «Hauptmovie» springen.

17. Doppelklicken Sie das Schlüsselbild am Ende ihrer Animation in der Szene «zone 1». Das Bedienfeld für Bildaktionen erscheint.
18. Wählen Sie wiederum den Befehl «GoTo» aus den Basisaktionen.
19. Wählen Sie nun die Szene «Hauptmovie» – oder wie Ihr Hauptmovie sonst heissen mag.
20. Lassen Sie Bild-Nummer auf «1», da sich Ihre Schaltflächen in «Bild 1» in der Zeitleiste des Hauptmovies befinden.

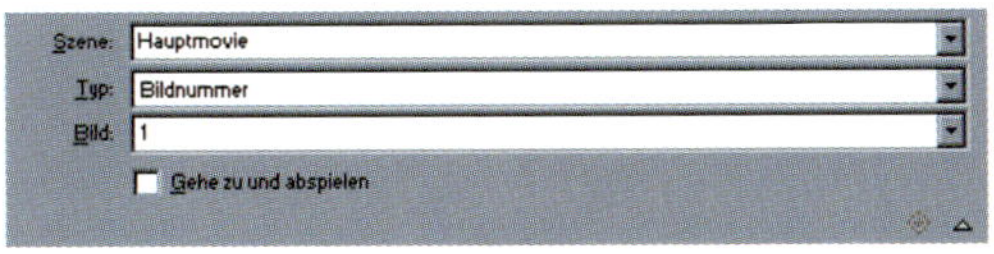

Springen Sie so in den Hauptmovie zurück!

21. «Goto» und «Abspielen» ganz unten muss nicht angewählt werden – vor allem da Sie ja den Abspielkopf in «Bild 1» Ihres Hauptmovies stoppen möchten, um danach über die Benutzung der Schaltflächen wieder in eine andere Szene zu springen. Und zudem haben Sie ja im ersten Bild der Szene «Hauptmovie» schon eine Stop-Aktion eingefügt, welche den Abspielkopf sowieso in diesem Schlüsselbild anhalten lässt. Das letzte Schlüsselbild von der Szene «zone 1», dem Sie nun die obige Aktion zugewiesen haben, sieht wie folgt aus:

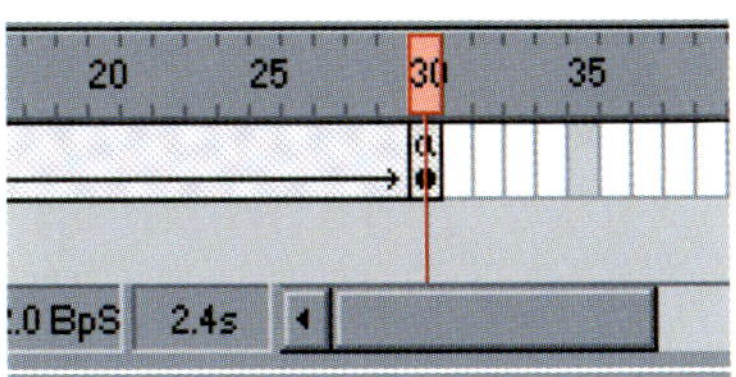

Das kleine «a» zeigt an, dass diesem Schlüsselbild eine Aktion zugewiesen wurde.

22. Das kleine Zeichen oberhalb des Punktes im Schlüsselbild sagt Ihnen, dass diesem Schlüsselbild eine Aktion zugewiesen worden ist; genauso sieht das erste Schlüsselbild der Szene «Hauptmovie» aus.
23. Drücken Sie nun *Ctrl/Enter*, um das Movie auszutesten.

Erstellen Sie jetzt Animationen für alle Szenen «zone 2 – 4». Fügen Sie am Ende der jeweiligen Szene ein Schlüsselbild mit einer «Goto»-Aktion ein, um dann wieder ins Hauptmovie zurückzuspringen. Weisen Sie anschliessend jeder Taste «zone 1 – 4» eine «Goto»-Aktion zu, die in die entsprechende Szene springt, z.B. Schaltfläche «zone 2» springt in die Szene «zone 2».

SCHALTFLÄCHEN UND SOUND

Sie haben nun Ihr erstes interaktives Movie erstellt. Nun fügen Sie Ihren Schaltflächen noch passende Sounds hinzu. Dies erhöht die Attraktivität Ihrer Site enorm, denn macht es nicht Spass, mit der Maus Sounds auszulösen?

1. Wählen Sie eine Schaltfläche der zone «1 – 4» oder aus der Bibliothek andere Schaltflächen aus und doppelklicken Sie oben auf das Vorschaubild des Symbols oder das Icon neben dem Namen.
2. Sie sind nun im Symbol-Bearbeitungsmodus. Gehen Sie in die Zeitleiste und klicken Sie auf das Schlüsselbild «Darüber.» Wählen Sie das Bedienfeld «Sound» und dann den gewünschten Sound aus.
3. Wiederholen Sie die Schritte 2 und 3 für das «Gedrückt»-Schlüsselbild.

4. Weisen Sie allen Schaltflächen «zone 1 – 4» Sounds zu.
5. Vergewissern Sie sich, dass im Menü **Steuerung | Sounds deaktivieren** nicht angewählt ist; ziehen Sie dann die entsprechenden Schaltfläche auf die Bühne. Fahren Sie nun mit der Maus über die Schaltflächen – klicken Sie und hören Sie...
6. Nun wollen wir Ihre «Darüber»-Zustände noch ein wenig interessanter gestalten. Dazu verwenden Sie so genannte «Filmsequenzen».

Filmsequenzen und animierte «Darüber»-Zustände / «Rollovers»

1. Wählen Sie über das Menü **Einfügen | neues Symbol**.
2. Wählen Sie «Filmsequenz» und bestätigen Sie mit *OK*.
4. Sie befinden sich nun wiederum im Symbol-Bearbeitungsmodus – diesmal jedoch für Filmsequenzen. Dabei sehen Sie oben eine normale Zeitleiste. Erstellen Sie eine beliebige Animation. Diese soll ausgelöst werden, wenn die Maus über eine der Schaltflächen «zone 1 – 4» fährt. Gehen Sie bitte dann zurück ins Hauptmovie.
5. Doppelklicken Sie jetzt in der Bibliothek auf die Schaltfläche «zone 1», um diese zu bearbeiten.
6. Klicken Sie oben in das sich darüber befindende Schlüsselbild.
7. Löschen Sie die angewählte «Darüber»-Grafik mit der *Del*-Taste.
8. Die vorher erstellte Filmsequenz ziehen Sie bitte von der Bibliothek auf die Bühne.
9. Platzieren Sie sie am besten in der Mitte direkt unter dem Fadenkreuz oder naturlich auch an jedem anderen beliebigen Platz.
10. Gehen Sie in Ihr Hauptmovie. Leider lassen sich Filmsequenzen nur im Vorschaumodus *Ctrl/Enter* oder im exportierten Projektor betrachten; drücken Sie also in diesem Fall *Ctrl/Enter*.

Erstellen Sie nun bitte ebenfalls Filmsequenzen als «Darüber»-Zustände für die Schaltflächen «zone 2 – 4».

Bitte beachten Sie: Wenn Sie Aktionen im normalen Flash-Bearbeitungsmodus testen wollen, wählen Sie dazu im Menü **Steuerung | Bildaktionen aktivieren**; ansonsten werden jegliche Aktionen einfach ignoriert.

Die Premiere – Publizieren im Internet

EINBINDEN IN EIN HTML-DOKUMENT

Nun wollen Ihren Movie in die «virtuelle Öffentlichkeit» bringen; machen wir aus diesem also eine Seite für das World Wide Web! Und da dieses ja bekanntlich «HTML» – der «Hypertext Markup Language» – spricht, setzen wir nun die dafür bereits vorgesehene Veröffentlichen-Funktion ein:

- Erstellen Sie auf dem Schreibtisch einen neuen Ordner. Erstellen Sie bitte ein Flash-Movie und speichern Sie es in diesem Ordner ab. Öffnen Sie Ihren Movie in Flash und wählen Sie nun die Funktion **Datei | Einstellungen für Veröffentlichen**, um ihre HTML-Seite zu konfigurieren.
- Es erscheint die Dialog-Box für «Veröffentlichen»: Dort wählen Sie bitte in «Tab-Formate» *Flash* und *HTML*.

Bitte merken Sie sich: Flash exportiert zwei verschiedene Dateien: Eine HTML-Datei und das – darin als «.swf»-Datei eingebundene – komprimierte Flash-Movie; «.swf» steht dabei als Endung für Ihren Projektor, also für den Flash-Film, welcher exportiert wurde.

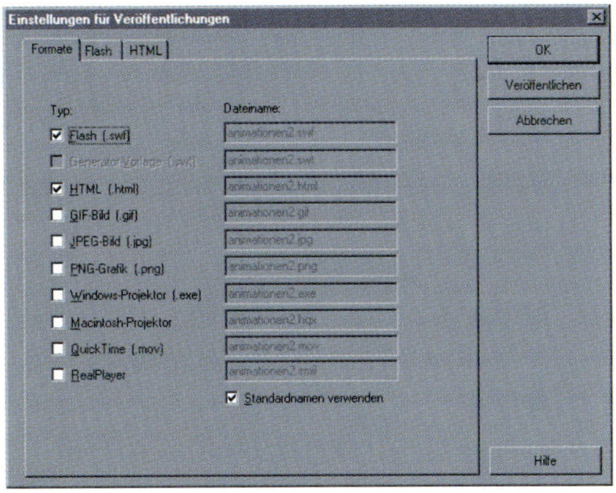

Wählen Sie die Formate «swf» und «html».

- Unter *Flash* lassen Sie die standardmässig eingestellen Parameter stehen.
- Unter dem HTML-Tab bestimmen Sie mit «Grösse an Film anpassen», ob Ihr Movie exakt so gross wird wie Ihre gewählte Bühnengrösse. Mit «Pixel» bestimmen Sie eine beliebige Bühnengrösse und mit «Prozent» passt sich das Movie dem Browserfenster prozentual an. Ein Beispiel: «90%» bedeutet, Ihr Movie passt sich jeweils der Browserfenster-Grösse an, wobei es 90% des Fensters beansprucht.

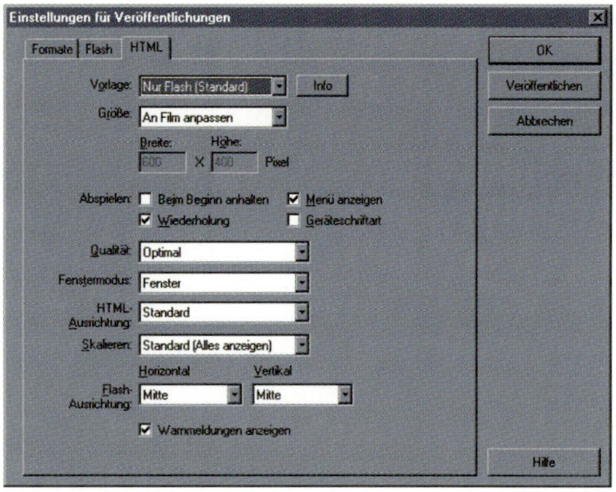

Der HTML-Tab.

- Bitte lassen Sie die restlichen Einstellungen stehen; diese werden aber in den nachfolgenden Kapiteln auch noch genauer erklärt.
- Wählen Sie jetzt bitte rechts oben «Veröffentlichen»: Ihr Movie wird nun in einen Projektor verwandelt und in eine neue HTML-Seite eingebaut.
- In Ihrem oben erstellten Ordner befindet sich nun – mit der Endung «.fla» – das Original-Flash-Movie, welches Sie zum Bearbeiten des Movies benötigen, – mit der Endung «.swf» – der gerade erwähnte Projektor und – mit der Endung «.html» – die HTML-Seite: Sie können die HTML-Seite in Ihrem Browser oder das «.swf»-File im Flash-Player betrachten; wenn Sie wollen, können Sie Ihr «.fla»-Movie natürlich auch weiterbearbeiten.
- Wenn Sie nun Ihre Flashsite im Internet platzieren möchten, laden Sie über ein FTP-Programm – z.B. mit Dreamweaver – die HTML-Seite und, ganz wichtig, auch den Projektor in die gewünschte Domain hoch.

Unter «Domain» versteht man den Platz, der auf dem Server für Sie reserviert ist.

Tipp: *Der Projektor ist zwar programmiercode-mässig in die HTML-Seite eingebunden, jedoch nur als Verweis. Also müssen HTML-Seite* ***und*** *Projektor hochgeladen werden und im selben Verzeichnis liegen; es sei denn, Sie ändern auf der HTML-Seite den entsprechenden Verweis.*

Nun sind Sie am Ende des ersten «Grundlagen»-Teils angelangt. Wenn Sie bis hierher Fragen haben, würde ich Sie bitten, dies nochmals durch die Ausführung der bislang vorgestellten Übungen zu klären.
Sie beherrschen nun die wichtigsten Flash-Funkionen. Sie erstellen tolle Intros, navigierbare Webseiten und wissen, wie man mit Sound umgeht. Im folgenden – bereits erwähnten – «Vertiefungs»-Teil können Sie Ihr Wissen ausbauen.

Generell: Da Sie bereits das Wichtigste kennen, ist es nun ein Leichtes, weitere Aspekte des Programms zu begreifen. Darüberhinaus können Sie mit der Zeit eigene Effekte und Arbeitstechniken entwickeln, so dass Ihre Kreativität voll zum Tragen kommt!

Vertiefung

8. Grafik
- Professionell auftreten – Wichtige Anforderungen
- Hilfreiche Optionen im Detail
- Kreative Grafik-Tools: Von Masken und Farben...
- Text- und Schaltflächen-Effekte

9. Multimedia
- Streaming Sounds & Co.
- Video im Internet – Gewusst wie!

10. Animation
Attraktive Animationen

11. ActionScript
Programmierte Aktionen

12. Veröffentlichen
- Filme testen und Optimieren
- Entscheidende Einstellungen
- «Bitte warten...» – Der Preloader
- Plug-In-Check leicht gemacht

13. Webseiten-Elemente
- Informationen gewinnen – Formulare
- DropDown-Menüs / Modulare Filme
- JavaScript

14. Bewährte Hilfen in Flash

Professionell Auftreten – wichtige Anforderungen

Die Intention einer Botschaft im Web

Botschaften im Internet können heute auf die verschiedenste Weise transportiert werden. Eine Möglichkeit ist, diese auf den Seiten des World Wide Web zu «animieren», ihnen «Leben einzuhauen» – und so gewinnt das Darstellungskriterium «Bewegung» im Internet mehr und mehr an Bedeutung.
Die verschiedenen Präsentations-Weisen beinflussen den Charakter einer Botschaft doch immens: Blendet man zum Beispiel auf einer Webseite ein Textelement langsam ein, erscheint die Mitteilung sehr ruhig und auf den Punkt konzentriert; lässt man hingegen ein Element herumwirbeln, erhält dieses eine gewisse Leichtigkeit und auch spielerische Eleganz – aber Vorsicht, es kann durch seine dauernd wechselnde Präsenz auch gewaltig nerven.
Die richtige Intention, *wie* die Botschaft genau übermittelt werden soll, ist also entscheidend – und Sie sollten vermeiden, in den so genannten «wow»-Faktor abzudriften: *Eine Botschaft muss den Betrachter in seinen Bann ziehen; sie soll jedoch kurz und klar und in wenigen Sekunden ihr Ziel erreichen.* Nochmals: Zu viele Effekte und «wow»s sind für eine Site eher schädlich; einmal abgesehen davon, dass viele Effekte auch lange Ladezeiten brauchen.
Besonders als Flash-Designer versehen Sie daher Ihre Botschaft mit der richtigen Resonanz und Durchschlagskraft: Die Kunden sollen *emotional* angesprochen werden – und die Mittel dazu sind *Bewegung* und *Rhythmus*. Jemand, der Ihre Animationen betrachtet, wird sofort merken, wenn der Rhythmus – beabsichtigt oder unbeabsichtigt – nicht stimmt.

Sinnvolle Vorbereitungen

Lassen Sie uns mit einem Ratschlag beginnen: Halten Sie die Arbeitsebenen, auf denen Sie Ihre einzelnen Elemente aufbauen, von Anfang an voneinander getrennt; dies hat des grossen Vorteil, dass Sie – gerade wenn Sie später Änderungen vornehmen wollen – so schnell erkennen, in welcher Ebene z.B. eine einzelne Aktion ausgelöst wird; und glauben Sie mir, anderenfalls kann Sie dies ganz gehörig Zeit und Nerven kosten, die Sie ja vielleicht viel lieber für Ihr kreatives Potential «ausreizen» wollen...

Setzen Sie in jedem Flash-Movie und jeder Szene mindestens die wie folgt beschriebenen Ebenen ein.

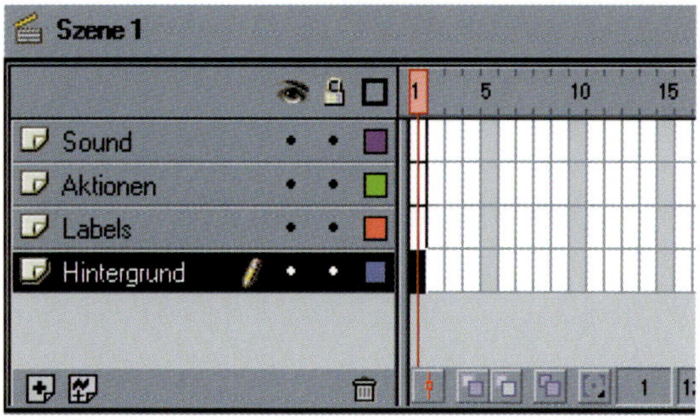

Diese vier Ebenen sollten in keinem Flash-Movie und in keiner Szene fehlen!

HINTERGRUND

Dies ist die so genannte «Hintergrund-Ebene»: Erzeugen Sie in der Farbe des gewünschten Hintergrunds ein Rechteck als neues Symbol und ziehen Sie dieses in die Ebene «Hintergrund» auf die Bühne. Passen Sie gleich zu Anfang Grösse und Position exakt der Bühne an und klicken Sie in dieser Ebene anschliessend auf das Schloss-Symbol; so stellen Sie sicher, dass der Hintergrund nicht mehr verschoben wird. Mit dieser Methode haben Sie eine optimale Kontrolle über Ihren Hintergrund und können auch die Farbe desselben nach Belieben anpassen.

LABELS

Diese «Label»-Ebene dient Ihnen dazu, einzelne Schlüsselbilder mit einer Bezeichnung versehen zu können. Der Vorteil liegt darin, dass ein Schlüsselbild somit jederzeit angesprungen werden kann – auch wenn sich die Schlüsselbilder verschieben.

AKTIONEN

Diese Ebene ist für Bildaktionen reserviert, d.h. für Aktionen, die in der so genannten «Timeline» / Zeitleiste ausgelöst werden. Auf diese Weise weiss der Programmierer immer, wo er nach solchen Aktionen suchen muss.

SOUND

Hier werden die Sounds abgespielt. Eventuell sollten Sie sogar zwei oder mehr Soundebenen erstellen – je nachdem, wie viele Sounds gleichzeitig abgespielt werden.

Auch wenn Sie im Team mit anderen Flash-Designern arbeiten, sind diese Ihnen für die gerade geschilderte «gewisse» Übersichtlichkeit dankbar, da sie so schnell und effizient in Ihrem Projekt mitwirken können.

HILFREICHE OPTIONEN IM DETAIL

Nachdem Sie sich vielleicht schon in den Einführungskapiteln ein wenig mit den einzelnen Werkzeugen bekannt gemacht haben, stelle ich Ihnen hier nun alle Werkzeug-Optionen im Detail vor. Flash bietet Ihnen dabei eine voll ausgereifte Zeichnungsplattform mit einigen sehr speziellen Funktionen.

VERSTECKTE POTENTIALE

Die Werkzeugpalette ist grundsätzlich in zwei verschiedene Bereiche unterteilt: Im oberen Teil befinden sich die einzelnen Werkzeuge. Etwas weiter unten – in der gleichen Palette – finden sich dann die Optionen eines jeden Werkzeugs. Wenn ich ein Werkzeug anwähle, erscheinen im unteren Teil der Palette die zum jeweiligen Werkzeug zugehörigen Optionen.

Die Werkzeugpalette besteht aus zwei Hauptbereichen: Den Werkzeugen und den Optionen

Schauen wir uns also die Werkzeuge in ihrer praktischen Anwendung an.

Pfeil-Werkzeug

Das Pfeil-Werkzeug hat ganz unterschiedliche Funktionen: Möchte ich z. B. verschiedene Objekte auswählen, kann ich mit dem Pfeil-Werkzeug über diese Objekte einen Rahmen aufziehen, der die gewünschten Objekte einbezieht und so auswählt. Auch kann ich den Rahmen dafür verwenden, um z. B. eckige Teile aus einem Objekt auszuschneiden; ziehen Sie dazu einen Rahmen auf, der das auszuschneidende Stück enthalten soll.

Der untere Teil wurde mit dem Pfeil ausgewählt.

Aber es gibt im im unteren Bereich noch weitere Optionen für den Pfeil: Der *Magnet* wird z. B. für die Ausrichtung an einem Bewegungspfad verwendet; sehen Sie hierzu «Animation entlang eines Pfades».

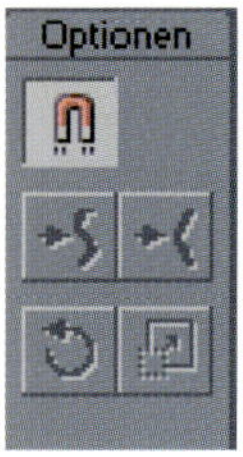

Die Optionen für das Pfeil-Werkzeug.

Mit den beiden Linien-Optionen darunter können Sie Linien begradigen oder runden: Zeichnen Sie eine beliebige Linie mit dem Bleistift; wählen Sie die Linie mit dem Pfeilwerkzeug an; klicken Sie nun so oft wie gewünscht die «Runden-» oder «Begradigen-Option» – voilá, die Linie verändert sich!

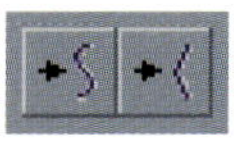

Mit diesen Optionstasten begradigen oder runden sich Linien.

Innerhalb der Pfeil-Optionen können Sie mit dem Rotations-Werkzeug ein Objekt – gemäss seiner Bezeichnung – an den Eckpunkten drehen; Sie können es aber auch *verziehen*, indem Sie das Objekt an den seitlichen Griffen nach oben oder unten bzw. seitwärts nach links oder rechts ziehen.

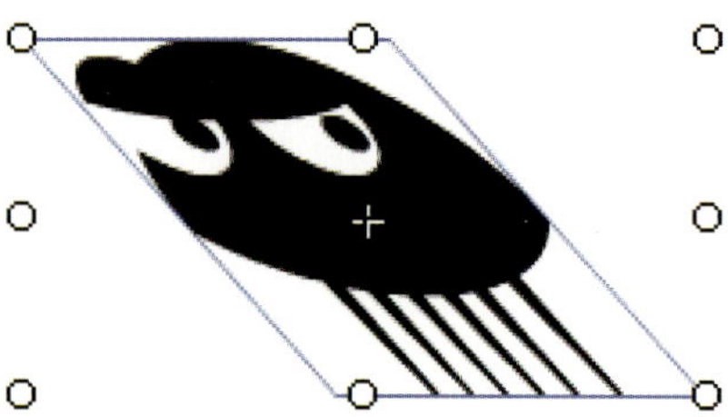

Eine Figur wird mit dem Rotations-Werkzeug verzogen.

Des Weiteren können Sie hier auch Figuren «skalieren», d. h. Objekte werden in ihrer Grösse verändert.

Lasso-Werkzeug

Mit dem Lasso können Sie – wie bereits im Einführungsteil beschrieben – Teile aus Objekten aktivieren und dann z. B. ausschneiden.

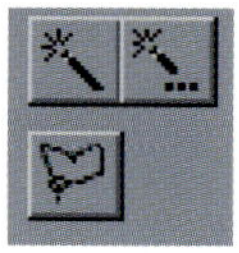

Die Lasso-Optionen.

Als Optionen lassen sich z. B. mit dem Zauberstab genau wie in der Bildbearbeitung Adobe Photoshop Farbbereiche auswählen; jedoch ist dies in Flash nur mit importierten Pixelgrafiken möglich. Rechts daneben in der Palette lässt sich die Toleranz ähnlicher Farbbereiche bestimmen. Je höher der Wert, desto mehr Farben werden als eine Farbe definiert. Dies erhöht die Auswahlfläche. Mit *Glätten* wählen Sie eine Glättungsart aus, um die Auswahlkante des Zauberstabs zu bestimmen.

Darunter befindet sich als weitere Funktion das «Gummiband»-Lasso, auch «Polygon-Modus» genannt:

Mit der Gummiband-Funktion können Sie zackige Teile ausschneiden.

Mit der Maus bestimmen Sie hier nur die gewünschten Eckpunkte einer Auswahl; ein Doppelklick schliesst die gewünschte Auswahl dann ab; «check it out»!

Stift-Werkzeuge

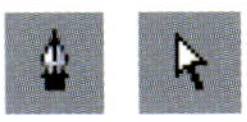

Mit den Bézier-Werkzeug lassen sich äusserst exakt Linien und Figuren zeichnen. Wählen Sie als Beispiel dazu aus dem Bedienfeld «Linie» eine Liniendicke und Art.

GERADE LINIEN ZEICHNEN

Klicken Sie irgendwo auf der Bühne, um einen Anfangspunkt zu setzen; danach klicken Sie bitte auf den Endpunkt der Linie: So entsteht eine gerade Linie. Klicken Sie weitere Punkte – bei jedem Klick entsteht eine neue Linie.

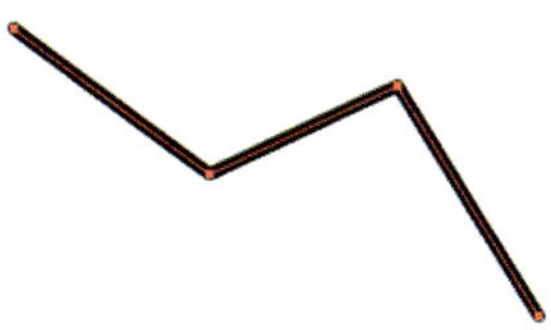

Eine Linienfolge mit dem Bézier-Werkzeug.

Um eine Form zu schliessen, fahren Sie mit der Maus zum Anfangspunkt. Ein kleiner Kreis erscheint und der Cursor springt auf den Anfangspunkt; klicken Sie, um die Form abzuschliessen.

Um eine Figur irgendwo auf der Fläche abzuschliessen, doppelklicken Sie auch hier auf den von Ihnen gewünschten letzten Punkt oder klicken und drücken Sie gleichzeitig die *Ctrl*-Taste oder wählen Sie einfach ein anderes Werkzeug.

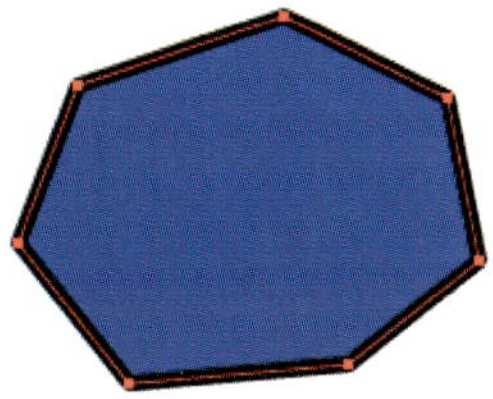

Die Form wird geschlossen.

KURVEN ZEICHNEN

Um eine Kurve entstehen zu lassen, klicken Sie auf den Startpunkt Ihrer Linie und ziehen Sie – mittels der dann entstehenden «Tangenten» – in diejenige Richtung, in der Sie eine Kurve zeichnen möchten; klicken Sie dann auf den Endpunkt und ziehen Sie die Maus in die entgegengesetzte Richtung.

Eine Kurve entsteht.

Um Ihren Linien im Folgenden die gewünschte Kurve zu geben, ziehen Sie einfach bei jedem neuen Punkt an den entstehenden Tangenten.
Wenn Sie nachträglich auf einen Kurvenpunkt klicken, verwandelt sich dieser in einen Eckpunkt. Und einen Eckpunkt können Sie dann löschen, indem Sie darauf fahren: Ein Minuszeichen erscheint neben dem Cursor; klicken Sie; der Punkt verschwindet.

Mit dem Unterauswahlwerkzeug können Sie nachträglich Tangenten bearbeiten. Klicken Sie auf dieses Werkzeug und klicken Sie dann auf die zu ändernde Linie: Klicken Sie nun auf einen Kurvenpunkt und die dazugehörigen Tangenten werden sichtbar; verziehen Sie diese nach Belieben (spitze Eckpunkte können Sie örtlich verschieben). Wenn Sie einen Kurvenpunkt in einen Eckpunkt umwandeln möchten, klicken Sie auf den Kurvenpunkt, so dass die Tangenten sichtbar werden. Klicken Sie anschliessend mit gedrückter *Alt*-(Windows)/*Wahl*(Mac)-Taste auf den gewünschten Punkt und er verwandelt sich dann in einen Eckpunkt. Auch umgekehrt ist das gar kein Problem: Klicken Sie mit gedrückter *Alt-/Wahl*-Taste auf den Eckpunkt und ziehen Sie in eine Richtung; die Tangente wird dann wieder sichtbar.

LINIEN

Klicken Sie auf das Linien-Werkzeug und wählen Sie dann das Bedienfeld «Linie»:

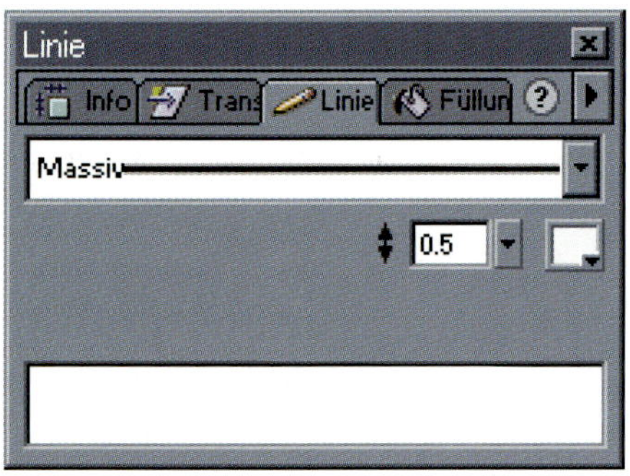

Das Linien-Bedienfeld.

Bestimmen Sie damit Linienfarbe, Liniendicke «1,0» – «10,0» und die Linienart; dabei stehen Ihnen auch verschiedene Linienarten bereits zur Verfügung. Und wenn Ihnen danach ist, können Sie unter «Benutzerdefiniert» sogar eine eigene Linienart erstellen; klicke Sie dazu auf das kleine, graue Dreieck oben rechts!

Ziehen Sie nun doch einmal beliebige Linien, um dieses Werkzeug zu testen:

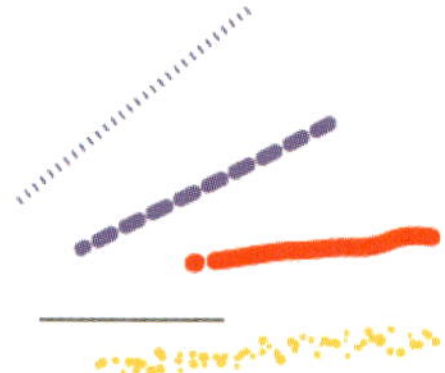

Zeichnen Sie diverse Linien.

Text-Werkzeug>

Mit dem Text-Werkzeug erstellen und bearbeiten Sie Ihre Texte. Für die Arbeit mit Text klicken Sie auf das Text-Werkzeug und dann auf das Bedienfeld «Zeichen».

Das Bedienfeld «Zeichen».

Unter *Schriftart* wählen Sie bitte eine Ihnen angenehme Schrift aus.

Hier bestimmen Sie die Schriftart.

Bestimmen Sie die Schriftgrösse und Buchstaben-Laufweite. Darunter wählen Sie «hoch-» oder «tiefgestellt» sowie «fett / kursiv» und Ihre Textfarbe aus...

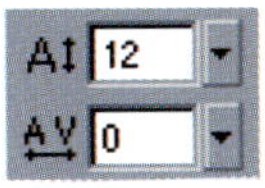

Hiermit bestimmen Sie die Zeilen- und Buchstabenlaufweite.

Hier bestimmen Sie Textattribute.

Wenn Sie nun nach diesen Voreinstellungen einen Text eingeben wollen, klicken Sie irgendwo auf die Bühne und schreiben Sie dann drauflos; oder aber Sie ziehen mit dem Text-Werkzeug einen Rahmen auf; in diesem wird der Text dann umbrochen. Als Orientierung für Sie: «Normale» Textrahmen sind rechts oben an einem kleinen Quadrat erkennbar, Texteingabefelder – wie zum Beispiel «Formulare», siehe weiter unten – haben das kleine Quadrat dagegen rechts unten.

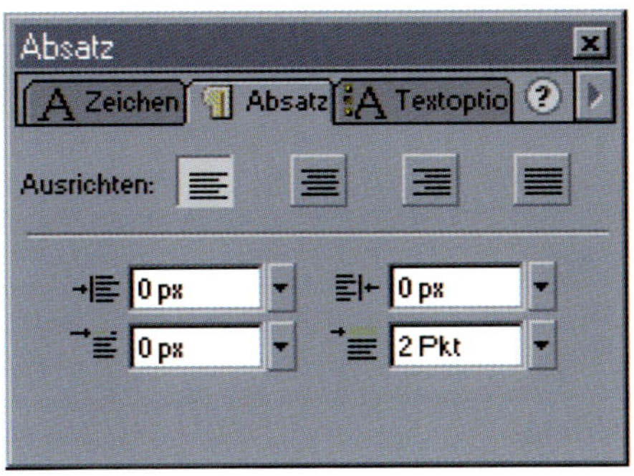

Mit dem Bedienfeld «Absatz» steuern Sie Textattribute.

Mit dem Bedienfeld «Absatz» steuern Sie dann weitere von Ihnen gewünschte Textattribute wie zum Beispiel «Ausrichten»: Hier wird der Text nach links, rechts oder mittig ausgerichtet oder als Blocksatz dargestellt.

Darüber hinaus stehen Ihnen die recht eindeutigen Formatierungs-Symbole wie «Linker Rand, Einzug, Rechter Rand, Zeilenabstand» zur Verfügung

Ellipsen-Werkzeug

Mit dem Ellipsen-Werkzeug zeichnen Sie Kreise; wählen Sie die Bedienfelder «Linie» und «Füllung», um die Art der Umrahmung und die zu füllende Fläche festzulegen.

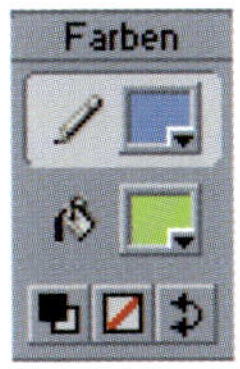

Wählen Sie Farbe und Umrahmung.

Sie können die Farben für Linie und Fläche auch in den Optionen des Werkzeugs bestimmen. Zur Wahl einer Farbe klicken Sie auf die kleine Farbfläche in den Optionen *Umrahmungs-* oder *Flächenfarbe*.

Mit dem gebogenen Doppelpfeil können Sie – auch hier ähnlich wie Photoshop – die jeweiligen Farben noch austauschen: Das schwarze und weisse Viereck setzt dabei standardmässig eben jene Farbe ein.

Daneben gibt es ein mit rot durchgestrichenes Quadrat; dies symbolisiert, dass auf Ihren Wunsch entweder die Füllung oder die Umrahmungslinie nicht gezeichnet wird – klicken Sie dafür einfach auf «Füllung» oder «Umrahmung» und dann auf das durchgestrichene Quadrat.

Die Linie wurde abgewählt.

***Tipp**: Diese Funktion ist recht nützlich, da man so mit nur wenigen Klicks Flächen oder Rahmenlinien löschen kann.*

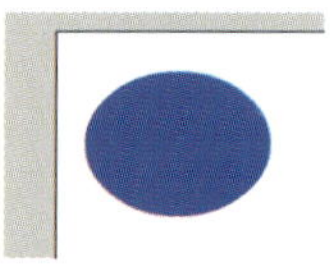

Eine Ellipse ohne Umrahmung können Sie auch direkt zeichnen.

Rechteck-Werkzeug

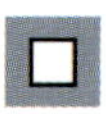

Mit dem Rechteck-Werkzeug zeichnen Sie, welch Überraschung, Rechtecke... ;-) Dabei ist das Werkzeug genau so wie das gerade beschriebene Pendant bei den Ellipsen aufgebaut.

Eine besondere Funktion des Rechtecks sind abgerundete Ecken; geben Sie dafür einen Wunsch-Wert ein, um die Ecken nach Ihrem Geschmack abzurunden.

Bestimmen Sie die Rundung der Ecken und ...

... das Rechteck sieht sogleich weniger «eckig» aus!

Bleistift-Werkzeug

Mit dem Bleistift können Sie ganz nach Ihrem Belieben Linien zeichnen.Unter in der Palette eröffnen sich folgende zusätzlichen Optionen:

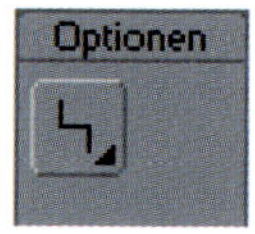

Sie haben mit dem Bleistift drei Optionen.

BEGRADIGEN

Ihre Linien werden begradigt.

GLÄTTEN

Ihre Linien erhalten – statt der normalem Zacken – geglättete Kanten; so zaubern Sie auf Wunsch schöne, glatte Linien.

TINTE

Ihre Linie wird genau so dargestellt, wie Sie sie auf die Bühne – quasi freihändig – zeichnen.
Für die Dicke und Art der Linie wählen Sie das Bedienfeld «Linie»; die Farbe wählen Sie unter «Farbe» aus...

Pinsel-Werkzeug

Mit dem Pinsel können Pinselstriche imitiert werden. Sie haben beim Drücken der obersten Taste in den Optionen folgende Möglichkeiten:

Die Optionen für das Pinsel-Werkzeug.

NORMAL MALEN

Diese Option malt ganz normal Linien über Flächen und Linien hinweg.

FÜLLEN

Malt Flächen innerhalb von Objekten aus, d. h. alles, was sich innerhalb der Rahmenlinien eines Objektes befindet wird, ausgefüllt.

IM HINTERGRUND MALEN

Malt Flächen im Hintergrund eines Objektes aus.

IN AUSWAHL MALEN

Malt ausgewählte Flächen aus.

INNEN MALEN

Malt ein Objekt aus; bereits übermalte Flächen sind dabei geschützt.

Linien-Füllwerkzeug

Hiermit können Sie bereits gezeichnete Linien verändern.

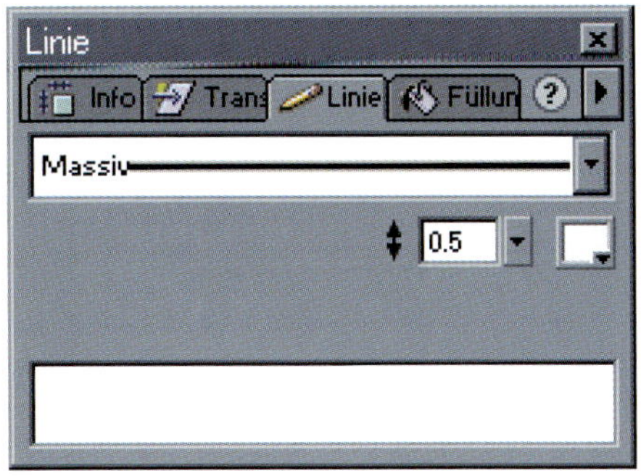

Das Bedienfeld «Linie».

Klicken Sie mit diesem Werkzeug auf bereits gezeichnete Linien. Im Bedienfeld «Linie» bestimmen Sie die Linienart und Dicke; die Farbe bestimmen Sie – wie bereits erwähnt – neben dem Bleistiftsymbol unter «Farbe» oder im Bedienfeld «Linie».

Flächen-Füllwerkzeug

Mit dem Flächen-Füllwerkzeug füllen Sie, klar :-) , Flächen:

Die Optionen für das Füllwerkzeug.

Mit der Option «Farben» wählen Sie die Farbe Ihres Geschmacks; zudem bestimmen Sie dort unter Optionen mit der obersten Taste, welche Art von Lücken geschlossen werden soll.

Falls Sie also eine Rahmenlinie haben, die jedoch nicht ganz geschlossen ist, können Sie diese dann mit dieser Option schliessen. Je nach Grösse der Lücke wählen Sie die entsprechende Option.

Darunter rechts finden Sie das Verlaufs-Editierwerkzeug. Weitere Details hierzu werden im Kapitel «Weitere Animationsarten | Einen Verlauf animieren» beschrieben.

Pipetten-Werkzeug

Mit der Pipette klicken Sie auf Flächen und Linien, um die jeweilige Farbe aufzunehmen. Die Farbe wird, wenn es sich um eine Füllung handelt, ins Flächen-Füllwerkzeug, bei einer Linie ins Linien-Füllwerkzeug übernommen. Das Werkzeug schaltet sich automatisch in das entsprechende um.

Radiergummi-Werkzeug

Der Radiergummi löscht Flächen und Linien.

Die Optionen des Radiergummis.

Hierbei haben Sie folgende zumeist sehr praktische Möglichkeiten:

NORMAL RADIEREN
Entfernt Linien und Füllungen.

FÜLLUNGEN RADIEREN
Entfernt nur Füllungen.

LINIEN RADIEREN
Entfernt nur Linien.

AUSGEWÄHLTE FÜLLUNGEN RADIEREN
Entfernt nur ausgewählte Füllungen.

INNEN RADIEREN
Radiert Flächen innerhalb einer Rahmenlinie, ohne diese zu löschen.

WASSERHAHN
Der Radiergummi-Typus mit diesem doch recht ungewöhnlichen Namen löscht Füllungen oder Linien komplett. Mit dem Dropdown-Menu unter dem Wasserhahn wählen Sie die Form des Radiergummis.

Hand-Symbol

Mit dem Hand-Werkzeug können Sie die Bühne verschieben.

Tipp: *Mit der Leertaste können Sie dieses Werkzeug jederzeit aktivieren; auch dies wird sich über die Zeit als sehr praktisch erweisen.*

Lupen-Symbol

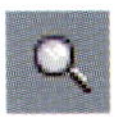

Die Lupe zoomt naturgemäss die Bühne heran.

Die Optionen der Lupe.

Eine Lupe mit einem kleinen Minus «-» – statt des standardmässig eingestellten «+» – zoomt die Bühne weg. Auch hier gleich ein hilfreicher Hinweis: Mit einem Doppelklick auf die Lupe stellt sich die Bühnengrösse wieder auf 100% ein. Mit der Lupe kann auch ein Rahmen aufgezogen werden, der den dann ausgewählten Bereich heranzoomt.

Kreative Grafik-Tools: Von Masken und Farben...

MASKEN

Effekte über Ebenen hinweg

Tipp: Hierzu finden Sie auf der Buch-CD die Musterdatei «maske.fla».

Es gibt zahlreiche Möglichkeiten, in Flash Effekte zu erzeugen – eine davon funktioniert über die «Maske». Eine Maske ist eine Art «ausgestanztes Papier», welches über eine oder mehrere Ebenen gelegt werden kann; durch die ausgeschnittenen Teile dieser Ebenen können Sie jeweils auf die darunterliegenden Ebene sehen. Für eine Maskierung brauchen Sie also mindestens zwei Ebenen. Damit Sie einmal eine konkrete Vorstellung davon bekommen, habe ich für Sie auf der CD-ROM eine Ansichtsdatei unter dem Namen «maske.fla» abgespeichert; zugleich werden wir hier einmal selbst eine entsprechende Flash-Datei erstellen:

- Erstellen Sie eine neue Ebene und erzeugen Sie darin einen Inhalt, der maskiert werden soll. Aus diesem Grund benennen wir diese Ebene auch als «maskierungsebene».

In unserem Beispiel nehmen wir vier Figuren aus der Materialbibliothek, über welche sich ein Spot bewegen soll. Da unsere Maske später animiert wird, kopieren wir mit **F6** die vier Figuren anschliessend von Bild 1 ins Bild 90, um über die einzelnen Kopien hinweg ein wenig Gestaltungsspielraum zu erlangen.

- Jetzt erzeugen wir für unsere Maske eine neue Ebene. Wir nennen diese Ebene folgerichtig «maske»; darin zeichnen wir einen Kreis, der ein wenig grösser als die vier Figuren ist. Verwandeln Sie dann diesen Kreis mit **F8** in ein Filmsequenz-Symbol.

Zeichnen Sie in einer neuen Ebene einen Kreis.

- Auch dieser Kreis wird nun animiert – und zwar über die Länge unserer vier Figuren, 90 Bilder lang. Die Aufteilung sieht dabei wie folgt aus: Der Kreis bewegt sich je 15 Bilder lang und bleibt auf jeder Figur 10 Bilder lang stehen.

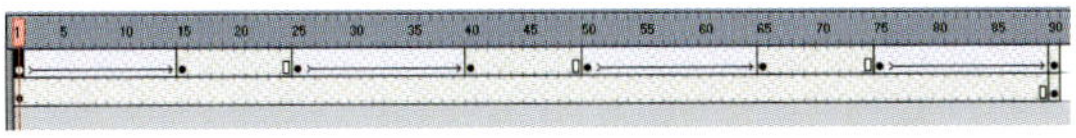

Die Maske soll über jeder Figur zehn Bilder lang stehen bleiben.

- Drücken Sie dann *Enter* – der Kreis sollte sich von links nach rechts über den Bildschirm bewegen.
- Jetzt kommen wir zur Verwandlung. Zur Sicherheit wählen wir die Ebene «maske» an und doppelklicken das kleine Symbol / Icon neben dem Namen; ein Dialogfenster öffnet sich:

Doppelklicken Sie das kleine Symbol neben der Ebene «Maske».

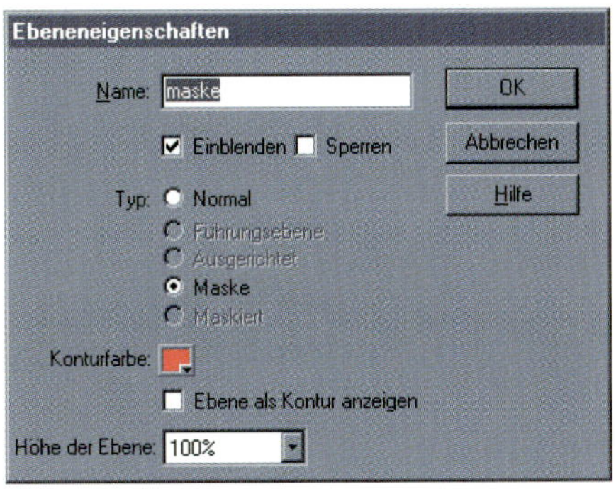

Das Dialogfenster für die Ebene «maske» und ...

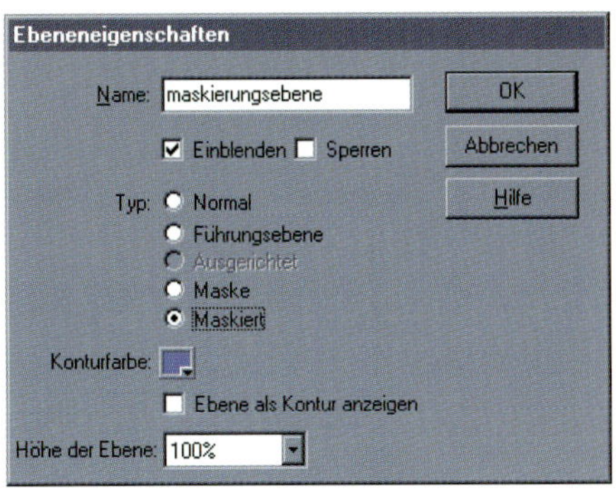

... das Dialogfenster für die Ebene «Maskierungsebene».

- Wählen Sie unter *Typ* «Maske» und klicken Sie *OK*.
- Derselbe Vorgang führen Sie bitte aus für die Maskierungsebene. Diesmal wählen Sie jedoch anstatt Maske die Option «Maskiert»
- Um die Maske nun zu aktivieren, müssen Sie beide Ebenen sperren. Klicken Sie dazu – bei beiden Ebenen – auf das kleine Schloss-Symbol.

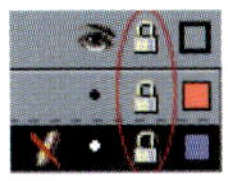

Die Maske wird aktiviert.

- Drücken Sie die Eingabetaste: Der Spot ist perfekt und bewegt sich wie ein Suchscheinwerfer über die Figuren.

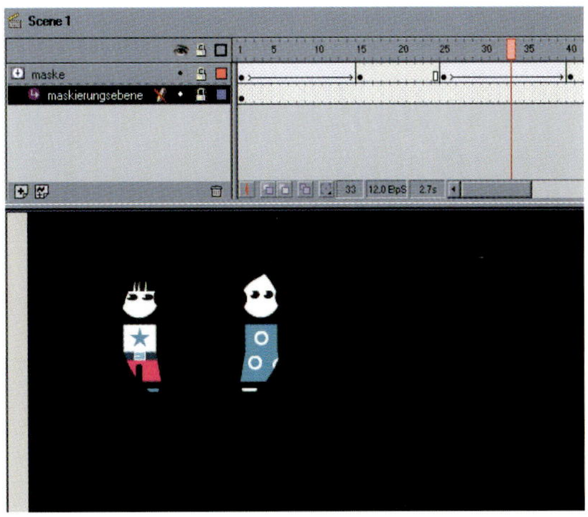

Die Maske läuft – quasi als Spotlight – über die vier Figuren.

Im Vorschaumodus via *Ctrl/Enter* wird die Maske automatisch aktiviert.

Mehrere Ebenen einer Maske zuweisen

Einer Maske können mehrere Ebenen zugewiesen werden; schauen wir uns das einmal im praktischen Beispiel an:

- Erstellen Sie eine neue Maske oder verwenden Sie die bereits oben erstellte Masken-Datei.
- Erstellen Sie dann eine neue Ebene, die der oben erstellten Maske zugewiesen werden soll. Zeichnen Sie darin z. B. eine gelbe Linie direkt unter den Figuren.
-  Ziehen Sie jetzt die Ebene mit der Maus direkt unter die Maskenebene; sie verwandelt sich in eine maskierte Ebene.
- Jetzt können Sie die unter der Maskenebene liegenden Ebenen beliebig rauf- und runterziehen.
- Wenn Sie die Maskierung einer Ebene wieder auflösen möchten, ziehen Sie Ihre Ebene einfach wieder über die Maske. Das Maskierungssymbol löst sich wieder auf.

FARBEN

Verlaufs-Variationen

Verläufe können in Flash aus bis zu acht verschiedenen Faben bestehen. Zudem kann jede einzelne Farbe in der Transparenz verändert werden. So lassen sich weiche Farbübergänge in den Hintergrund erzeugen. Ebenso können Sie mit den Verläufen interessante Lichteffekte oder eine Art «Pseudo-3D-Objekte» erschaffen – auch hier wieder eine praktische Anwendung:

- Wählen Sie das Bedienfeld «Füllung».

Das Bedienfeld «Füllung» mit diversen Möglichkeiten.

- Wählen Sie aus dem DropDown-Menü «Kreisförmiger Farbverlauf».
- Unten sehen Sie den kreisförmigen Verlauf und die zwei momentan aktiven Farben.
- Klicken Sie nun unter den Farbbalken, wird eine weitere Farbe dem Verlauf hinzugefügt – probieren Sie´s aus!

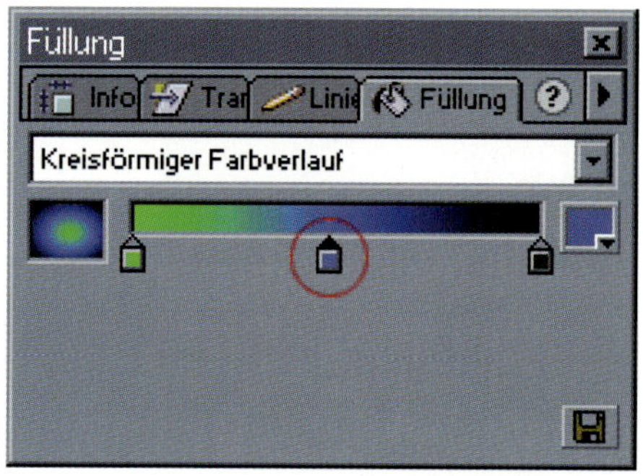

Eine neue Farbe wird dem Verlauf beigefügt.

- Wenn Sie eine Farbe entfernen wollen, ziehen Sie den Farbzeiger mit der Maus nach unten weg und lassen ihn dann los.
- Ändern Sie die Farben, indem Sie auf den entsprechenden Farbzeiger klicken und rechts ein neue Farbe aus der Palette auswählen.

Ändern Sie die Farbe mit dem rechten Farbfeld.

- Wenn Sie mit dem Verlauf zufrieden sein sollten, klicken Sie bitte auf das kleine Dreieck oben rechts und wählen Sie «Farbverlauf hinzufügen»; der Verlauf wird der aktuellen Farb-Palette hinzugefügt.
- Öffnen Sie nun abschliessend das Bedienfeld «Farbtöne»; der Verlauf wurde hinzugefügt.

Der Verlauf wurde der aktuellen Palette hinzugefügt.

Sie können jederzeit auf einen Verlauf klicken und diesen im Bedienfeld «Füllung» abändern. Um einen neuen Verlauf zu erstellen, können Sie auch im Bedienfeld «Farbtöne» auf das kleine Dreieck oben rechts klicken und «Duplizieren» anwählen. Der Verlauf wird dupliziert und der Palette beigefügt; so können Sie diesen im Bedienfeld «Füllung» beliebig bearbeiten.

Klicken Sie das Dreieck oben rechts und wählen Sie Farbverlauf hinzufügen.

VERLAUF MIT TRANSPARENZ

Klicken Sie auf einen Verlaufszeiger und öffnen Sie das Bedienfeld «Farbmischer». Ziehen Sie dort den so genannten «Alpharegler» hoch oder runter, um die Transparenz der Farbe im Farbverlauf einzustellen. Auch hier empfiehlt sich ein praktischer «Aha-Effekt» am hauseigenen Bildschirm...

Massivfarben

Wenn Sie wollen, dass dem Füllwerkzeug oder dem Stift stets Ihre Lieblingsfarbe zugeordnet sein soll, klicken Sie zuerst auf eines der beiden Symbole; danach klicken Sie eine Farbe im Farbfeld unten im

Bedienfeld «Farbmischer» an oder geben Sie einen beliebigen Farbwert ein.

Das Bedienfeld «Farbmischer»

Mit dem kleinen Dreieck rechts oben übrigens können Sie zwischen den ja bereits erwähnten Farbmodi *RGB*, *HSB* oder *Hex* wählen. Verändern Sie auch hier die Transparenz nach Belieben mit dem Alpharegler.

Übrigens, Sie müssen natürlich nicht immer Ihre Farben selbst anmischen; schliesslich können Sie auch im Bedienfeld «Farbtöne» eine Farbe aus der dortigen Palette klicken.
Um eine Farbe dann abschliessend in die Palette zu übernehmen, klicken Sie das kleine Dreieck oben rechts und wählen Sie «Füllmuster hinzufügen»; die Farbe wird der Palette unten im Bedienfeld «Farbtöne» beigefügt.

Text- und Schaltflächen-Effekte

TEXT INTERESSANT PRÄSENTIEREN

Arbeiten wir hier einmal mit verschiedenen Möglichkeitn, gerade Textelemente abwechslungsreich zu präsentieren. Dazu bieten sich einige Effekte an, die wir hier anhand ganz praktischer Darstellungen gemeinsam ausprobieren – legen wir also los!

Umrahmung

- Schreiben Sie einen beliebigen Text.
- Brechen Sie mit *Ctrl/B* den Text auseinander.
- Wählen Sie das Linien-Füllwerkzeug und eine bestimmte Dicke und Art der Linie im Bedienfeld «Linie»; klicken Sie danach auf die einzelnen Buchstaben.
- Wählen Sie dann mit dem Pfeil-Werkzeug die jeweiligen Füllungen an und löschen Sie diese, so dass nur noch die so genannten «Outlines» übrig bleiben.

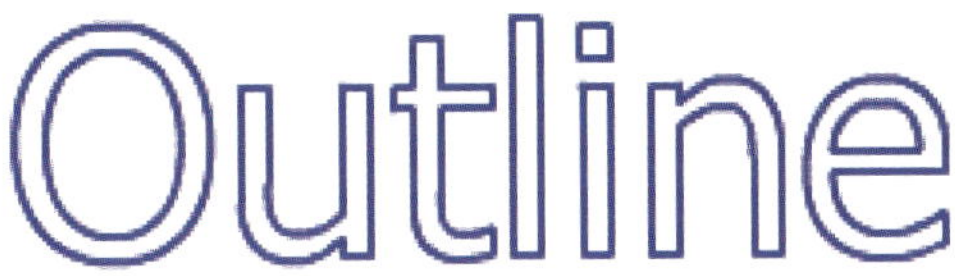

Es verbleiben nur die Outlines.

- Weisen Sie nun einfach einmal verschiedene andere Outlines zu.

Schatten

- Schreiben Sie ein Wort und verwandeln Sie es danach in ein Symbol.
- Öffnen Sie die Bibliothek und ziehen Sie jetzt eine zweite Instanz dieses Wortes auf die Bühne.
- Wählen Sie die neue Instanz aus und spiegeln Sie diese dann vertikal unter dem Menübefehl **Modifizieren | Transformieren | Vertikal**.
- Weisen Sie dieser Instanz einen Alphawert von «50%» zu.

- Verziehen Sie die Instanz mit dem Rotationswerkzeug, um den Schatten in der richtigen Lage erscheinen zu lassen.
- Platzieren Sie diese Instanz unter der zweiten Instanz.

Ein Schattenwurf erzeugt ein räumliches Gefühl.

Glühender Text

- Erstellen Sie ein neues Movie und schreiben Sie dann bitte ein Wort.
- Brechen Sie dieses dann mit *Ctrl/B* auseinander.
- Wählen Sie das ganze Wort aus und klicken Sie über das Menü auf **Modifizieren | Form | Ecken abrunden**.
- Wählen Sie in der folgenden Dialogbox folgende Einstellungen:
  - Abstand: «20 px»
  - Anzahl der Schritte: «10»
  - Richtung: «Vergrössern»

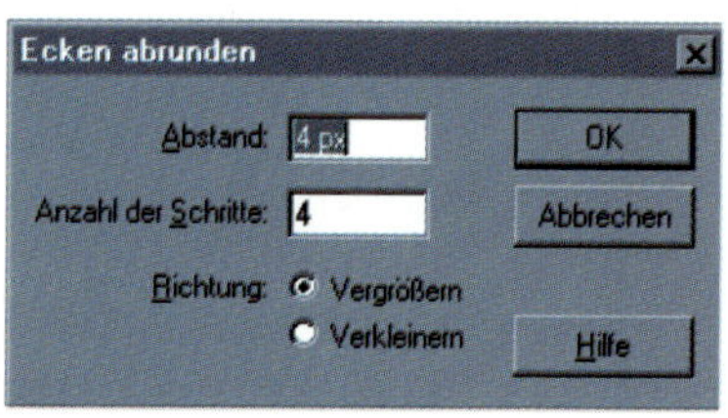

So lassen Sie die Farbe auslaufen.

- Schreiben Sie denselben Text nochmals in der gleichen Grösse – nun aber mit einer anderen Farbe.
- Platzieren Sie den neuen Text über dem erweiterten Text; Ihr Ergebnis sollte nun diesem Bild ähneln:

Platzieren Sie denselben Text darüber.

Zuweisen von Bitmap-Texturen

- Importieren Sie ein Bitmap-Bild, das Sie dann in Flash einem Objekt als Oberfläche zuweisen möchten.
- Brechen Sie das Bitmap auseinander mit *Ctrl/B*.
- Wählen Sie die Pipette und klicken Sie auf das auseinandergebrochene Bitmap:
- Automatisch wird das Bild im Füllwerkzeug als Füllung ausgewählt und im Bedienfeld «Füllung» unter *Bitmap* dargestellt – schauen Sie doch einfach mal nach...
- Zeichnen Sie nun ein neues Objekt – oder wählen Sie ein bereits Existierendes – und füllen Sie dies mit der Bitmap-Textur, indem Sie das Bild im Bedienfeld «Füllung» anwählen und dann bitte auf ein auseinandergebrochenes Objekt klicken.

  Am besten lässt sich dies wieder direkt am Ihrem heimischen Rechner nachvollziehen; so möchte ich Sie auch hier zum Nachahmen ermuntern.

- Passen Sie die Textur mit dem Verlauf-Bearbeitungswerkzeug dem Objekt an.

Ein Textur wird dem Text zugewiesen.

Weiche Überblendung

Mit Hilfe des hier vorgestellten Tricks können Sie weiche Übergänge erzeugen:

- Erstellen Sie ein neues Movie.
- Nehmen Sie in «Schlüsselbild 1» einen Text oder ein Bild als Hintergrund.
- Erzeugen Sie ein neues Symbol.
- Erstellen Sie in diesem neuen Symbol einen linearen Verlauf mit der Hintergrundfarbe Ihres Films, der transparent ausläuft – also zum Schluss den Alphawert «0%» hat.
- Ziehen Sie bitte danach mit Ihrem neuen Verlauf ein Rechteck auf. Wenn Sie wollen, ziehen Sie die beiden Zeiger in Richtung Mitte, so dass nur ein schmaler Verlauf entsteht.
- Gehen Sie nun zurück ins Movie; erstellen Sie eine neue Ebene und ziehen Sie Ihr neues Symbol auf die Bühne. Damit das neue Symbol Ihren Text überdeckt, ziehen Sie jetzt die Ebene nach oben.
- Platzieren Sie das neue Symbol auf Ihren/m Text/Bild so, dass dieser/s komplett überdeckt wird. Danach geht der Verlauf in «transparent» über.

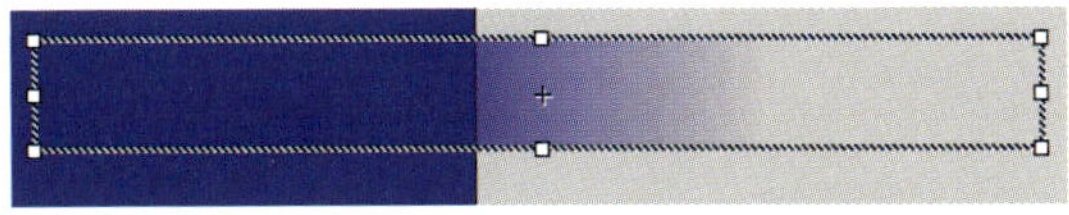

Der Verlauf wird transparent.

- Dann animieren Sie Ihr Symbol nach links. Verlängern Sie auch die Bilder des Textes, damit dieser unter der Animation sichtbar bleibt. Der Text / das Bild wird langsam sichtbar.

Der Text wird weich eingeblendet.

ERSTELLEN EINER 3D-SCHALTFLÄCHE

- Zeichnen Sie drei ineinanderliegende Kreise mit demselben Mittelpunkt.

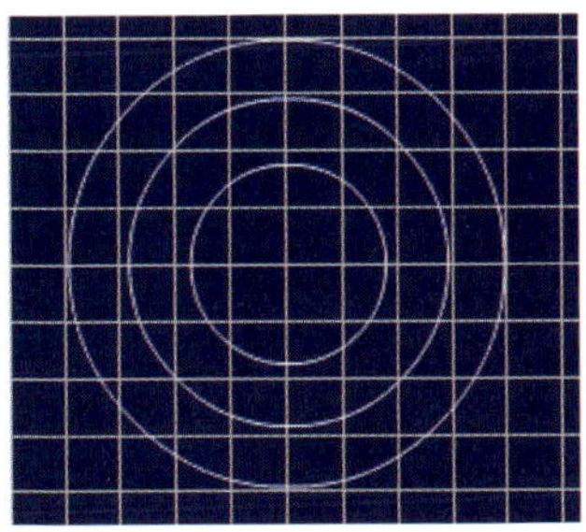

Drei Kreise mit einem gemeinsamen Mittelpunkt.

- Wählen einen kreisförmigen Verlauf und setzen Sie diesen in den innersten Kreis, dann im mittleren Kreis einen Verlauf mit dem entgegengesetzten Ansatzpunkt und anschliessend im äussersten Kreis einen wieder zum zweiten Kreis entgegengesetzten Ansatzpunkt – bitte schauen Sie hier auch die folgende Abbildung als Ergebnis an:

Eine 3D-Schaltfläche entsteht.

DER BEKANNTE BLUR-EFFEKT

Bei diesem Effekt schlussendlich wirkt eine Schrift leicht verschwommen und erzeugt damit den bekannten Unscharf-Effekt.

- Schreiben Sie ein Wort z.B. «Blur».
- Verwandeln Sie das Wort in ein Filmsequenz-Symbol und nennen es ebenso, also «blur»...
- Erstellen Sie danach eine neue Filmsequenz.
- Ziehen Sie das Grafiksymbol «blur» in die neue Filmsequenz in «Schlüsselbild 1» in «Ebene 1».
- Erzeugen Sie unter «Ebene 1» eine neue Ebene.
- Ziehen Sie noch einmal eine Instanz Ihrer Grafik «blur» in die neue zweite Ebene.
- Setzen Sie den Alphawert dieser Grafik auf «30%».
- Platzieren Sie die Grafiken in «Schlüsselbild 1» genau übereinander.
- Fügen Sie in beiden Ebenen in «Bild 10» ein weiteres Schlüsselbild ein.
- Verschieben Sie die untere, auf 30 Prozent gesetzte Grafik in «Bild 10» um einige Pixel nach rechts.
- Vergrössern Sie die Grafik auf «105%».
- Erstellen Sie nun einen Bewegungs-Tween.
- Weisen Sie nun bitte «Schlüsselbild 10» eine Stop-Aktion zu.
- Wenn Sie möchten, können Sie eine weitere soeben erzeugte «Unscharf-Kopie» in eine andere Richtung um 10 Bilder animieren.

Violá – Ihr Effekt ist erreicht!

Sie können diesen Effekt natürlich jetzt als einen Schaltflächen-Rollover gestalten; d.h. eine Schaltfläche ändert seine Erscheinung, wenn der Benutzer mit diesem interagiert. Ein praktisches Beispiel:

- Erstellen Sie eine neue Schaltfläche.
- Ziehen Sie die oben benannte «blur»-Grafik – bitte nicht die animierte Filmsequenz! – auf die «Auf»-Schaltfläche.
- Kopieren Sie das «normal»-Schlüsselbild in die hinteren Zustände.
- Löschen Sie den «darüber»-Zustand.
- Ziehen Sie Ihren «blur»-Clip stattdessen in den «darüber»-Zustand; setzen Sie diesen danach bitte ganz genau über den «normal-»Zustand.
- Gehen Sie zurück ins Hauptmovie.
- Ziehen Sie die neue Schaltfläche auf die Bühne und gehen Sie in den Vorschaumodus.
- Die Schrift wird beim Darüberfahren unscharf.

Streaming Sounds & Co.

VIRTUELLE VIBES IM WEB

Sound ist ein sehr wichtiger Bestandteil jeder Film- bzw. Multimedia-Produktion. Jedoch waren gerade im Internet die Möglichkeiten mit Sound zu arbeiten lange Zeit sehr eingeschränkt.
Mit dem Erscheinen von Flash wurde es nun endlich möglich, interaktive Webseiten mit passenden Effekten und Soundtracks zu erstellen; und besonders seit Flash 5 ist durch die Möglichkeit, Klänge im MP3-Soundformat zu importieren, eine wesentliche Verbesserung zur Version 4 erreicht worden. MP3 komprimiert einen Sound dabei um bis das Hundertfache – ohne dass man dabei nennenswert hörbare Verluste in Kauf nehmen muss.
Des Weiteren verwendet MP3 das weithin bekannte Streaming-Verfahren. So können Sie Ihren Soundtrack nun in voller Länge geniessen.

Aber Vorsicht: MP3 ist erst ab dem Flash 4-Plug-In integriert; stellen Sie also sicher, dass Ihre Kunden das Flash 4-Plug-In installiert haben oder wenigstens über die Möglichkeit verfügen, dieses herunterzuladen.
Nochmals in aller Deutlichkeit: Flash 3 kennt MP3 nicht; daher wird mit diesem Plug-In kein MP3-Sound hörbar sein.

BEARBEITUNG VON SOUND

Sie wissen bereits aus den vorangegangenen Kapiteln, wie man Sounds importiert und in ein Movie einbaut. Im Folgenden möchte ich Ihnen daher zeigen, wie ein importierter Sound bearbeitet werden kann:

- Importieren Sie einen längeren Sound.
- Erstellen Sie eine neue Ebene – oder nehmen Sie die bereits bestehende Ebene – und nennen Sie diese «sound»; um der Übersichtlichkeit willen empfehle ich Ihnen zudem, für den Sound stets eine separate Ebene einzufügen.
- Wählen Sie das Bild, mit dem zusammen der Sound beginnen soll, und fügen Sie ein Schlüsselbild ein.
- Klicken Sie bitte dann in dieses Schlüsselbild und wählen Sie das Bedienfeld «Sound».
- Wählen Sie dann Ihren Sound aus dem Drop-Down-Menü unter «Ton».

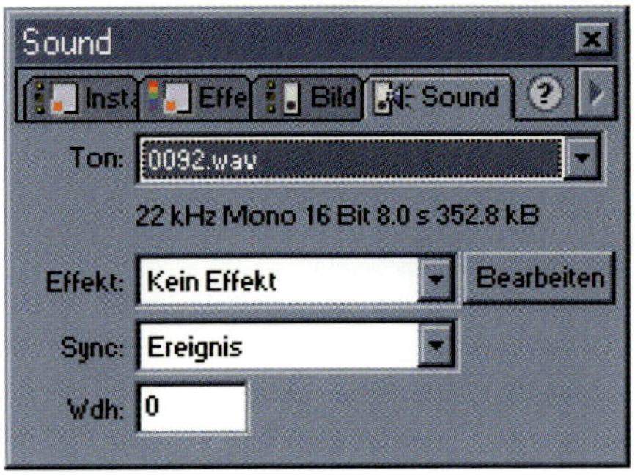

Der Sound-Tab.

Effekte

Im Effekt-«Tab» können Sie zwischen folgenden Möglichkeiten wählen:

KEIN EFFEKT
Der Sound wird ohne Veränderungen abgespielt.

LINKER KANAL/RECHTER KANAL
Der Sound wird jeweils im linken oder rechten Lautsprecher abgespielt.

VON LINKS NACH RECHTS/VON RECHTS NACH LINKS
Sounds werden vom rechten Lautsprecher in den linken übergehend abgespielt oder umgekehrt.

EINBLENDEN/AUSBLENDEN
Der Sound wird langsam ein- oder ausgeblendet.

BENUTZERDEFINIERT
Hier können Sie Ihren Effekt selbst erschaffen und dabei aus dem oben benannten Fundus wählen.

Sync

EREIGNIS
Der Sound wird von Anfang bis Ende abgespielt, sobald der Abspielkopf das gewünschte Schlüsselbild erreicht. Diese Option lässt sich am besten für kurze Sounds oder so genannte «Loops» – Sounds, die sich ständig wiederholen – verwenden.

START
«Start» verhält sich wie «Ereignis» – nur dass hierbei eine neue Instanz des Sounds abgespielt wird, wenn der Sound bereits läuft.

STOP
Beendet den Sound.

STREAM
Diese Option synchronisiert den Sound mit den abgespielten Bildern und lässt dabei manchmal auch einzelne Bilder aus. Sie können auch im Movie den Abspielkopf packen und ihn über die Zeitleiste ziehen. Sie hören etwas verzerrt den dazugehörigen Sound; dies ist vor allem hilfreich, wenn Sie z. B. die Beats an das Erscheinen von Grafiken anpassen möchten.
Streaming Sounds stoppen dann, wenn auch das Movie gestoppt wird.

- Klicken Sie im Bedienfeld «Sound» auf die Taste «Bearbeiten»:

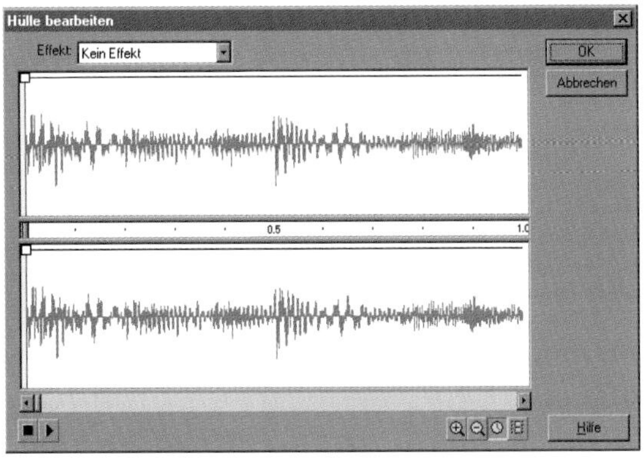

Sound bearbeiten.

Hier finden Sie einen rechten und linken Soundkanal. Klicken Sie auf die Linie – die Linie steht für die Lautstärke – mit dem kleinen Quadrat; ein neues Quadrat entsteht. Ziehen Sie dieses Quadrat nun höher oder tiefer; je höher die Linie ist, desto lauter wird folglich der Sound. Wann immer die Lautstärke geändert werden soll, klicken Sie bitte auf die Linie und ziehen das kleine Quadrat nach oben oder unten. Die Linie kann nur an einem Punkt mit einem solchen kleinen Quadrat beeinflusst werden.
Unten rechts haben Sie die Lupe zum Vergrössern oder Verkleinern. Daneben bestimmen Sie, ob im Movie der Ablauf des Sounds in Sekunden oder in Bildern der Zeitleiste angezeigt werden soll.

VIDEO IM INTERNET – GEWUSST WIE!

DAS PROBLEM: «WORLD WIDE WAITING»...

Leider ist das Internet noch nicht so weit, als dass man dem potentiell ungeduldigen Surfer nun wirklich guten Gewissens längere Videosequenzen zumuten könnte.
Die QuickTime-Technologie von Apple ist zwar exzellent, aber trotzdem: Wartezeiten gehören immer noch zur Regel, so dass Video-Dateien mit ihrem bisherigen Volumen beim Download doch recht stark Zeit – und Geld für die Online-Zeit – in Anspruch genommen haben.
Für die Interaktion mit Flash bieten sich jedoch interessante Möglichkeiten, denn QuickTime-Filme können recht leicht mit einem Filter bearbeitet, in Flash importiert und dort in Vektoren umgewandelt werden: So lassen sich Bewegungen und kleinere Sequenzen erzeugen, welche nicht allzuviel Speicher brauchen.

EINE LÖSUNG: VIDEO PER VEKTOREN

Erste Schritte

Wenn Sie Videosequenzen einbauen wollen, sollten Sie sich erst einmal überlegen, was genau Sie mit Ihrer Videokamera aufnehmen möchten. Im folgenden Beispiel werden Sie die Bewegung einer Person künstlerisch umsetzen.

Am besten ist es, wenn Sie einen hellen Hintergrund wählen und die Person, die die Bewegungen ausführt, dunkel einkleiden – so hebt sich die Person vom Hintergrund ab, und kann damit nachher problemlos auf dem Bildschirm freigestellt werden. Ideal wäre es natürlich, wenn Sie einen so genannten «Blue-Screen» – einen in der Videotechnik weit verbreiteten blauen Hintergrund, der sehr schnell digital «wegmontiert» werden kann – zur Verfügung hätten.
Filmen Sie also mit Ihrer Videokamera eine Person über einige wenige Bewegungssequenzen hinweg. Spielen Sie die Videodatei dann – vorzugsweise mit FireWire, einer einfach schnellen und einfach zu bedienenden Übertragungstechnik – auf Ihren Computer.

Digitale Dateienbearbeitung

Tipp: Schauen Sie sich hierzu bitte auch die Musterdatei «dance.fla» auf der CD-ROM an.

Begrenzen Sie die Bewegung der Figur dann auf wenige – circa zwei bis drei – Sekunden in einem digitalen Schneidprogramm Ihrer Wahl: Im folgenden Beispiel wurde für das Einlesen und den Schnitt des Films auf die gewünschte Bewegungssequenz ein Apple iMac verwendet mit FireWire-Verbindung und der Bildbearbeitungs-Software iMovie, welches Sie unter der Internet-Adresse «www.apple.de» downloaden können. Danach wurde die Sequenz als QuickTime Datei exportiert und wie im folgenden Beispiel ausgeführt in der kommerziellen Version des QuickTime-Player Pro bearbeitet:

- Öffnen Sie Ihren QuickTime-Film im QuickTime Pro – oder natürlich auch in einem anderen Film-Bearbeitungsprogramm Ihrer Wahl; wichtig ist einfach, dass Sie in unserem Beispiel Filter einsetzen können, damit die Person, welche die gewünschten Bewegungen ausführt, vom Hintergrund abgehoben werden kann.
- Wählen Sie **Datei | Exportieren**.
- Wählen Sie einen neuen Dateinamen; unter *Exportieren* wählen Sie «Film -> QuickTime Movie» und unter *Format* «1 x CD-ROM (Cinepak Video)»:

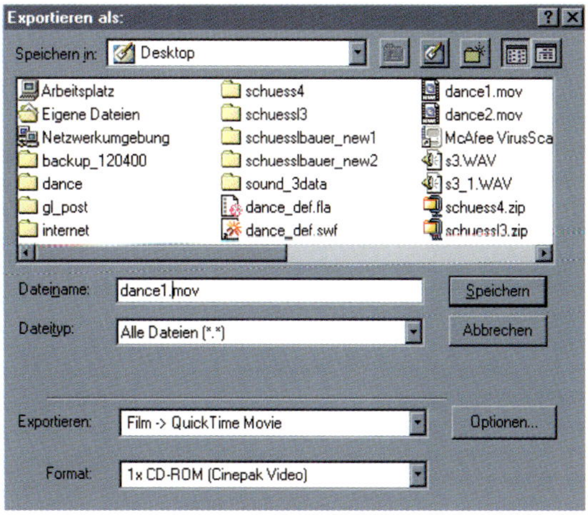

Wählen Sie dann bitte «Optionen» rechts unten.

- Klicken Sie dann bitte *Optionen...* und wählen dann «Filter»:

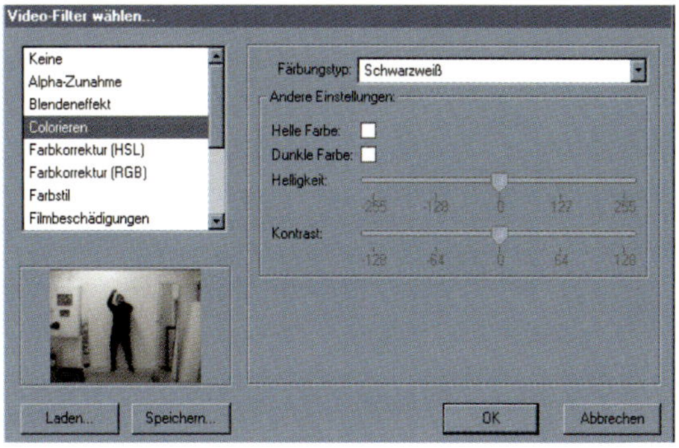

Wählen Sie «colorieren | Schwarzweiss».

- Wählen Sie *Colorieren* und dann «Schwarzweiss» (auch wenn es widersinnig klingt...).
- Klicken Sie zweimal auf *OK*, um in den Exportdialog zurückzugelangen und beenden den Export mit *Speichern*.
- Öffnen Sie nun den eben exportierten Film und wählen Sie dieselben Einstellungen wie vorhin. Wählen Sie dazu dann unter *Format* «Zuletzt

benutzte Einstellungen». Gehen Sie erneut in die Filter-Optionen:

- Wählen Sie nun *Helligkeit/Kontrast*; experimentieren Sie dann bitte mit den Reglern, bis sich die Figur klar vom Hintergrund absetzt.
- Exportieren Sie den Film wieder unter anderem Namen und öffnen Sie diesen erneut; dieser Schritt ist nur im QuickTime Pro-Programm nötig, da andere Programme mehrere Filter gleichzeitig anwenden können.

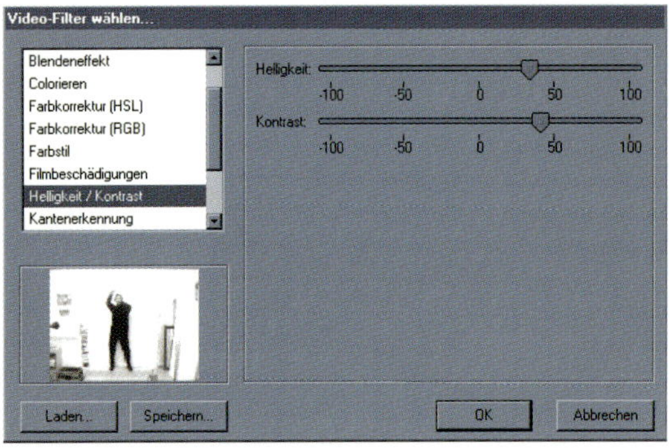

Wählen Sie «Helligkeit/Kontrast», um an die Regler zu gelangen.

- Gehen Sie zurück ins Export-Dialogfenster und erstellen Sie einen neuen Ordner.
- Dann wählen Sie unter Exportieren *Film/Bildsequenz* und unter Format «BMP 25 Bilder/ Sek.». Wählen Sie als Speicherstelle unbedingt den vorher erstellten neuen Ordner. Geben Sie dem Film einen neuen Namen; die Bilder werden dann unter diesem Namen fortlaufend durchnummeriert.
- Der Film wird nun in seinen Einzelbildern in den neuen Ordner kopiert.

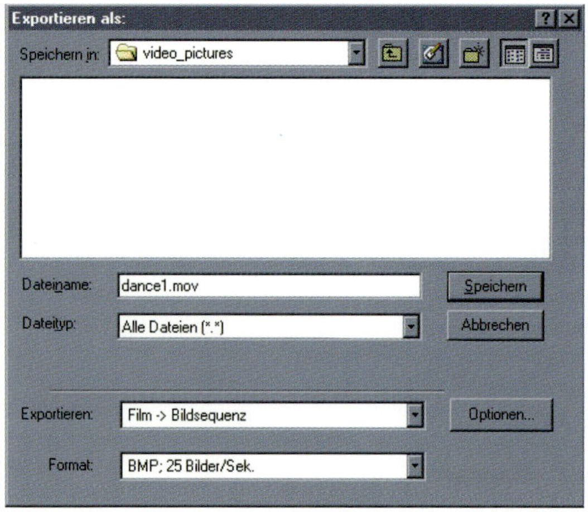

Exportieren Sie den Film als Einzelbilder in einem separaten Ordner.

- Öffnen Sie Flash 5 und starten Sie einen neuen Film.
- Wählen Sie **Einfügen | neues Symbol**.
- Wählen Sie «Filmsequenz»; geben Sie der Sequenz einen Namen.
- Klicken Sie ins erste Bild und wählen Sie bitte dann «Datei importieren».
- Öffnen Sie den Ordner, in den Sie vorhin die verschiedenen Einzelbilder abgespeichert haben. Die Bilder sind durch numeriert.
- Doppelklicken Sie das erste Bild; Flash fragt Sie nun, ob Sie die ganze Sequenz importieren möchten; klicken Sie «Ja».
- Die Bilder werden nun nacheinander in aufeinander folgende Schlüsselbilder eingefügt.
- Sie können nun damit beginnen, diejenigen Bilder zu löschen, welche nicht für die Bewegung der Filmsequenz massgeblich sind: Als Faustregel kann gelten, dass Sie eigentlich nur jedes dritte Bild behalten müssen – aber experimentieren Sie individuell! Achten Sie einfach darauf, dass Sie die richtige Bewegungsunter-

scheidung von einem Bild zum nächsten finden, so dass dieser nicht zu gross wird.

- Wenn Sie die Bilder reduziert haben, klicken Sie ins erste Schlüsselbild und wählen Sie dann bitte **Modifizieren | Bitmap nachzeichnen**.
- Wählen sie die Auswahlparameter, die ich Ihnen im Folgenden vorgegeben habe, oder experimentieren Sie selbst.

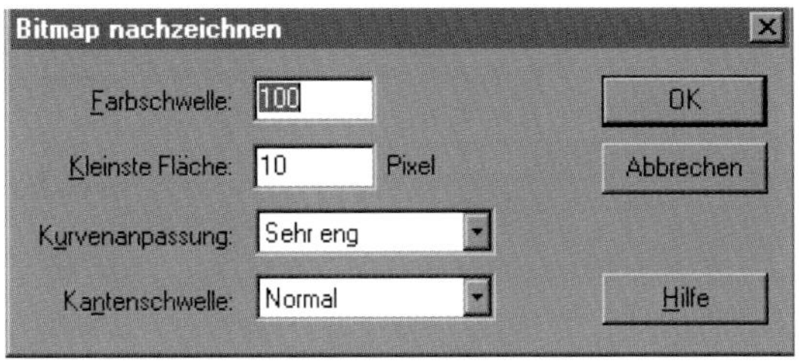

Bitmap nachzeichnen – mit zwei, drei Testwerten haben auch Sie es `raus!

FARBSCHWELLE: «100»

Sie möchten die Bewegung Ihrer Figur mit wenigen oder gar nur einer Farbe darstellen. Deshalb wird hier ein hoher Wert wie «100» ausgewählt. Hier werden die Farben der einzelnen Pixel miteinander verglichen. Wenn die Differenz des RGB-Farbwerts tiefer liegt als die definierte Farbschwelle, werden die Pixel als gleich betrachtet. Je höher der Wert, desto weniger Farben werden also generiert.

KLEINSTE FLÄCHE: «10 PIXEL»

Hier wählen Sie besten zunächst einmal einen tiefen Wert wie «10»; d.h die Fläche wird in 10 Pixel grosse Einheiten aufgeteilt und ermöglicht so ein genaues Vektorisieren der gewünschten Fläche – lassen Sie sich dazu ein wenig später überraschen!

KURVENANPASSUNG: «SEHR ENG»

«Sehr eng» gibt die Kurven eines Objektes sehr genau wieder und ist zudem auch genauer als die anderen Parameter dieser Option; einzig «Pixel» ist noch genauer, führt aber zu einem Overkill und damit im Endeffekt zu viel zu grossen Datei-Grössen.

KANTENSCHWELLE: «VIELE ECKEN»

«Viele Ecken» ermöglicht ein sehr genaues Berechnen der Flächen. Experimentieren Sie auch hier, bis Sie das beste Ergebnis für Ihr Projekt erzielen.

- Nun müssen Sie wie angekündigt damit beginnen, das Bild vom Hintergrund zu isolieren. Jetzt wird auch klar, warum Sie die obigen Filter angewendet haben: damit sich nämlich das Objekt vom Hintergrund abhebt. Ziehen Sie mit dem Pfeil-Werkzeug einen Rahmen auf und löschen Sie die Umgebung der Figur.

Schneiden Sie den Rand um die Figur mit dem Pfeil-Werkzeug weg.

- Löschen Sie dann alle Pixel um die Figur herum.Wählen Sie dazu die Lupe und ziehen einen Rahmen um den Bereich um die Figur, um diesen zu vergrössern und pixelgenau arbeiten zu können. Sie können dabei Ihrer Figur nach Belieben eine einzige Farbe zuweisen, so dass diese nunmehr ein Umriss darstellt oder auch gewisse Farben belassen, damit z. B. wie in diesem Beispiel ein Gesicht sichtbar bleibt. Sie können die Figur auch noch mit der Funktion **Modifizieren | Glätten** sauberer gestalten.

- Wenden Sie das oben beschriebene Verfahren bei allen Bildern an. Ziehen Sie danach beliebig viele Instanzen auf die Bühne und gehen Sie in den Vorschau-Modus *Ctrl/Enter*.
- Fügen Sie einen beliebigen Sound ein und los geht´s – «let the music play...»

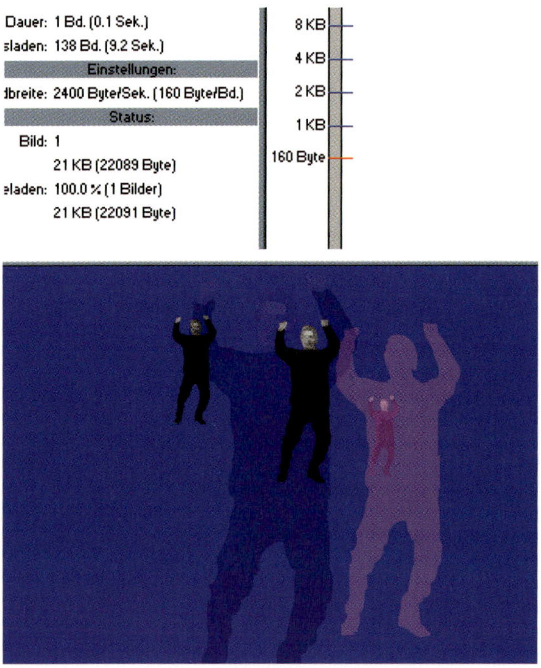

Let's dance...

QUICKTIME UND FLASH

QuickTime kann seit der Version 4 von Flash importiert werden. Flash-Filme mit integrierten QuickTime-Filmen können nur als QuickTime exportiert werden. Die QuickTime-Filme werden nicht fest in Flash integriert, sondern nur verknüpft. Der genaue Pfad des Films befindet sich in der Bibliothek. Sie können den Film drehen, skalieren sowie interaktive Elemente erstellen.

Importieren eines QuickTime-Films

- Wählen Sie **Datei | Importieren** und dann den gewünschten Film.
- Klicken Sie auf *Öffnen*.
- Das erste Bild des Films wird angezeigt. Der Film wird in der Bibliothek gespeichert.
- Gehen Sie nun in der Zeitleiste soweit nach hinten, wie der Film lang ist, und fügen Sie dort ein Schlüsselbild ein.
- Testen Sie den Film über den normalen Test in der Arbeitsumgebung mit Enter und – Achtung! – *nicht* über den Vorschaumodus *Ctrl/Enter*, da ein QuickTime-Movie nicht als Flash-Player exportiert werden kann.

Tipp: Flash arbeitet nur mit der QuickTime-Version 4 aufwärts. Laden Sie sich für die Arbeit mit QuickTime über «www.apple.de» den aktuellen QuickTime-Player 4 (!) herunter.

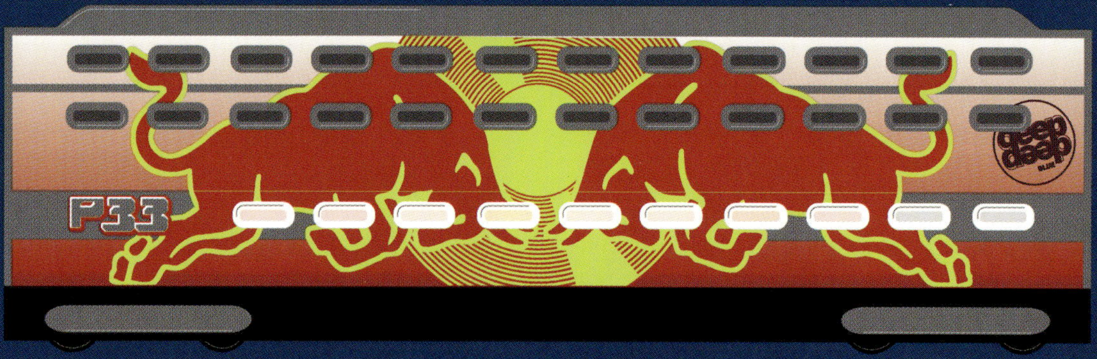
P33
deep
deep

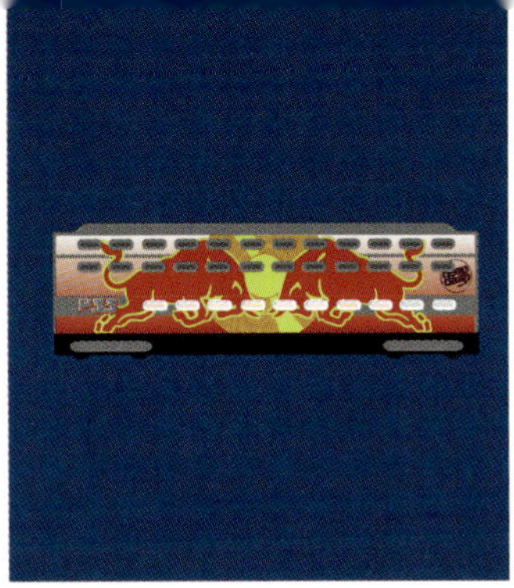

ATTRAKTIVE ANIMATIONEN

Neben den bisher eher «klassischen» Animationen stelle ich Ihnen nun einige weitere Möglichkeiten vor, die Ihren Webauftritt noch lebendiger machen.

FARBTON UND HELLIGKEIT

Bereits etwas früher haben wir bereits über die Transparenz gesprochen und dabei die Funktion «Alpha» kennen gelernt, mit der Sie einem Objekt einen Wert zwischen «0%» und «100%» zuweisen können.
Im Bedienfeld «Effekte» finden Sie dazu nun im gleichlautenden Dropdown-Menü «Alpha» noch weitere Optionen:

- Helligkeit
- Farbton
- Erweitert

Die Bedeutungen sind zum Teil nicht zu schwer zu erraten... Mit «Helligkeit» legen Sie – wie der Name schon – sagt die Helligkeit eines Objekts fest. Mit «Farbton» ändern Sie die Farbe und mit «Erweitert» können Sie alle diese Möglichkeiten inklusive der Alpha-Funktion miteinander kombinieren. Diese Veränderungen sind nur mit Symbolen durchführbar. Erzeugen wir hierzu eine weitere Animation, die die oben genannten Einstellungen durchführt.

Tipp: Bitte schauen Sie hierzu auch die Beispieldatei «helligkeit_ani.fla» auf der CD-ROM an.

Zuerst ändern wir den Farbton:

- Erstellen Sie ein neues Symbol und animieren Sie es 30 Bilder lang von links nach rechts.
- Klicken Sie in «Schlüsselbild 30» und wählen Sie das Bedienfeld «Effekte».
- Wählen Sie *Farbton*.

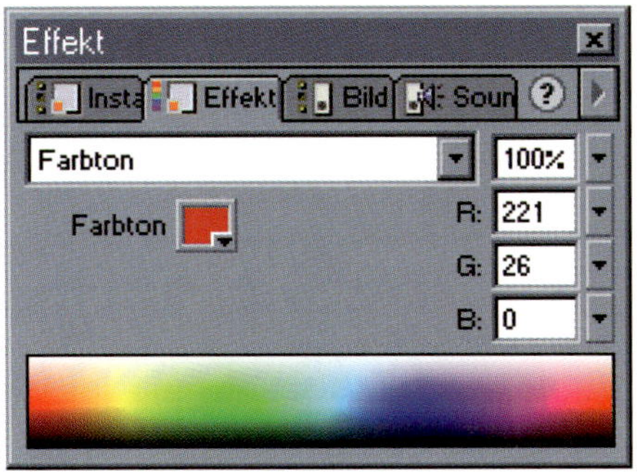

Das Bedienfeld «Effekte» wird zum Ändern der Farbe benutzt.

- Bestimmen Sie die neue Farbe, indem Sie in die gewünsche Farbe klicken. Das angewählte

Symbol verändert sich direkt auf der Bühne in die angewählte Farbe. Sie können mit dem farbigen Rechteck unter *Farbton* auch eine der 216 Web-Farben auswählen. Unter *R – G – B* können Sie jeweils auch beliebige RGB-Farben definieren; oben an den RGB-Einstellungen bestimmen Sie die Transparenz der jeweiligen Farbe.

- Sehen Sie sich das Resultat mit *Enter* an: Die Farbe des Objekt ändert sich, wenn es sich von links nach rechts bewegt.

Die Farbe des animierten Objektes ändert sich.

- Setzen Sie nun ein Schlüsselbild in «Bild 60».
- Ziehen Sie das Symbol in «Bild 60» an eine beliebige Stelle auf der Bühne.
- Erstellen Sie eine Bewegungs-Animation.
- Klicken Sie in das «Bild 60».
- Wählen Sie im Bedienfeld «Effekte» die Option «Helligkeit»
- Setzen Sie dann bitte den Regler auf «80%».

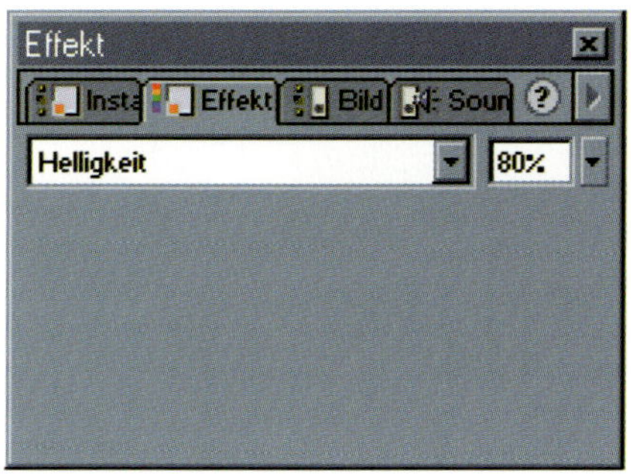

Verändern Sie die Helligkeit Ihres Objektes.

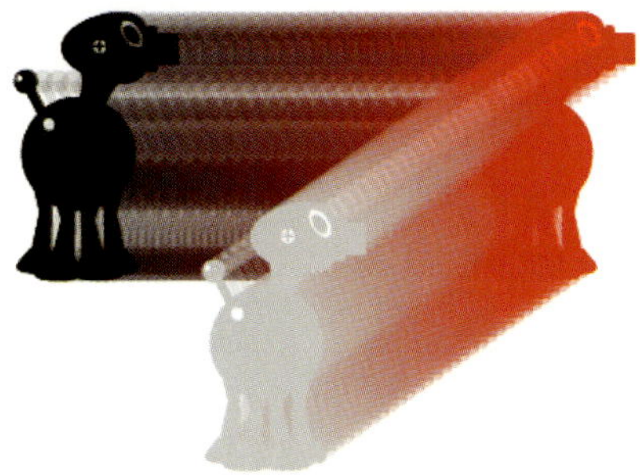

Die Helligkeit ändert sich.

ANIMATION ENTLANG EINES FREI DEFINIERBAREN BEWEGUNGSPFADES

Bitte beachten Sie: Diese Animationsart ist nur mit Symbolen ausführbar. Sie ermöglicht es einem Objekt sich entlang eines gezeichneten Pfades zu bewegen.

Tipp: Der fertig animierte «.fla»-Film befindet sich auf der CD-ROM unter der Bezeichnung «anim_pfad.fla».

- Erstellen Sie ein Symbol oder wählen Sie eines aus der Bibliothek auf der CD-ROM. Beschriften Sie «Ebene 1» mit «boarderin»; die logische Erklärung dazu liefere ich Ihnen gleich.
- Stellen Sie sicher, dass das Symbol sich im «Schlüsselbild 1» in der Ebene «Pfadanimation» befindet.
- Kopieren Sie das Symbol mit F6 ins «Bild 30».
-  Klicken Sie nun auf das Bewegungsführungssymbol oder wählen Sie aus der Menüleiste **Einfügen | Pfad**; eine neue Ebene erscheint oberhalb der Ebene «Pfadanimation». Dies ist nun die Bewegungsführungsebene – hier wird nun eine Linie gezeichnet, entlang derer sich dann unser Objekt bewegt.

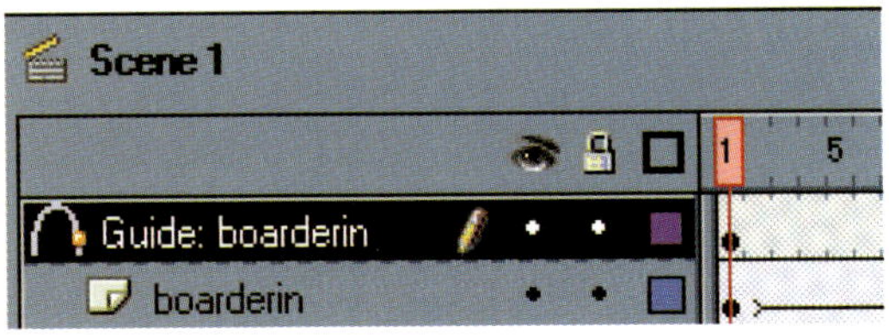

Eine Ebene für den Pfad, an dem die Animation entlang ausgeführt wird.

- Stellen Sie bitte sicher, dass die Ebene «Guide: boarderin» – siehe Abbildung – angewählt ist!
- Wählen Sie nun den Bleistift und optieren Sie dabei auf «Glätten».
- Zeichnen Sie dann bitte einen beliebigen Pfad.
-  Wählen Sie bitte nun das Pfeil-Werkzeug; in den Optionen aktivieren Sie dann den Magneten.
- Klicken Sie ins «Schlüsselbild 1» in die Ebene «Pfadanimation». Klicken Sie nun auf das Objekt, das entlang des Pfades bewegt werden soll, und zwar so nah wie möglich dem Fadenkreuz in der Mitte. Anstatt des Fadenkreuzes erscheint ein kleiner Kreis, der vorsieht, direkt am Bewegungspfad einzuschnappen.
- Ziehen Sie jetzt Ihr Objekt – der kleine Kreis muss sichtbar sein – zum Anfang Ihres Bewegungspfades. Wenn Sie diesem Anfang nahe genug kommen, springt das Objekt plötzlich auf den Bewegungspfad. Schauen Sie, dass das Obekt genau auf den Anfang des Pfades zu liegen kommt.
- Klicken Sie nun in das Endbild Ihrer Animation – in «Schlüsselbild 30« in der Ebene «Pfadanimation». Packen Sie Ihr Objekt wiederum und bewegen Sie es auf den Endpunkt Ihres Bewegungspfades.
- Erstellen Sie dann bitte ein Bewegungs-Tweening vom «Bild 1» zum «Bild 30» nicht in der Bewegungspfad-Ebenen, sondern in der Ebene, in der das Symbol liegt.
- Drücken Sie Eingabe; Ihr Objekt bewegt sich nun entlang des Pfades.

Eine Snowboarderin schwingt ...

... entlang eines Pfades ins ...

... Tal hinab!

- Blenden Sie nun den Pfad aus, indem Sie auf das kleine Augen-Symbol direkt neben dem Ebenen-Namen klicken.

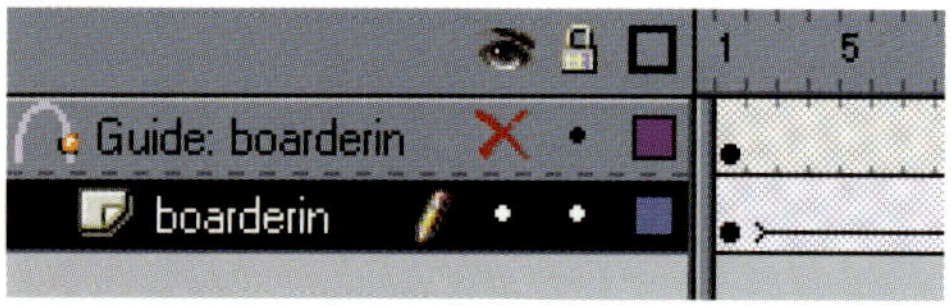

So blenden Sie den Pfad aus.

Sogleich erscheint ein rotes Kreuz und die Ebene wird ausgeblendet; der Pfad ist jetzt unsichtbar. Übrigens ist er natürlich auch im Vorschau-Modus bzw. im exportierten Film automatisch nicht sichtbar. Mit dem gleichen Klick können Sie dann alle Ebenen nach Belieben ein- und ausblenden, aber vielleicht kennen Sie dies ja auch schon aus Photoshop & Co..
Den Bewegungspfad können immer noch verziehen, auch wenn Sie den Pfad nicht anwählen, sich aber stattdessen mit dem Pfeil-Werkzeug nähern: Es erscheint ein kleines rundes Symbol unten rechts vom Pfeil – siehe auch «Pfeil-Werkzeug / Ein Objekt verziehen».

Verziehen Sie mit der Maus den Pfad.

Wenn Sie Anfang- und Endpunkt des Pfades verändern, müssen Sie auch Ihr Objekt anschliessend erneut auf Anfang und Endpunkt dieses Bewegungspfades platzieren: Klicken Sie dazu bitte wieder in die Ebene «boarderin» und dann in die entsprechenden Schlüsselbilder;aktivieren Sie den Magnet, packen das Symbol in der Mitte und setzen es wieder auf den Anfangs- bzw. Endpunkt.
Sie können einem Bewegungspfad beliebig viele Ebenen mit Animationen zuordnen: Ziehen Sie dazu eine Ebene einfach direkt unter den Bewegungspfad. Die Ebene wird leicht eingerückt – ein sicheres Zeichen, dass die Ebene dem Pfad zugeordnet wurde.
Sie können eine Animation auch später beginnen lassen: Ziehen Sie dazu einfach das letzte Bild der Bewegungspfad-Ebene nach hinten, damit der Pfad sichtbar bleibt und erstellen Sie dann die Animation.
Sie können natürlich auch eine Animation am gleichen Bewegungspfad umgekehrt verlaufen lassen. Experimentieren Sie damit und sehen Sie selbst, was alles möglich ist!

EINEN VERLAUF ANIMIEREN

Als weiteren Schritt lassen wir jetzt einen Verlauf gleich einem Lichstrahl über ein Logo laufen.

Tipp: Ihnen sei es hier schon «verraten»: Die fertige Animation befindet sich unter «verlauf_ani.fla» auf der CD.

- Erstellen Sie einen neuen Film und wählen Sie einen dunklen Hintergrund.
- Holen Sie aus der Material-Library das Symbol «antenna3» und ziehen Sie es auf die Bühne.
- Brechen Sie das Logo mit *Ctrl/B* auseinander. Drücken Sie dazu bitte mehrmals diese Tastenkombination, bis das Symbol wirklich vollständig auseinandergebrochen ist.

Brechen Sie das Symbol auseinander.

- Kopieren Sie das Logo – indem Sie mit **F6** ein Schlüsselbild einfügen – nun in «Bild 30».
- Klicken Sie nun wieder in «Bild 1». Wählen Sie aus dem Bedienfeld «Farbtöne» den kreisförmigen Verlauf von Weiss nach Schwarz; der Verlauf wird der Figur zugewiesen.

Der Verlauf wird der Figur zugewiesen.

- Um die Figur nun abzuwählen, klicken Sie nun einmal mit dem Pfeil-Werkzeug neben die Figur auf die Bühne.
- 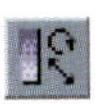 Wählen Sie das Füllwerkzeug und in den Optionen das Werkzeug «Füllung transformieren».
- Klicken Sie anschliessend auf die angewählte Figur; ein Kreis mit drei Griffen erscheint.

Es erscheinen drei Griffe.

- Gehen Sie nun mit der Maus auf die Mitte des Kreises und ziehen Sie diesen nach oben. Um den Verlauf nun nach Ihrem Gusto zu verändern, ziehen Sie dann an den drei Griffen.

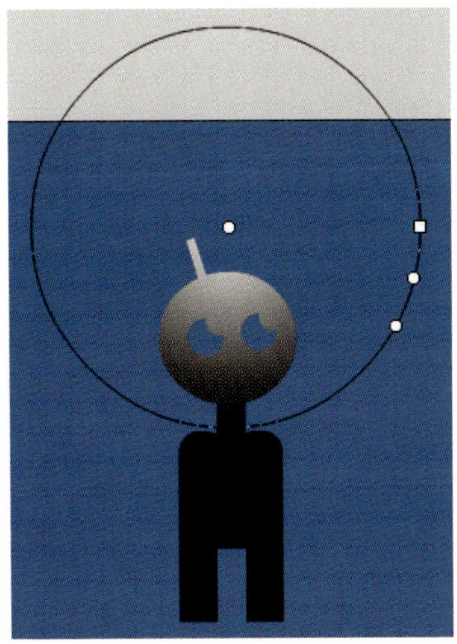

Ziehen Sie den Kreis nach rechts oben.

- Klicken Sie in den Endframe und wählen Sie im Bedienfeld «Farbtöne» denselben Verlauf von Weiss nach Schwarz.

- Um die Figur wieder abzuwählen, klicken Sie dann mit dem Pfeilwerkzeug einmal auf die Bühne.
-  Wählen Sie wieder das Füllwerkzeug und in den Optionen darunter das «Füllung transformieren»-Werkzeug.
- Klicken Sie zweimal auf die Figur. Der Verlauf-Bearbeitungskreis erscheint. Ziehen Sie mit der Maus den Kreis nach unten und verziehen Sie ihn nach Ihrem Belieben.

Ziehen Sie den Verlauf nach unten.

- Nun klicken Sie ins «Bild 1» und wählen dann das Bedienfeld «Bild».
- Wählen Sie dann bitte unter «Tweening» die Option «Form»; ein grüner Pfeil erscheint.
- Drücken Sie bitte nochmals auf das Werkzeug «Füllung transformieren», um den Kreis auszublenden.
- Um die Animation anzuschauen, reicht ein abschliessender Druck auf *Enter*...

Sie können Verläufe auf allen beliebigen Objekten – auch z. B. auf Texten – animieren. Experimentieren Sie doch einfach selbst mit Verläufen und Verlaufsanimationen! Erstellen Sie neue Verläufe und lassen Sie sie über über Objekte gleiten. Sie sollten ein Gefühl dafür entwickeln, was man mit Verläufen alles anstellen kann; denn diese Funktion ist für Flash-Animationen ein wichtiger Baustein.

ANIMATION MIT FORMMARKEN

So genannte «Formmarken» geben Ihnen die Möglichkeit, eine Form-Animation oder Formverwandlung besser zu kontrollieren; Formmarken sind also – wie der Name schon sagt – Marken, die auf einem Objekt platziert werden können.
Bei der Verwandlung eines Objektes – z. B. eines Rechtecks in einen Stern – können Sie mit Hilfe der Marken bestimmen, welche der Ecken des Rechtecks in welche Zackenspitze des Sterns verwandelt werden soll.

Tipp: Die fertige Flash-Datei finden Sie auch dieses Mal unter «Marken_ani.fla» auf der CD-ROM.

- Erstellen Sie eine Form-Tweening Animation; nehmen Sie dafür z. B. ein Rechteck, welches sich in den Buchstaben «U» verwandelt.
- Wenn Sie Formmarken erzeugen, müssen Sie dafür immer im ersten Bild der Animation starten. Klicken Sie daher bitte ins erste Bild Ihrer Animation.
- Sie haben das Rechteck vor sich. Wählen Sie nun **Modifizieren | Transformieren | Formmarke hinzufügen** oder *Ctrl/Shift/H*. Ein Formmarke mit dem Buchstaben «a» erscheint.

- Nehmen Sie die Marke und setzen Sie diese in die linke, obere Ecke.

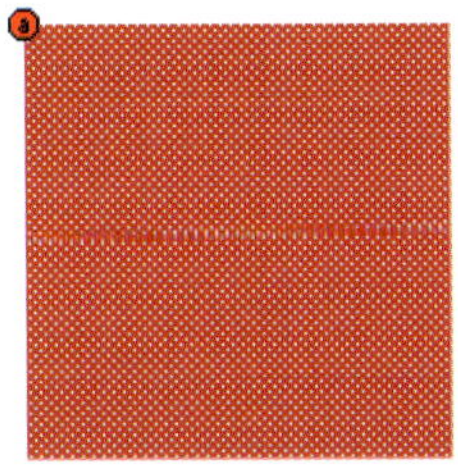

Setzen Sie die Formmarke in die linke obere Ecke.

- Führen Sie letzten Punkt noch insgesamt dreimal aus; so liegen dann drei weitere Formmarken jetzt übereinander. Verteilen Sie diese Formmarken auf die Ecken.

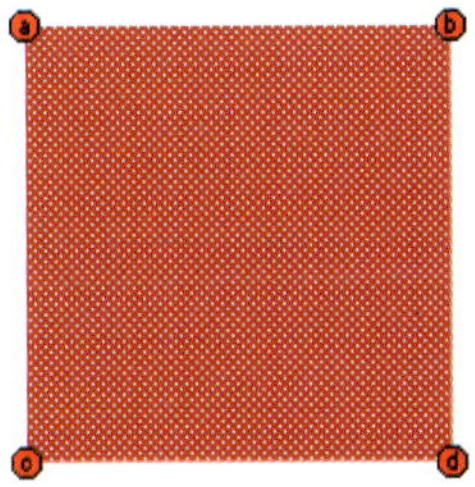

Die Formmarken werden auf alle vier Ecken verteilt.

- Klicken Sie jetzt ins Endbild Ihrer Animation.
- Sie sehen vier übereinander liegende Formmarken; verteilen Sie diese wie beim Rechteck auf die äusseren Seiten des «U»'s.

Die Formmarken liegen im Endbild übereinander und ...

... werden nun in die gleichen Ecken wie beim Quadrat verteilt.

- Lassen Sie die Animation laufen. Das Rechteck verwandelt sich den Formmarken entsprechend gleichmässig in ein «U». Gratulation!
- Wenn Sie die Formmarken wieder entfernen möchten, klicken Sie ins erste Bild der Animation und wählen Sie Modifizieren | Transformieren | Alle Marken löschen.

ZWIEBELSCHICHTEN-ANIMATION

Machen Sie es wie die Profis in den grossen Studios: Mit Flash können Sie Ihre Animationen so genau wie möglich gestalten! Sie können sogar eigene Zeichentrickfilme erzeugen. Profis verwenden dafür durchsichtige Folien. In Flash heissen diese Folien sinnigerweise «Zwiebelschichten».

Sie zeichnen also ein Objekt, z. B. eine beliebige Figur. Nach der Bewegung der Figur wird das nächste Bild ein wenig anders aussehen; damit Sie jedoch immer nachvollziehen können, wie der alte Stand der Figur ist, scheint diese unten leicht abgeschwächt durch. So haben Sie keine Probleme, das neue Bild mit den richtigen Veränderungen zu gestalten.

- Wählen Sie aus der Bibliothek das Symbol «Shaka» aus und ziehen Sie es auf die Bühne.
- Ändern Sie den Mittelpunkt des Symbols mit **Modifizieren | Transformieren | Mittelpunkt**

bearbeiten. Schieben Sie den Mittelpunkt auf die Faust von «Shaka».

Verschieben Sie den Mittelpunkt von Shaka auf die obere Faust.

- Setzen Sie ein Schlüsselbild in «Bild 10» ein.
-  Drehen Sie «Shaka» mit der Drehfunktion in den Optionen des Pfeil-Werkzeugs.
- Erstellen Sie eine Bewegungsanimation.

Shaka wird nach rechts gedreht.

- Nun orientieren Sie sich am unteren Rand der Zeitleiste; Sie sehen folgende Tasten:

Die Zwiebelschicht-Optionen.

-  Sie beginnen mit dem zweiten Werkzeug von rechts, klicken Sie darauf! So werden nun Markierungen oben an der Zeitleiste eingeblendet.

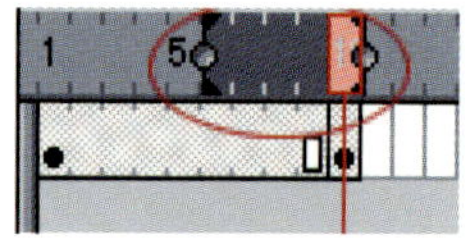

Die Markierungen werden eingeblendet.

Alle Bilder, die sich innerhalb dieser Markierungen befinden, werden – sofern aktiviert – als durchscheinende Folie, also unsere so genannte «Zwiebelschicht» angezeigt.
Um die Folien anzuzeigen, können Sie nun weitere Einstellungen vornehmen. Klicken Sie dazu auf diese Taste: 

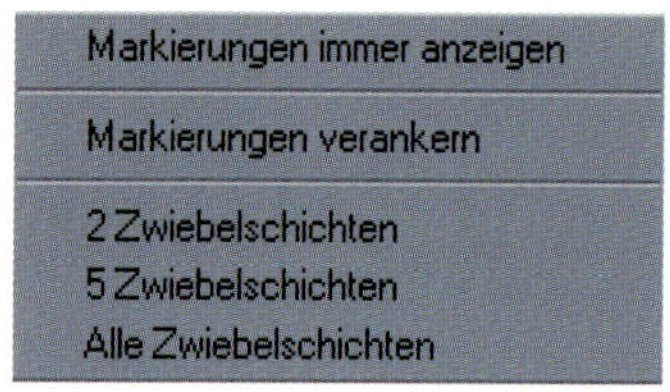

Die Zwiebelschichten-Optionen.

MARKIERUNGEN IMMER ANZEIGEN
Zwiebelschichten-Markierungen werden immer angezeigt, auch wenn die Zwiebelschichtenfunktion ausgeschaltet wurde.

MARKIERUNGEN VERANKERN
Markierungen werden oben an der Zeitleiste festgesetzt und lassen sich nicht mehr verschieben. Ansonsten können Sie die Markierung mit der Maus verschieben.

2 (ODER 5) ZWIEBELSCHICHTEN

Zeigt je zwei (oder 5) Zwiebelschichten jeweils vor und nach dem aktuellen Bild.

ALLE ZWIEBELSCHICHTEN

Zeigt jeweils alle Zwiebelschichten der Animation.

Die Folien werden jedoch erst eingeblendet wenn Sie eine der folgenden Tasten drücken:

ZWIEBELSCHICHTEN EIN/AUS

Mit dieser Taste schalten Sie den Zwiebelschichten-Modus ein und aus. Schauen Sie dabei bitte auch auf die obigen Markierungen; Sie können diese verschieben und so bestimmen, wie viele Bilder als Folien angezeigt werden sollen.

Hier werden je zwei Folien vor und nach dem angewählten Bild angezeigt.

Sie können die Markierungen nach links oder rechts ziehen und so ebenso definieren, welche Bilder als Zwiebelschichten sichtbar sein sollen. Die Bilder dazwischen werden dann als Zwiebelschicht angezeigt.

Achtung: Wenn Sie ein Bild bearbeiten wollen, müssen Sie ein Schlüsselbild einfügen. Wie Sie ja schon wissen, lassen sich nur Schlüsselbilder bearbeiten; klicken Sie also in alle Zwischenbilder und setzen Sie mit **F6** ein Schlüsselbild ein. Bilder in den Schlüsselbildern können Sie mittels *Ctrl/B* dann auseinanderbrechen und dann verändern. Wenn Sie eine Animation von Hand erstellen, arbeiten Sie sich einfach Schlüsselbild für Schlüsselbild voran.

Wenn Sie diese Taste drücken, haben Sie die Möglichkeit, nur die Aussenlinie des animierten Objekts zu sehen.

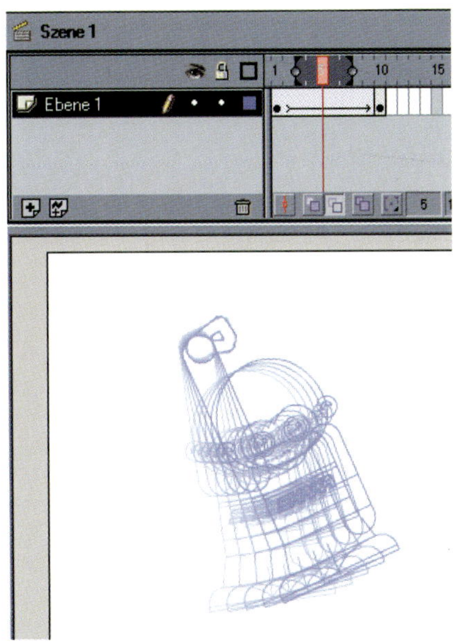

Hier werden nur noch die Outlines angezeigt.

Programmierte Aktionen

Mit ActionScript als Programmiersprache können Sie in Flash vom einfachsten Go To-Befehl bis zu komplexeren Spielen fast alles programmieren. Sieht man die Entwicklung der Flash-Sites an, so ist der Einsatz von «ActionScript» unabdingbar, um die Ansprüche an echte Multimedia-Applikationen zu erfüllen.

Dabei wurden die Programmier-Funktionen in Flash 5 erheblich verbessert; so kann der Programmiercode z. B. in ein beliebig skalierbares Fenster direkt eingegeben werden; auch wurde der Aufbau der Programmiersprache an JavaScript angepasst.

An dieser Stelle lernen Sie die wichtigsten Befehle in ActionScript kennen, so dass Sie nach diesem Kapitel wissen, was zumindest prinzipiell machbar ist. Natürlich sollten Sie dann auch die einfacheren Befehle beherrschen, welche zur Programmierung von etwas anspruchsvolleren Websites bereits ausreichen.

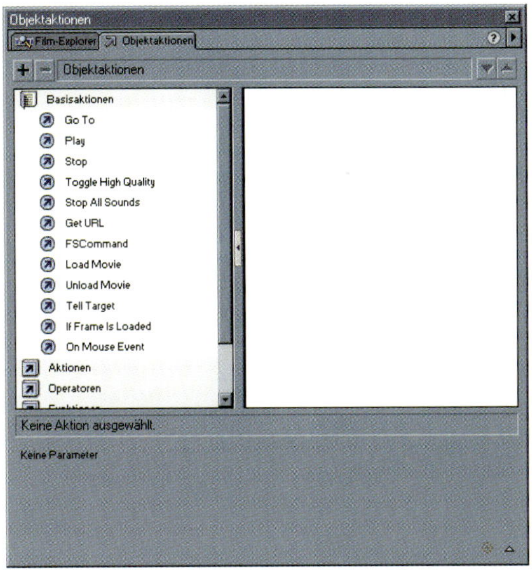

Das Aktionen-Bedienfeld.

BASISAKTIONEN

- Doppelklicken Sie auf ein beliebiges Schlüsselbild oder mit der rechten Maustaste auf eine Schaltfläche und wählen dann «Aktionen»; das Bedienfeld für Aktionen öffnet sich.

Go To

Die Aktion «Go To» kennen Sie ja bereits; dennoch möchte ich sie Ihnen noch einmal kurz vorstellen.

Tipp: Gern möchte ich Sie an dieser Stelle auch auf die Funktion «Bezeichnung» aufmerksam machen, über die Sie jedem beliebigen Schlüsselbild einen Namen geben können – dies ist sehr empfehlenswert, da erfahrungsgemäss immer recht viele Bilder in ein Movie eingefügt oder gelöscht werden. Verschieben sich dabei dann die Bilder, springt der Abspielkopf beim Go To-Befehl ins falsche Bild; deshalb ist es einfach von Vorteil, ein inhaltlich wichtiges Schlüsselbild, welches oft angesprungen wird, mit einer entsprechenden Bezeichnung zu versehen.

Bei der Beschriftung eines Schlüsselbildes gehen Sie folgendermassen vor:

- Klicken Sie in ein Schlüsselbild und wählen Sie das Bedienfeld «Bild».

Im Bedienfeld «Bild» geben Sie wichtigen Schlüsselbildern so einen Namen.

- Geben Sie einen Namen ein; diesen können Sie jetzt mit dem Go To-Befehl ansteuern.
- Wählen Sie nun den Go To-Befehl im Bedienfeld für Aktionen; klicken Sie jeweils auf den Abwärtspfeil rechts, um das DropDown-Menü zu aktivieren.

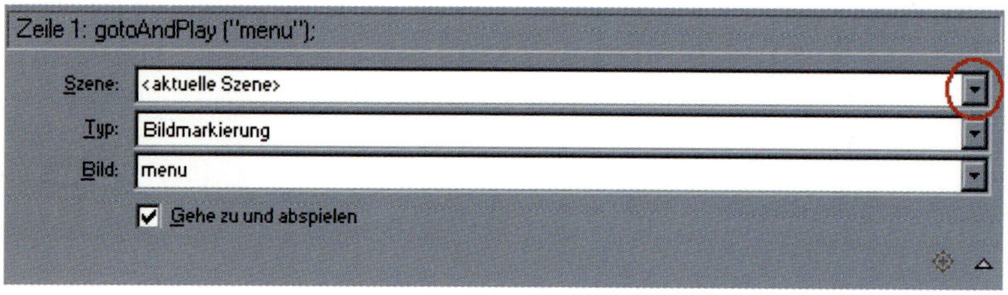

Klicken Sie auf den Pfeil rechts, um die Unterbefehle zu aktivieren.

Unter *Szene* wählen Sie, welche Szene Sie anspringen möchten: Zur Auswahl stehen «aktuelle Szene, nächste Szene, vorige Szene» – danach werden alle Szenen aufgelistet, die sich in Ihrem Film befinden.

Unter *Typ* wählen Sie:

BILDNUMMER
... wenn Sie ein bestimmtes Bild per Nummer anspringen möchten.

BILDMARKIERUNG
... springt ein von Ihnen wie oben angeschriebenes Bild an.

AUSDRUCK
... berechnet aus einem Ausdruck ein bestimmtes Bild.

NÄCHSTES BILD
Der Abspielkopf springt zum nächsten Bild.

VORHERIGES BILD
Der Abspielkopf springt zum vorherigen Bild.

Unter *Bild* geben Sie bitte die Bildnummer ein, zu der der Abspielkopf springen soll. Falls Sie oben *Bildmarkierung* gewählt haben, werden die Namen beim Anklicken aufgelistet; wählen Sie den gewünschten Namen des Schlüsselbilds aus, welches angesprungen werden soll.

Unten ist standardmässig *Gehe zu und abspielen* eingestellt. Wollen Sie in ein Bild springen und dann das Movie stoppen, deaktivieren Sie *Gehe zu und abspielen*.

Im Fenster rechts oben werden jeweils die zu einem Befehl gehörenden Parameter angezeigt; klicken Sie auf einen solchen Parameter im rechten Fenster – unten erscheinen sogleich weitere Auswahlmöglichkeiten.

Wenn Sie eine Schaltfläche benutzen, haben Sie die Möglichkeit, die Mausaktion zu bestimmen, welche dann den entsprechenden Befehl auslösen soll.

- Wählen Sie eine Schaltfläche aus und weisen Sie dieser den Go To-Befehl zu.
- Klicken Sie dann im rechten Fenster auf «on (release)»; unten erscheinen die entsprechenden Möglichkeiten:

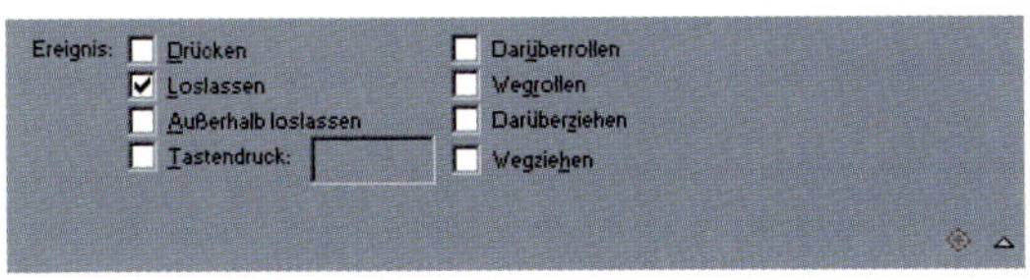

Die Optionen für das Auslösen einer «Go To»-Aktion.

- Drücken
- Loslassen
- Ausserhalb loslassen
- Darüberrollen (darüberfahren)
- Wegrollen (wegfahren)
- Darüberziehen (mit gedrückter Maustaste darüberfahren)
- Wegziehen (mit gerückter Maustaste wegfahren)
- Tastendruck: Eine beliebig definierbare Taste löst die Gehe zu-Aktion aus.

Die Aktionen der Schaltfläche werden nach der oben bestimmten Mausaktion jeweils ausgelöst.

Play

Der Film wird mit diesem Befehl ab dem entsprechenden Schlüsselbild abgespielt.

Stop

Der Film stoppt am entsprechenden Schlüsselbild.

Toggle High Quality

Dieser Befehl verändert die Grafik in eine gröbere Qualität; dafür wird jedoch die Geschwindigkeit der Animation erhöht.

Stop All Sounds

Diese Funktion beendet alle im Moment hörbaren Sounds.

Get URL

- Erstellen Sie eine Schaltfläche.
- Wählen Sie die Schaltfläche an und öffnen das Aktionsfenster. Wählen Sie den Befehl «Get URL» aus; dies ermöglicht es Ihnen, aus einem Flash-Movie eine andere Webseite aufzurufen. Wichtig ist hierbei, dass Sie die vollständige Internet-Adresse – wie z. B. «www.meinesite .com» – angeben.

Sie können mit dem Get URL-Befehl auch relative Seiten aufrufen. Sie müssen aber darauf achten, dass die aufzurufende Seite im selben Verzeichnis liegt. Dann genügt unter *URL* einfach z. B. «test.html». Wenn die Seite in einem anderen Ordner liegt muss der Pfad dazu angegeben werden, z. B. «meinordner/test.html».

Mit ein wenig JavaScript lässt sich auch eine neues Fenster öffnen, wo Sie dann eine HTML-Seite anzeigen können; weiteres hierzu erfahren Sie im Kapitel «Webseiten-Elemente» unter «Flash und JavaScript».

Unter *Fenster* bestimmen Sie über verschiedene HTML-Attribute, wie eine Seite angezeigt werden soll: die zwei am häufigsten gebrauchten Attribute sind:

- *_self*: Die Seite wird ins bestehende Browserfenster geladen.
- *_blank*: ein neues Fenster wird geöffnet und die aufgerufene Seite darin angezeigt.

Mit «Variablen» wird die E-Mail-Übertragungsart bestimmt: So können Sie von einem Flash-Movie aus eine E-Mail an eine bestimmte Adresse senden. Geben Sie dazu ein «mailto:info@meinesite.com», wenn der User dann daraufklickt, öffnet sich ein Mailfenster:

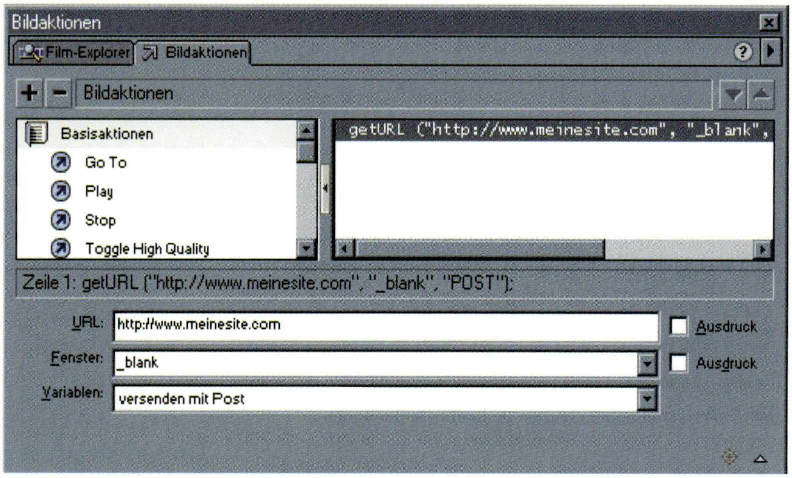

Die Aktion «Get URL».

FS Command

Dieser Befehl ermöglicht es, mit anderen Programmiersprachen wie z. B. JavaScript zu kommunizieren.

Load - / Unload Movie

Dieser Befehl lädt ein neues Movie in den bestehenden Flash-Film. Wählen Sie dazu eine exportierte «.swf»-Datei aus.

Bitte beachten Sie hier: Der Hintergrund dieses neuen Movies ist dabei immer transparent; er verhält sich hier ähnlich wie bei den Ebenen.
Unter «Stufe» bestimmt man die Position des neuen Movies: «0» ist direkt auf der Hintergrundebene, «1» liegt über «0», «2» liegt über «1» usw. Wenn Sie «Stufe 0» wählen, bleibt zwar die Hintergrundfarbe gleich, etwaig sichtbare Objekte werden jedoch vom neuen Movie zugedeckt.

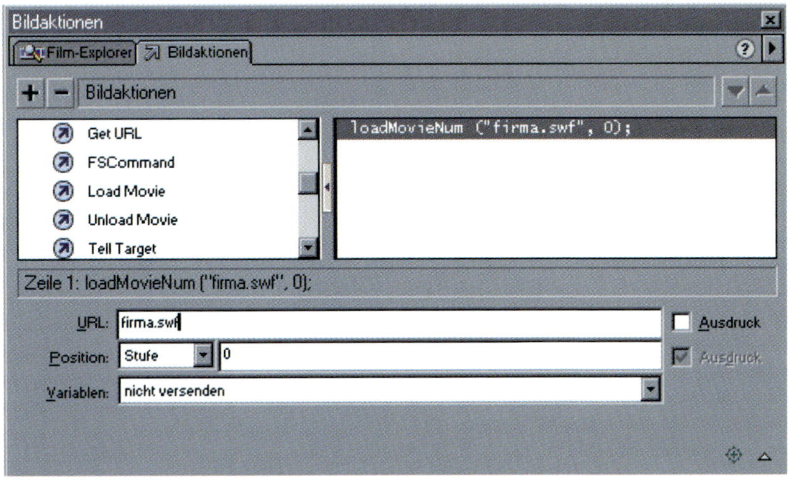

Ein neues Movie wird in Ihren bestehenden Flash-Film geladen.

Tell Target

Mit dem Befehl «Tell Target» eröffnen sich weitere interessante Möglichkeiten von Flash: Mit diesem Befehl können Sie über eine Schaltfläche eine Filmsequenz zu steuern. Filmsequenzen bilden ja bekanntlich stets eigene Ebenen; so können Sie diese nun ganz einfach ansteuern. Bestimmen Sie über eine Schaltfläche, was mit dieser Filmsequenz-Ebene geschehen soll. Und damit Ihnen dies recht schnell klar wird, erstellen wir eine einfache Steuerung, also eine Filmsequenz, die über eine Schaltfläche gesteuert wird.

Tipp: Den fertigen Flash-Film finden Sie auf der CD-ROM unter dem Namen «tell_target_mov.fla».

- Erstellen Sie einen neuen Film.
- Ziehen Sie aus der Material-Bibliothek die Symbole «bier 1 – 4» in Ihren neuen Film.
- Löschen Sie diese wieder von der Bühne. Die Symbole sind nun in der Bibliothek des aktuellen Films gespeichert.
- Erstellen Sie eine neue Filmsequenz.
- Geben Sie der Ebene den Namen «drink» und ordnen Sie die vier Bilder des Biertrinkers nacheinander in einem sinnvollen Rhythmus an.

Arbeiten Sie hierbei mit der Funktion «Symbol wechseln» und gehen Sie wie folgt vor:

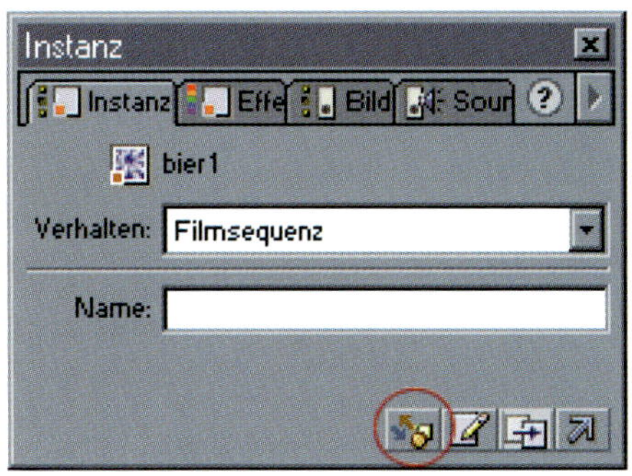

Benutzen Sie die Taste «Symbol wechseln», um in einer Ebene Symbole auszutauschen.

- Fügen Sie in «Schlüsselbild 1» das Symbol «bier 1» ein. Fügen Sie mit **F6** ein Schlüsselbild in «Bild 10» ein und fügen Sie ein weiteres gleich in «Bild 11» ein.
- Lassen Sie dieses Symbol nun gleich angewählt und wählen das Bedienfeld «Instanz». Klicken Sie auf die Taste «Symbol wechseln» – es erscheint eine Liste der im Film verfügbaren Symbole.

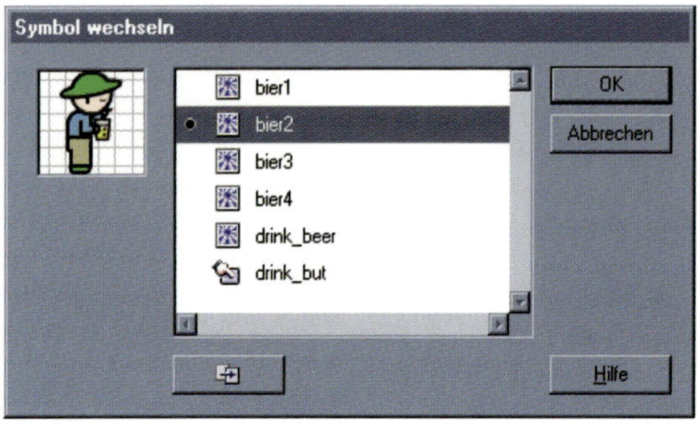

Wechseln Sie Symbole aus.

- Doppelklicken Sie dasjenige Symbol – in diesem Fall «bier 2» –, mit dem Sie das bestehende Symbol austauschen möchten. Indem Sie die vier Bilder des Biertrinkers mit Abständen dazwischen aneinanderreihen, erstellen Sie so wie gewünscht die Animation des Biertrinkers...
- Erstellen Sie nun eine neue Ebene in dieser Filmsequenz und nennen Sie diese «Aktionen».
- Die Animation des Biertrinkers soll ja erst durch eine Schaltfläche ausgelöst werden. Erzeugen Sie daher im ersten Bild der Ebene «Aktionen» in der Filmsequenz eine Stop-Aktion; diese verhindert, dass die Animation automatisch ausgeführt wird.
- Erstellen Sie nun eine Schaltfläche; nennen Sie diese z. B. «Control».
- Gehen Sie anschliessend zur noch leeren Bühne Ihres Films zurück und ziehen Sie Ihre Schaltfläche und Ihre Filmsequenz in «Bild 1» auf die Bühne.
- Nun kommt etwas sehr Wichtiges: Geben Sie der Instanz der Filmsequenz – «Biertrinker» – auf der Bühne einen Instanznamen: Wählen Sie dazu das Bedienfeld «Instanz»; geben Sie unter Name «drinker» ein:

Geben Sie der Filmsequenz mit dem Biertrinker einen Instanznamen.

- Nun weisen Sie der Instanz Ihrer Schaltfläche eine «Tell Target»-Aktion zu; klicken Sie dazu mit der rechten Maustaste auf die Schaltfläche und wählen Sie «Aktionen».
- Wählen Sie «Basisaktionen» und klicken Sie dann doppelt auf «Tell Target».
- Wählen Sie als Ziel «drinker» oder denjenigen Instanznamen, auf den Sie den Biertrinker auf der Bühne vorhin getauft haben; belassen Sie die Mausaktion auf «loslassen» / «On release».
- Klicken Sie nun wieder auf «Tell Target» im rechten Fenster und doppelklicken Sie dann «Go to» im linken Fenster.
- Lassen Sie «Gehe zu und abspielen» ange-

wählt; als Sprungziel definieren Sie «2»: Dies bedeutet nun, dass, wenn Sie die Taste drücken der Abspielkopf in der Filmsequenz des Biertrinkers in «Bild 2» springt und von da an durchläuft; exakt, er trinkt sein Bier...

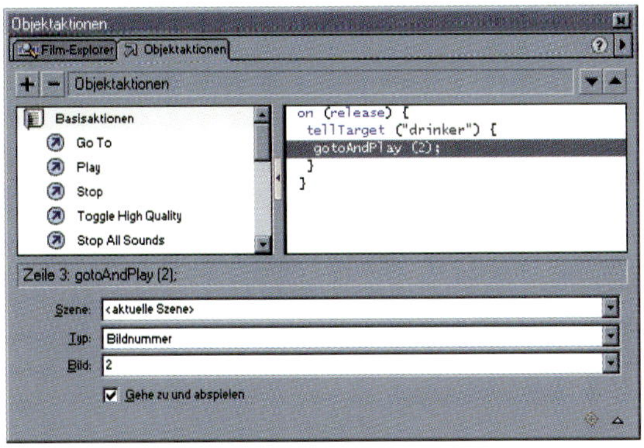

Die Aktionen für die Aktivierung des Tell Target-Befehls.

- Gehen Sie in den Movie «Vorschaumodus »und klicken Sie auf die Schaltfläche.

Aus diesem einfachen Beispiel lässt sich erkennen, welche neuen Möglichkeiten sich mit dem «Tell Target»-Befehl ergeben.
Schauen Sie sich noch eine 2. Möglichkeit an – die Steuerung einer Musik-Filmsequenz.

Tipp: Hierzu finden Sie auf der CD-ROM eine Beispieldatei mit dem Namen «targetsound.fla».

- Erstellen Sie einen neuen Film.
- Erstellen Sie eine neue Filmsequenz, in der Sie zwei Schlüsselbilder erstellen.
- Dem «Schlüsselbild 1» weisen Sie eine Stop-Aktion zu .Dem «Schlüsselbild 2» weisen Sie eine Musiksequenz zu, die Sie beliebig oft wiederholen lassen, z. B. «500 mal».
- Verlassen Sie den Symbol-Bearbeitungsmodus, ziehen Sie diese Filmsequenz auf die Bühne und geben Ihr den Instanznamen «music». Die Instanz wird nun unsichtbar und nur durch einen kleinen weissen Kreis dargestellt.
- Erzeugen Sie zwei Schaltflächen, einen für «Abspielen» und eine für «Stop».
- Ziehen Sie beide Schaltflächen auf die Bühne.
- Weisen Sie der Schaltflächen-Instanz für «Abspielen» folgendes Script zu:

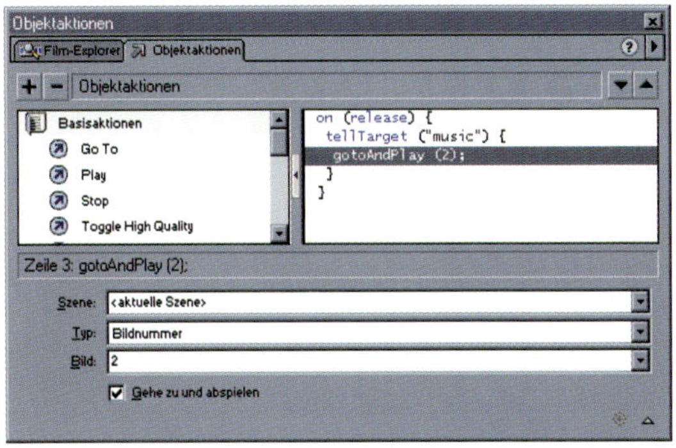

Script für die Start Sound-Taste.

- Weisen Sie bitte der Schaltflächen-Instanz für «Stop» dieses Script zu:

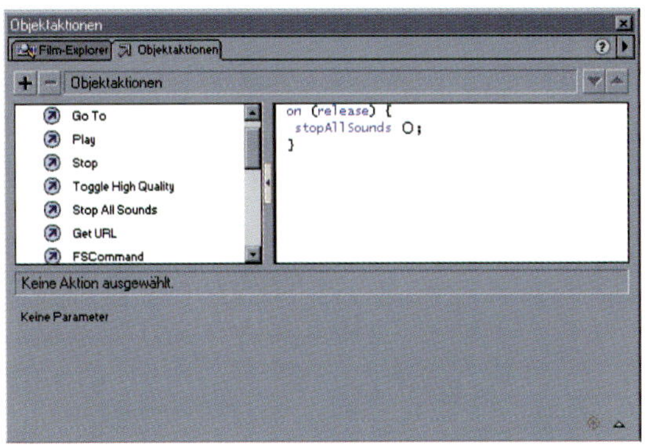

Dieses Script stoppt einen laufenden Sound.

- Lassen Sie Ihr Movie laufen und testen Sie die Tasten. Der Sound startet auf Tastendruck von «Schaltfläche 1» und stoppt auf Tastendruck von «Schaltfläche 2».

If Frame Is Loaded

Dieser Befehl wird meistens im Zusammenhang mit einem so genannten Preloader verwendet; der Abspielkopf führt dabei eine Aktion so lange aus, bis ein bestimmtes Bild geladen wurde. Bitte schauen Sie dazu auch unter dem Stichwort «Preloader» nach.

WEITERE AKTIONEN

Hier eine kleine Auswahl der gebräuchlichsten Aktionen.

if

If löst eine so genannte «wenn»-Schleife aus. Dies ist ein in Programmiersprachen häufig verwendeter Befehl, um Zustände abzufragen – d. h., es wird gefragt, ob dieser oder jener Zustand zutrifft: wenn «ja», soll eine ganz bestimmte Funktion ausgeführt werden, wenn «nein», eine andere Funktion.

loop

loop bedeutet so viel wie «eine Schleife erzeugen»: Ein Vorgang wird so lange ausgeführt, bis ein anderer Zustand eintrifft.

call

Call gibt uns die Möglichkeit, ein Script in einem Bild zu speichern und dieses dann – ähnlich wie bei den Symbolen und Instanzen – mittels eben dieser Funktion beliebig abzurufen; einmal erzeugt, kann beliebig oft darauf zugegriffen werden.

setProperty

set property ermöglicht es uns, erstellte Objekte abzufragen und beliebig in Grösse, Position, Transparenz usw. zu verändern.

set variable

Hier können wir Variablen einen Wert zuweisen und diesen dann beliebig einsetzen. Man kann sich eine Variable gewissermassen auch als einen Container vorstellen, in den Sie etwas – bestimmte Werte – hineinwerfen.
Danach wird dieser Container irgendwo eingesetzt, ohne dass Sie jedesmal angeben müssen, was jetzt genau sich in diesem Variablen-Container befindet.

DUPLICATE/REMOVE MOVIE CLIP

Duplizieren oder entfernen Sie eine Filmsequenz.

DRAG MOVIE-CLIP

drag movie clip bietet eine interessante Möglichkeit, den Betrachter einer Site zur Interaktion einzuladen. Hier kann er direkt ins Geschehen eingreifen bzw. Objekte auf der Bühne verschieben oder Objekte dem Mauszeiger folgen lassen.

Im Folgenden erstellen Sie zwei mögliche Varianten dieses Befehls. Als Erstes erstellen wir ein Objekt, welches dem Mauszeiger folgt.

Tipp: Die fertige Flash-Datei ist auf der CD-ROM unter «drag_movie1.fla» zu finden.

- Erstellen Sie ein neues Movie.
- Erstellen Sie zuerst eine Filmsequenz, in die Sie ein Objekt zeichnen, das dem Mauszeiger folgen soll. Oder wählen Sie eines aus der Material-Bibliothek. In diesem Fall wählen Sie die Filmsequenz «skate 5».
- Nun ziehen Sie eine Instanz derselben auf die Bühne.
- Wählen Sie das Bedienfeld «Instanz» und geben Sie unter Name «boarder» ein.

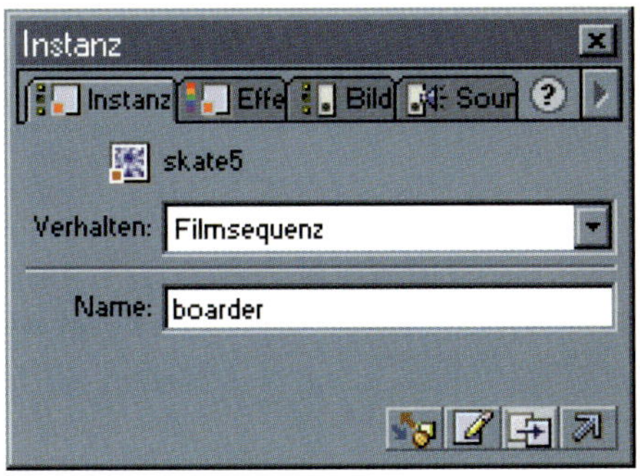

Geben Sie der Instanz einen Namen.

- Doppelklicken Sie auf das «Schlüsselbild 1».
- Es erscheint das Bedienfeld «Aktionen».
- Wählen Sie «startDrag» aus dem Oberbegriff «Aktionen».
- Wählen Sie unten als Ziel «boarder»; richtig, dies ist der Name der Instanz auf der Bühne.
- Wählen Sie «Maus zentrieren».

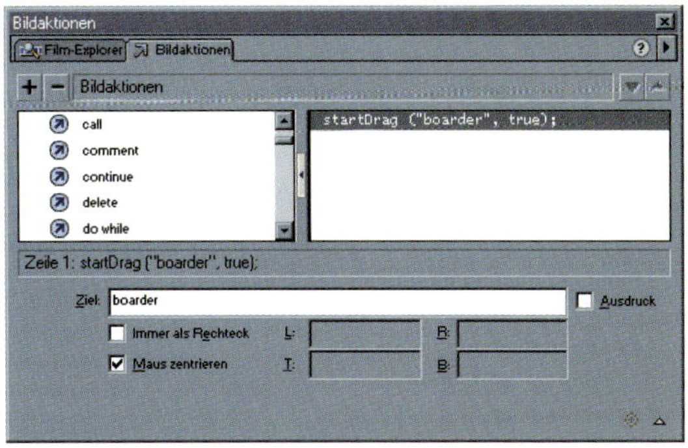

So sieht das Aktionen-Bedienfeld nach den Eingaben aus.

- Lassen Sie Ihr Movie im Vorschaumodus laufen. Ihre Filmsequenz folgt dem Mauszeiger.

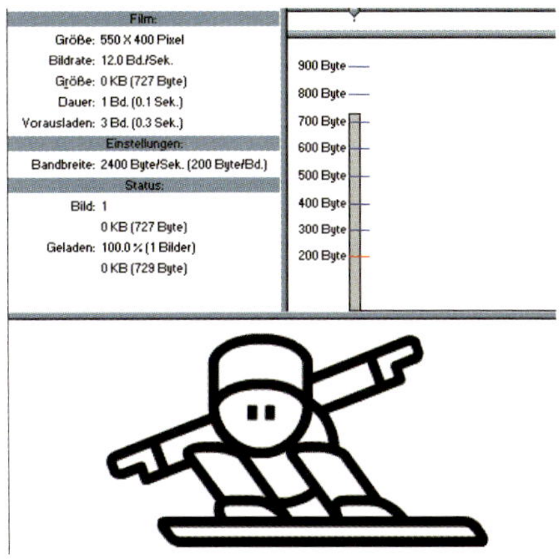

Der Boarder folgt dem Mauszeiger.

Nun möchten wir ein Objekt auf der Bühne beliebig verschieben und wieder loslassen.

Tipp: Die fertige Flash-Datei finden Sie auf der CD-ROM unter dem Namen «drag-movie2.fla».

- Erstellen Sie eine beliebige Schaltfläche oder wählen Sie z. B. «beta» aus der Materialbibliothek und ziehen Sie diese dann in die neu erstellte Schaltfläche.
- Erstellen Sie eine neue Filmschleife und platzieren Sie darin – wenn möglich mit der x/y-Position «0/0» – Ihre neu erstellte Schaltfläche «beta».
- Nun klicken Sie auf «beta» und weisen ihm folgende Befehle zu: Zuerst aus den Basisaktionen «on MouseEvent».
- Klicken Sie auf «on release» und wählen Sie unten «Drücken» aus.
- Dann wählen Sie aus den dem Oberbegriff «Aktionen» auf der linken Seite «startDrag». Als Ziel unten definieren Sie «/beta» – bitte mit dem zugehörigen umgekehrten Trennzeichen davor, auch «Slash» genannt! Dann klicken Sie mit der Maus auf die eckige Klammer darunter. Wählen Sie wiederum «on mouseEvent».
- Klicken Sie auf «on release» und belassen Sie es bitte dabei.
- Wählen Sie aus den Aktionen «stopDrag».

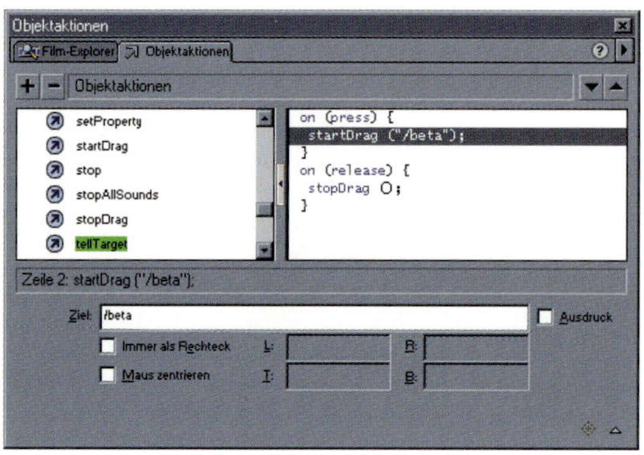

So sehen die Eingaben für «beta» aus.

- Kehren Sie ins Hauptmovie zurück. Klicken Sie dazu links oben auf «Szene 1».
- Ziehen Sie nun die Filmsequenz auf die Bühne.
- Wählen Sie das Bedienfeld «Instanz» und geben Sie auch hier den Namen «beta» ein. Hier benötigen Sie kein Slash.
- Klicken Sie *Ctrl/Enter* und ziehen Sie «beta» auf der Bühne umher.

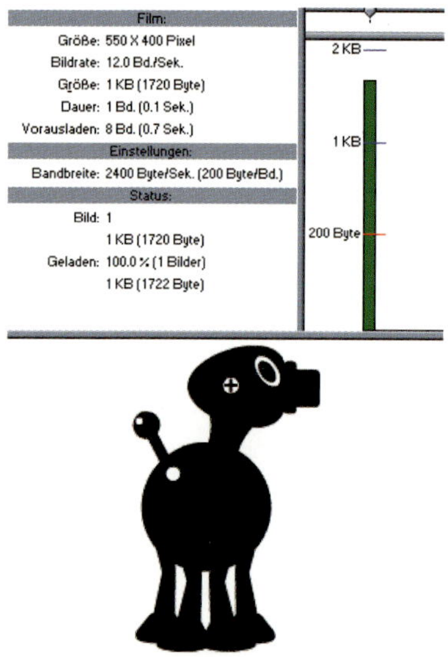

Sie können «beta» auf der Bühne umherschieben!

«setProperty» im praktischen Einsatz

Mit dem Befehl «set property» können Sie direkt auf eine Filmsequenz Einfluss nehmen. Probieren wir es doch einfach einmal aus:

- Erstellen Sie eine neue Filmsequenz.
- Ziehen Sie eine Instanz dieser Filmsequenz auf die Bühne und geben Sie dieser im Bedienfeld «Instanz» einen Namen. Diese Instanz wird jetzt mittels der nachfolgenden Schaltfläche

auf mannigfaltige Art und Weise verändert werden können.

- Erstellen Sie eine Schaltfläche und ziehen Sie diese auf die Bühne.
- Klicken Sie die Schaltfläche mit der rechten Maustaste, wählen Sie «Aktionen» und öffnen Sie damit das Aktionen-Bedienfeld.
- Wählen Sie den Befehl «setProperty»:

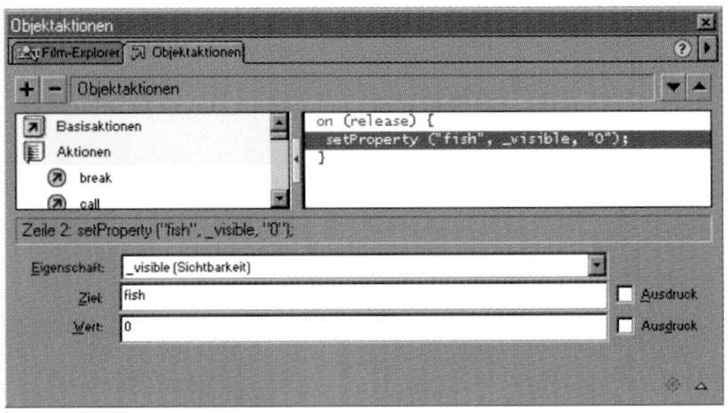

Die Aktion «setProperty».

- Im Feld *Eigenschaft* können Sie nun verschiedene Eigenschaften eines Objektes verändern. Als Ziel geben Sie den Instanznamen desjenigen Objektes auf der Bühne an, welches verändert werden soll. Hier die wichtigsten Eigenschaften zusammengefasst:

ALPHA
Die Transparenz eines Objektes wird mit einem *Wert* von «0» bis «100» definiert: «0» ist unsichtbar, «100» dagegen voll präsent.

_HEIGHT UND _WIDTH
Hier wird die Höhe und Breite eines Objekts in Pixel gemessen.

_ROTATION
Dies betrifft die Drehung der Filmsequenz in Graden.

_VISIBLE
Die simple Sichtbarkeit eines Objektes wird per «0» für unsichtbar und «1» als sichtbar festgelegt.

_X-POSITION UND _Y-POSITION
Die Postition des Objektes wird vom oberen, linken Bühnenrand, der zudem die Koordinaten «0/0» besitzt, gemessen.

_XSCALE UND _YSCALE
Die horizontale und vertikale Skalierung eines Objektes wird prozentual festgelegt.

_ZIEL
Hier wird der Name der Instanz auf der Bühne festgelegt, welche durch die *set property*-Aktion verändert werden soll.

WERT
Hier geben Sie die oben aufgeführten Werte ein, welche nach Beendigung der Aktion das gewünschte Objekt haben soll. In unserem Beispiel wird die Filmsequenz mit dem Instanznamen «fish» bei einem Tastendruck in der Sichtbarkeit auf «0», d. h. dann auf unsichtbar gesetzt.

Probieren Sie die verschiedenen Eigenschaften und Werte auch selbst einmal aus!

Filme testen und optimieren

Bei der Arbeit mit Flash werden Sie vor allem um eines nicht herumkommen: «Testen, testen, testen...» Es ist einfach wichtig, häufig abzuklären, ob und wie Ihr Movie funktioniert. Zum Testen stehen Ihnen verschiedene Optionen zur Wahl:

Testen ...

- ... innerhalb der Flash-Entwicklungsumgebung,
- ... einer Szene im Szene-Vorschaumodus,
- ... einer Szene im Movie-Vorschaumodus.

Testen innerhalb der Flash-Entwicklungsumgebung

Hier können Sie testen:

- Schaltflächen-Zustände,
- Sounds, die sich in der Haupt-Zeitleiste abspielen
- Goto-, Play- und Stop-Aktionen,
- Animationen in der Hauptzeitleiste (also hier keine Filmsequenzen oder animierte Schaltflächen-Rollovers).

Jedoch können Sie hier *nicht* testen:

- Filmsequenzen oder animierte Schaltflächen-Rollovers (so genannte Filmsequenzen-Rollovers).
- Aktionen, ausser das oben erwähnte Go to, Play und Stop.
- Es gibt keine Möglichkeit, das Streaming zu überwachen.

Um in der Flash-Entwicklungsumgebung zu testen, müssen Sie zudem noch folgende Funktionen aktivieren:

- *Schaltflächen testen:* Wählen Sie **Steuerung | Schaltflächen aktivieren** (*Ctrl/Alt/B*)
- *Sounds testen:* Stellen Sie bitte sicher, dass **Steuerung | Sounds deaktivieren** nicht angewählt ist.
- *Bildaktionen testen:* Wählen Sie **Steuerung | Bildaktionen aktivieren**.

Testen im Szene- oder Movie-Vorschaumodus

Wenn Sie die oben genannten anderen Komponenten testen möchten, ist dies natürlich in Flash kein Problem. Sie haben die Wahl zwischen «Szene -» oder «Movie testen». Bei «Szene testen» wird die im Moment aktuelle Szene und bei «Movie testen» Ihr gesamtes Movie in den Vorschaumodus exportiert.

Tipp: Merken Sie sich gleich zu Beginn die folgenden Tastenkombination, da Sie diese noch sehr oft benutzen werden:

- *Szene Testen:* ***Apfel/Alt/Eingabetaste*** *(Mac) oder* ***Ctrl/Alt/Eingabetaste*** *(Windows).*
- *Movie Testen:* ***Apfel/Eingabetaste*** *(Mac) oder* ***Ctrl/Eingabetaste*** *(Windows).*

Öffnen Sie ein Movie und wählen Sie per *Ctrl/Enter* den Movie-Vorschaumodus.

Der Movie-Vorschaumodus.

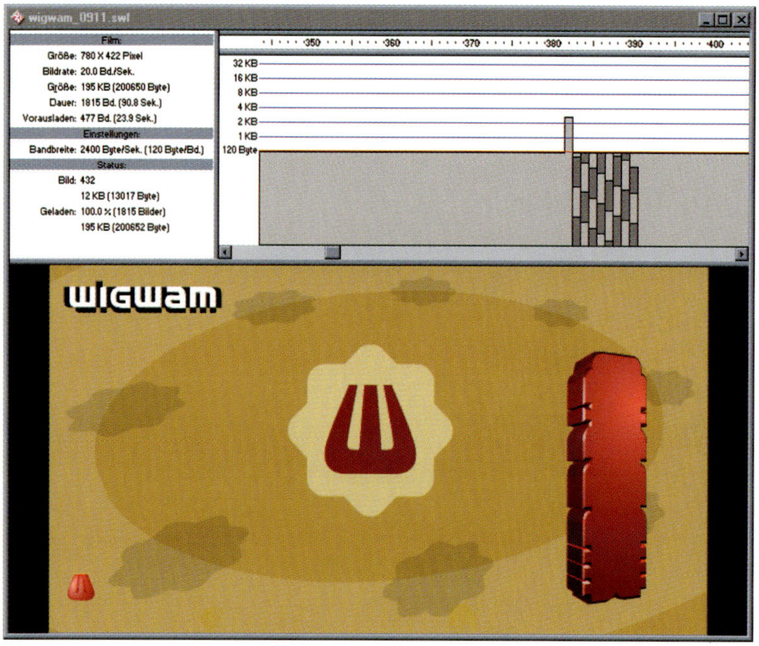

Das Bild hat sich geändert und präsentiert sich nun folgerndermassen:

- Oben hat sich die Menüleiste verändert.
- Anstatt der Timeline präsentiert sich nun das so genannte «Bandbreiten-Profil». Falls dies nicht der Fall ist, schalten Sie es über **Ansicht | Bandbreiten-Profiler** ein.

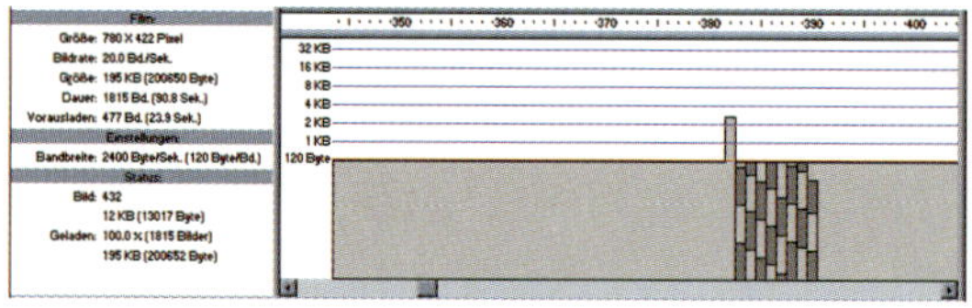

Die Zeitleiste wird durch das Bandbreiten-Profil ersetzt.

- Zuunterst läuft Ihr Movie ab.

Wenn Sie diesen Modus wieder verlassen möchten, wählen Sie *Ctrl/W* oder **Datei | Schliessen** oder klicken Sie in Windows rechts oben auf das kleine «Schliesskreuz»-Symbol; beachten Sie dabei, dass Sie bitte das untere der beiden anklicken...

Im Vorschaumodus können Sie nun jede Möglichkeit austesten und ich rate Ihnen nochmals, dies wirklich ausgiebig zu tun. Aber Achtung: Wenn Sie nur eine einzelne Szene testen, können Sie mit einer Aktion nicht in eine andere als die gerade gewählte springen; dazu müssen Sie schon Ihr ganzes Movie testen. Das Einzige, was im Movie-Vorschaumodus nicht funktioniert, ist, mit «getURL» extern auf dem Internet gelagerte Webseiten aufzurufen; dazu müssen Sie Ihre Seite auf den Server hochladen, d. h. das Movie zuerst mit der Veröffentlichen-Funktion in eine HTML-Seite einfügen und dann Projektor und HTML-Seite hochladen. Aber auch das gehen wir schrittweise an; sehen Sie bitte dazu aucham Ende dieses Kapitels nach.

BANDBREITEN-PROFIL

Da Sie Ihre Seite wohl fürs Internet programmieren, ist es wichtig zu bedenken, dass das Internet nur eine begrenzte Menge an Daten übertragen kann; Sie müssen sich also im Klaren sein, wie Ihre Daten übermittelt werden und wo es zu allfällligen Verzögerungen kommen könnte.

Aber natürlich hat Flash da vorgesorgt: Denn hier kommt nun das Bandbreiten-Profil in Einsatz, welches Ihnen genau zeigt, wie Ihre Daten übermittelt werden. Da es sich dabei um ein so genanntes «Streaming-Verfahren» handelt – d. h. die Daten werden laufend geladen, während gleichzeitig die schon vorhandenen abgespielt werden –, müssen Sie nun genauestens ermitteln, wo es zu einer etwaig längeren Verzögerung kommen könnte. Als Erstes schauen wir uns die Menüfunktion «Steuerung» im Movie-Vorschaumodus an:

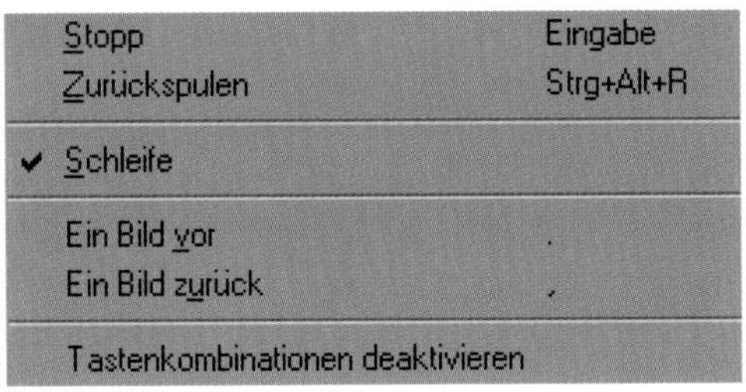

Die Menüfunktion «Steuerung».

- *Stopp*: Das Movie wird gestoppt.
- *Abspielen*: Das Movie wird abgespielt.

Stopp und *Abspielen* werden wechselseitig eingeblendet.

- *Zurückspulen*: Das Movie wird zum Anfang zurückgespult.
- *Streaming anzeigen*: Schaltet die Streaming-Ansicht ein oder aus.
- *Wiederholen*: Das Movie wird in einer Endlos-Schleife abgespielt.
- *Bild vor*: Ein Bild vorgehen (Tastenkürzel «.»).
- *Bild zurück*: Ein Bild zurückrücken (Tastenkürzel «,»).

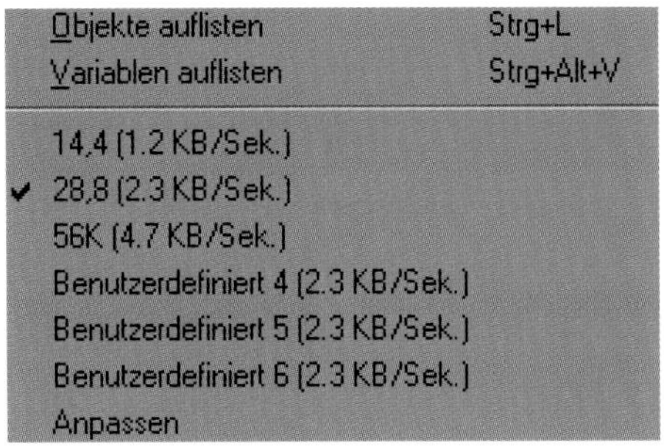

Das Menü «Fehlersuche».

OBJEKTE AUFLISTEN

Wählen Sie das gewünschte Bild und dann **Steuerung | Objekte auflisten**. Sie erhalten eine Übersicht aller im jeweiligen Bild befindlichen Objekte und deren Typ; wenn es sich um ein Target handelt, sehen Sie den Target-Namen.

VARIABLEN AUFLISTEN

Alle in einem Bild gültigen Variablen werden aufgelistet. Klicken Sie auf das gewünschte Bild und wählen Sie **Steuerung | Variablen auflisten**. Sie erhalten eine Liste der im gewählten Bild gültigen Variablen und deren Wert.

Unter dem dargestellten Strich stellen Sie die gewünschte Modem-Übertragungsgeschwindigkeit und deren Durchsatzrate ein. Unter «Anpassen» stellen Sie eine selbstdefinierte Geschwindigkeit ein.

STREAMING TESTEN

Schauen Sie sich nun das Bandbreiten-Profil an.

- Gehen Sie dazu in den Movie-Vorschaumodus *Ctrl/Eingabe*.
- Wählen Sie **Ansicht | Bandbreiten-Profiler**.
- Wählen Sie unter «Fehlersuche» bitte eine Modemgeschwindigkeit aus.
- Stellen Sie sicher, dass der Film zurückgespult ist; ansonsten wählen Sie **Steuerung | Zurückspulen**.
- Wählen Sie nun **Ansicht | Streaming anzeigen**.
- Der Abspielkopf läuft los; der Abspielkopf ist hier oben am Profiler ein kleines graues Dreieck.

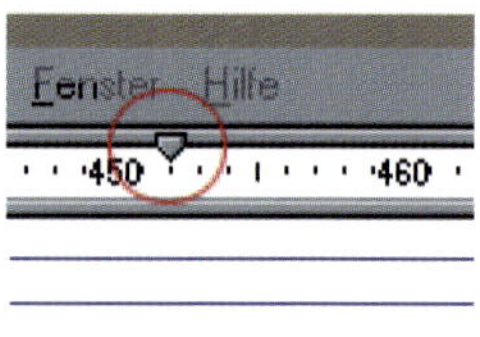

Der Abspielkopf als graues Dreieck.

Gleichzeitig erscheint ein grüner Balken. Dieser zeigt nun die Daten an die vorausgeladen werden. Sollte der graue Abspielkopf den grünen Balken einholen, stoppt der Ablauf der Animation, da dann in diesem Fall – bevor der Abspielkopf sich weiterbewegen kann – zuerst neue Daten heruntergeladen werden müssen. Ziel ist also, dass der grüne Balken dem Abspielkopf immer voraus sein sollte... Um dies zu steuern, können Sie auch einen so genannten «Preloader» programmieren; dieser stellt sicher, dass zuerst eine gewisse Menge Daten vorausgeladen werden, damit der grüne Balken danach einen Vorsprung hat und nicht mehr eingeholt wird.

SONSTIGE ANGABEN IM BANDBREITEN-PROFIL

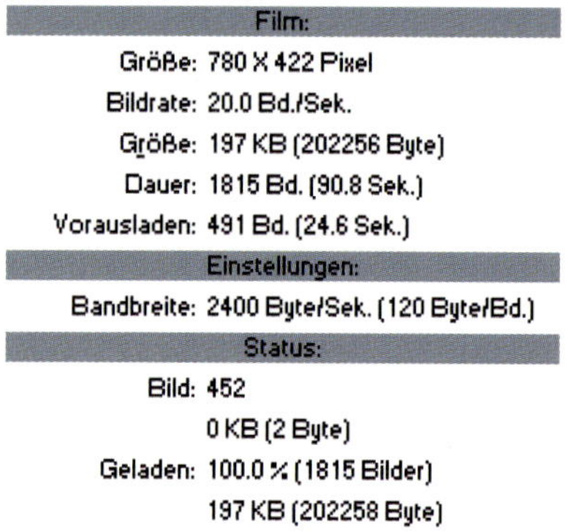

Film:	
Größe:	780 X 422 Pixel
Bildrate:	20.0 Bd./Sek.
Größe:	197 KB (202256 Byte)
Dauer:	1815 Bd. (90.8 Sek.)
Vorausladen:	491 Bd. (24.6 Sek.)
Einstellungen:	
Bandbreite:	2400 Byte/Sek. (120 Byte/Bd.)
Status:	
Bild:	452
	0 KB (2 Byte)
Geladen:	100.0 % (1815 Bilder)
	197 KB (202258 Byte)

Film

- *Grösse*: Grösse Ihres Movies.
- *Bildrate*: Bildrate Ihres Movies.
- *Grösse*: Dateigrösse des Movies; wenn es sich um eine Szene handelt, wird die Dateigrösse der Szene angegeben.
- *Dauer*: Anzahl der Bilder eines/r Movies/Szene. Die Dauer des Movie in Sekunden wird in Klammern angezeigt.
- *Vorausladen*: Hier sehen Sie diejenige Dauer in Bildern (Sekunden), die zum Laden benötigt wird, bis der Film abgespielt werden kann.

Einstellungen

- *Bandbreite*: Geschwindigkeit der Datenübertragung / Modemgeschwindigkeit.

Status

- *Bild*: Bildnummer des jeweils aktuellen Bildes. Darunter die Grösse des jeweils aktuellen Bildes.
- *Geladen*: Oben ist angegeben, wieviel des aktuellen Movies – (in Prozent), unten dasselbe in KB – bereits geladen wurde.

DARSTELLUNGSARTEN DES BANDBREITENPROFILERS

Es gibt zwei verschiedene grafische Darstellungen des Bandbreiten-Pofilers: Zum einen die «Bild-für-Bild»-Grafik, zum anderen die «Streaming»-Grafik.

Bild-für-Bild-Grafik

Die «Bild-für-Bild»-Grafik schalten Sie ein unter **Ansicht | Bild-für-Bild-Grafik**; sie sieht folgendermassen aus:

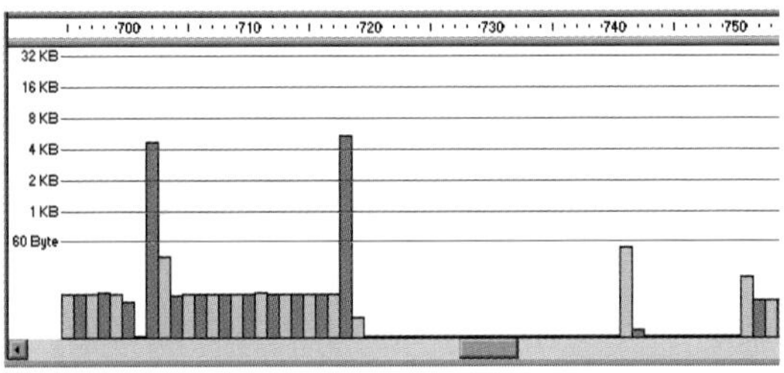

Hier erkennen Sie, wieviel Daten pro Bild geladen werden; die Höhe des grauen Blocks gibt Aufschluss über seine Grösse (auf der linken Seite in KB).

Streaming-Grafik

Die Streaming-Grafik schalten Sie ein unter **Ansicht | Streaming-Grafik**; sie präsentiert sich wie folgt:

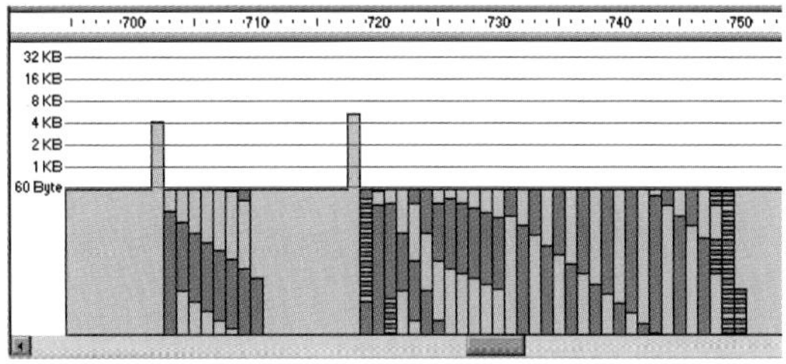

Hier sehen Sie das Streaming Ihres Movies; wenn ein Block über der roten Linie liegt, kommt es dort zu eher unschönen Verzögerungen.
Bitte beachten Sie, dass es sich im Vorschaumodus naturgemäss nur um eine Vorschau handelt, es ist dies lediglich ein Simulation des Internets.
Im «echten» Internet hingegen können einzelne Werte variieren, wobei in der Regel die Simulation recht genau funktioniert.

ENTSCHEIDENDE EINSTELLUNGEN

In diesem Abschnitt erfahren Sie, wie Sie Ihr fertig gestelltes Movie ins Internet stellen, also veröffentlichen. Insgesamt müssen Sie in diesem Prozess drei verschiedene Komponenten Ihres Movies berücksichtigen:

- *Das Flash- / «.fla»-File*: Dies ist das Movie, in dem Sie arbeiten und gestalten bzw. Änderungen vornehmen können.
- *Das Shockwave- / «.swf»-File*: Dies ist Ihr exportierter – d. h. also stark komprimierter – Movie; es kann angeschaut und nicht mehr editiert werden. Diese «.swf»-Datei wird in eine HTML-Seite – nur über einen Verweis – eingebunden, d. h. zusätzlich zur HTML-Seite müssen Sie also auch das «.swf»-File auf den Server hochladen.
- *Die HTML-Seite mit der Endung «.html»*: HTML ist die Scriptsprache, die es einem Browser ermöglicht, eine Seite überhaupt anzuzeigen. In herkömmlichen HTML-Seiten wird durch bestimmte Befehle – so genannte «Tags» – eine Seite formatiert. Der Inhalt der Seite wird durch diese Tags in eine Art «Container» verpackt und auf dem Bildschirm dargestellt.

Unsere gesamte Site haben wir schon mit Flash, also in der Flash-Entwicklungsumgebung erstellt; danach genügt es einfach, anzugeben, welcher Film auf der HTML-Seite abgespielt werden soll und mit ein paar Klicks sind Sie am Ziel! Gehen wir schrittweise vor.

- Öffnen Sie ein Movie, das Sie veröffentlichen möchten.
- Wählen Sie dann **Datei | Einstellungen für Veröffentlichungen**.
- Als Erstes wählen wir den *Formate*-Tab.

FORMATE

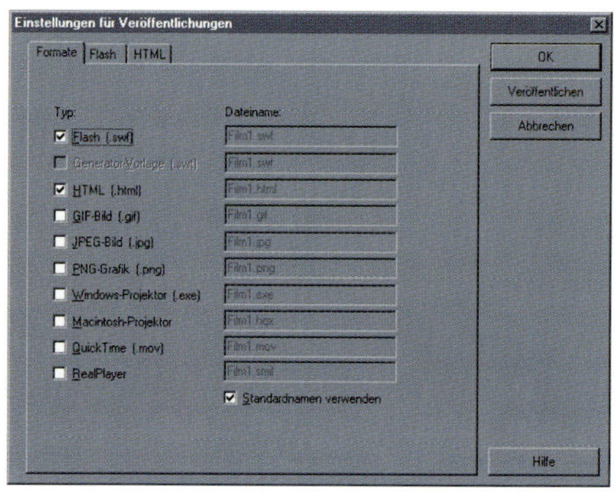

Der Formate-Tab.

Hier können Sie auswählen, welche Formate beim Veröffentlichen – d. h. wenn Sie (wie in der Abbildung ersichtlich) rechts die Taste *Veröffentlichen* klicken – berücksichtigt und abgespeichert werden.

Erstellen Sie für Ihr Projekt einen neuen Ordner und speichern Sie darin das «.fla»-File. Wenn Sie nun eben besagte Taste *Veröffentlichen* klicken, werden die nachfolgend gewählten Formate in diesen Ordner abgespeichert. Schon vorhandene Dateien mit dem rechts neben dem Format definierten Namen werden jeweils einfach überschrieben.

Im *Veröffentlichen*-Modus werden alle von Ihnen vorgenommen Format-Einstellungen abgespeichert; im Gegensatz dazu besteht die Möglichkeit, gerade Bildformate wie GIF, JPEG oder PNG direkt auch aus der Arbeitsumgebung Ihres Movies zu exportieren: Klicken Sie dazu einfach in das zu exportierende Bild und wählen dann **Datei | Bild exportieren**; geben Sie der Datei einen Namen und bestimmen Sie dann das Format. Die Formateinstellungen können hier nicht abgespeichert werden und müssen leider jedes Mal neu vorgenommen werden.

Die anderen Formate – *Flash, Windows- und Macintosh-Projektor, QuickTime* und *RealPlayer* – sind Film-Formate; diese können Sie ebenfalls direkt aus der Flash-Arbeitungsumgebung exportieren, indem sie *Datei | Film exportieren* wählen; vergeben Sie auch hier einen Namen und bestimmen Sie das Format.

Die HTML-Seite müssen Sie über die im Folgenden erklärten Veröffentlichen-Option generieren – es sei denn, Sie verwenden einen HTML-Editor wie z. B. Dreamweaver und importieren Ihr komprimiertes «.swf»-File über die dortigen Funktionen.

Eine Feinheit sei noch erwähnt: Wenn Sie eine HTML-Seite generiert haben, in welcher Sie nachträglich z. B. JavaScript eingefügt haben, müssen Sie beim Veröffentlichen unbedingt *HTML* unter Formate ausschalten; ansonsten war die Änderung der Seite «für die Katz», da Flash ja alle angewählten Formate einfach überschreibt. Eine weitere Möglichkeit ist, wenn die HTML-Seite steht, einfach nur jeweils das «.swf»-File unter **Datei | Film exportieren** zu ersetzen.

Unter *Typ* wählen wir diejenigen Formate, die wie für unseren Movie benötigen:

FLASH «.SWF»

Dies ist die Endung für den so genannten Projektor, d. h. das komprimierte Movie, welches dann in die HTML-Seite eingebunden wird.

HTML «.HTML»

Die Endung der HTML-Seite. In dieses File wird unser Projektor eingebunden.

GIF-BILD «.GIF»

Die Endung eines oft gebrauchten Internet-Bildformats. Es wird vor allem für Abbildungen verwendet, die wenig Farben und glatte Kanten aufweisen, z. B. für Logos.

JPEG-BILD «.JPG»

Das zweite oft gebrauchte Format im Internet. Im Gegensatz zum GIF wird das JPEG für Fotografien und Bilder mit vielen Verläufen verwendet.

PNG-BILD «.PNG»

PNG (sprich «Ping») ist das neueste im Internet verwendete Bildformat und vereint die Vorteile des GIF mit denen des JPEG-Formats; allerdings ist dies doch nicht so verbreitet.

WINDOWS-PROJEKTOR «.EXE»

Der exportierte Flash-Movie läuft über diese Endung auf Windows-Plattformen.

MACINTOSH-PROJEKTOR

Der exportierte Movie läuft auf Mac-Plattformen.

QUICKTIME «.MOV»

Das von Apple entwickelte Format zur Komprimierung von Videofilmen besticht durch seine sehr kleine Dateigrösse. Abspielbar sind diese Formate im QuickTime-Player, die kostenlos als Plug-In auf der Apple-Website heruntergeladen werden können.

REAL PLAYER

Dies ist ebenfalls ein Format zum Abspielen von Audio und Video übers Internet; dabei wird – wie bei Flash – mit der Streaming-Technologie gearbeitet.

STANDARDNAMEN VERWENDEN

Hier bestimmen Sie, ob für alle Dateien der Name des «.fla»-Movies verwendet wird; Sie können natürlich auch durch Abwählen dieser Option für jedes einzelne Format einen eigenen Namen bestimmen. Für Profis ist zu empfehlen, dass Sie bei der Komprimierung der Bilder mit einem externen Programm wie z. B. Fireworks arbeiten. Dort können Sie manuell und sichtbar bestimmen, wie ein Bild komprimiert werden soll; auch die Dateigrössen werden in der Regel kleiner.

FLASH

Hier werden die Werte für die Komprimierung des Films bestimmt.

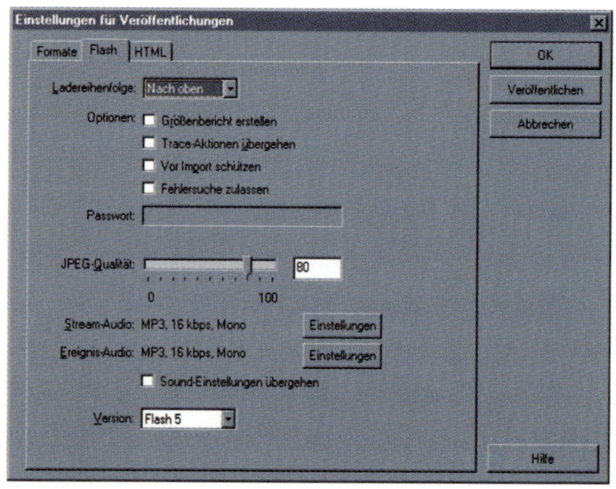

Der Flash-Tab.

Lade-Reihenfolge

Hier bestimmen Sie, welche Ebenen zuerst geladen werden – von unten nach oben oder umgekehrt.

Optionen

GRÖSSENBERICHT ERSTELLEN
So erstellen Sie einen Bericht, aus dem Sie verschiedenste Informationen gewinnen können.

NACHZEICHNUNGS-AKTIONEN ÜBERGEHEN
Hiermit ignoriert Flash im aktuellen Film die «trace»-Aktion, so dass das Ausgabefenster nicht geöffnet wird und keine Kommentare angezeigt werden.

VOR IMPORT SCHÜTZEN
Mit dieser Funktion kann Ihr Flash-Film nicht mehr «geklaut» werden...

FEHLERSUCHE ZULASSEN
Mit dieser Option können Sie umgekehrt die Filmdatei mit einem Kennwort schützen.

JPEG-Qualität

Wenn Sie Fotos verwenden, wird hier bestimmt, wie stark – zwischen «0» und «100» – diese komprimiert werden; «80» hat sich dabei als guter Wert herausgestellt. Sie können diesen aber ohne weiteres noch weiter «drücken», was jedoch eine Verschlechterung der Bildqualität zur Folge hat.

Stream-Audio / Ereignis-Audio

Dies bestimmt die Soundkomprimierung für den «Streaming-Sound» – also den Sound, der läuft, während er weiter heruntergeladen wird – und den «Ereignis-Sound», d. h. den Sound, der durch eine Benutzerinteraktion ausgelöst wird. Wählen Sie unter den verschiedenen Komprimierungsmöglichkeiten aus. Mit der Option «Sound-Einstellungen übergehen» werden alle im Flash-Movie angegebenen Komprimierungen von der hier gewählten überschrieben.

Version

Wählen Sie Version «1 – 5». Beachten Sie, dass einige Funktionen nur in gewissen Flash-Versionen verfügbar sind, wie z. B. Formulare und MP3-Sound, die erst ab Flash 4 verfügbar sind...

HTML

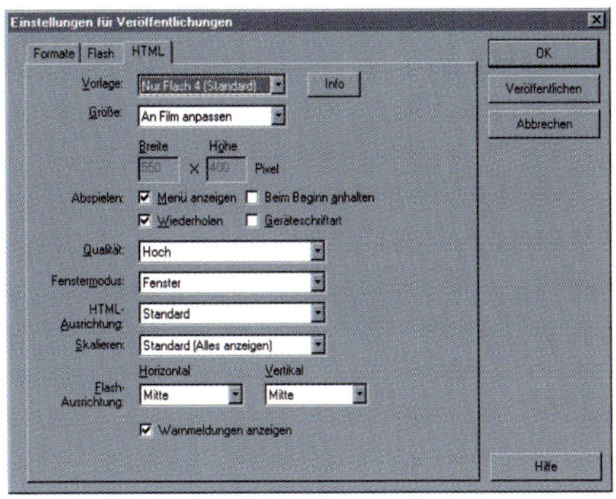

Der HTML-Tab.

Hier wird nun die HTML-Seite definiert. Dazu verfügen Sie über die verschiedensten Parameter:

Vorlage

Mittels der Vorlage bestimmen Sie, wie die von Ihnen ins Web gestellte Seite auf den einzelnen Browser und dann insbesondere auf das Vorhandensein bzw. Nicht-Vorhandensein des Flash Plug-Ins reagiert.
In der Regel sollten Sie jedoch nur die Flash (Standard)-Einstellung verwenden und die Plug-In Geschichte wie im Kapitel «Plug-In» vorgeschlagen lösen.
Lesen Sie die verschiedenen Vorlagen-Einstellungen nach, indem Sie die gewünschte Option auswählen und dann rechts daneben auf die Info-Taste klicken. Weitere Informationen entnehmen Sie bitte auch getrost dem Flash-Handbuch.

Grösse

AN FILM ANPASSEN
Der exportierte Movie ist gleich gross, wie im Bearbeitungsmodus definiert.

PIXEL
Geben Sie eine feste Grösse in Pixeln an, die Ihr Movie haben soll.

PROZENT
Geben Sie die Grösse des Movies in Prozent an und zwar bitte prozentual im Verhältnis zum Browserfenster: Wenn Sie z. B. «90%» angeben, wird das Movie immer 90% des Browserfensters einnehmen, d. h. es wird sich der Grösse des Browserfensters um die eingegebene Prozentzahl anpassen.

Abspielen

Dieses bezieht sich auf das Movie, welches im Browser abgespielt wird; folgende Optionen stehen Ihnen zur Verfügung:

MENÜ ANZEIGEN
Wenn mit der rechten Maustaste (Windows) oder *Ctrl/Klick* (Mac) ins laufende Movie geklickt wird, erscheint ein Menü ,mit dem Sie das laufende Movie steuern können.

WIEDERHOLEN
Das Movie springt am Ende wieder ins Bild 1 und wiederholt sich endlos.

BEI BEGINN ANHALTEN
Das Movie stoppt gleich schon am Anfang.

GERÄTESCHRIFTART
Hier wird eine Systemschrift ausgewählt, um gerade etwaige Anti-alias-Probleme – also eine auftretende Unschärfe bei kleinen Schriftgrössen – zu umgehen. Sie können dabei leider keinen Blocksatz setzen.

Qualität

Hier finden sich verschiedene Möglichkeiten, um die Qualität des Movies und damit auch die Geschwindigkeit zu beeinflussen:

NIEDRIG
So deaktivieren Sie das so genannte «Anti-aliasing» und erhalten somit gegebenenfalls unscharfe Kanten, bekommen aber dafür schnellere Animationen.

AUTOMATISCH NIEDRIG
Hier ist am Anfang das Anti-aliasing abgestellt. Es wird jedoch wieder eingeschaltet, wenn die Prozessorleistung des Zielcomputers gross genug ist.

AUTOMATISCH HOCH
Am Anfang ist das Anti-aliasing eingeschaltet. Es schaltet sich jedoch automatisch aus, wenn die Bildrate unter der in der in den Filmeigenschaften angegebenen Rate liegt.

HOCH
Hier wird das Antialiasing nur auf statische Bilder angewendet; bei Animationen wird es ausgeschaltet.

OPTIMAL
Hier wird immer Antialias angewendet; diese Option ist eigentlich immer zu empfehlen.

HTML-Ausrichtung

Wenn Sie in Ihre HTML-Seite noch andere Elemente als Ihren Flash-Movie platzieren möchten, wird hier angegeben, wo denn das Movie platziert werden soll.

«Skalieren» und «Transparent» werden hier nicht behandelt; auch hierzu finden Sie bereits die wichtigsten Anregungen im Flash-Handbuch.

Im Folgenden finden Sie die Erklärung der übrigen Parameter, die Sie im Formate-Tab bestimmen können; doch auch hier mein Hinweis: «QuickTime» und «Realvideo» sind eigene Technologien, zu denen ich mich schon an anderer Stelle bereits kurz geäussert habe. Weitere und auch umfassende Infos dazu finden Sie ebenfalls im Flash-Benutzerhandbuch.

FORMATPARAMETER FÜR «GIF»

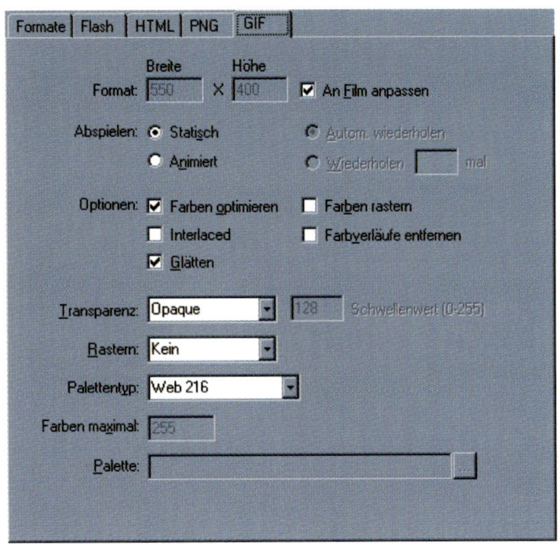

Der GIF-Tab.

GIF ist wohl das am meisten verbreitete Bildformat im Internet. Es eignet sich für Bilder mit scharfen Kanten und volle Farben, z. B. für Logos.

Hier nun die Optionen, falls Sie ein Bild von Flash aus als GIF exportieren möchten:

Grösse

An Film anpassen bedeutet, dass zu exportierende GIF-Bild wird dieselbe Grösse haben wie das Movie, welches Sie unter Filmeigenschaften bestimmt haben Wenn Sie an Film anpassen wegnehmen, können Sie selbst die Grösse bestimmen.

Abspielen

Hier bestimmen Sie ob ihr GIF *statisch* oder *animiert* sein soll. Oftmals sieht man auf dem Internet die so genannten GIF-Animationen. d. h., es werden mehrere GIF-Bilder in kurzer Zeitspanne übereinander eingeblendet, was bei geschickter Bildwahl eine fortlaufende Animation erzeugt.

STATISCH
Erzeugt ein einfaches GIF ohne Animation. Geben Sie dem Bild, welches Sie exportiern möchten den Label-Namen: «#static».

ANIMIERT
Für ein animiertes GIF werden mehrere Bilder exportiert. Bestimmen Sie das Start- und End-Schlüsselbild mit «#first» und «#last», um eine bestimmte Anzahl Bilder zu exportieren. Ansonsten wird das ganze Movie exportiert, was zu riesigen Dateigrössen führt.

AUTOMATISCH WIEDERHOLEN
Wiederholt die Bilder endlos, d. h. wenn das letzte Bild dargestellt wurde, springt es wieder zum ersten Bild.

WIEDERHOLEN
Bestimmen Sie wieviele Male Ihre Animation hintereinander abgespielt werden soll.

Optionen

FARBEN OPTIMIEREN
Reduziert die Dateigrösse, indem nicht benutzte Farben aus der Palette entfernt werden.

INTERLACED
Dieser Modus baut ein Bild langsam über mehrere Stufen von unscharf zu scharf auf.

GLÄTTEN
Glättet die Kanten, vor allem bei text. Die Kanten gehen dadurch sauber in den Hintergrund über.

FARBEN RASTERN
Farben werden durch die dichtere bzw. weniger dichte Ansammlung von Pixeln simuliert werden.

FARBVERLÄUFE ENTFERNEN
Verläufe können sehr speicherintensiv sein. Diese Option verwandelt einen Verlauf in eine solide Farbe, wobei die erste Farbe im Verlauf verwendet wird – d. h., ein Verlauf von weiss zu blau wird in weiss umgewandelt.

Transparenz

Transparenz setzt einzelne Farben auf durchsichtig – d. h. der Hintergrund scheint durch einzelne Farben durch.

OPAQUE
Der Hintergrund des Bilder ist undurchsichtig.

TRANSPARENT
Der Hintergrund des GIF ist transparent – d. h. der Hintergrund der Webseite scheint durch.

ALPHA
Hier werden Farben transparent, die in Flash mit der Alpha-Funktion verändert wurden. Geben Sie eine Zahl ein von «0 – 255». Dies entspricht der Alpha-Skala von «0 – 100%». «128» bedeutet also ein Alpha Wert von «50%». Alle Farben also, die einen Alphawert haben, der über dem eingegebenen liegt, bleiben erhalten, die anderen werden transparent.

Rastern

Dieser Prozess täuscht Farben vor, die gar nicht da sind, indem verschiedene Pixelmischungen eine nicht vorhandene Farbe vortäuschen. Das Auge vermag diese kleinen Ansammlungen von Pixeln nicht zu erkennen und sieht eine solide Farbe. Achtung: Rastern vergrössert die Filegrösse stark und auf Monitoren mit geringer Auflösung kann es daher zu unschönen «Effekten» kommen. Wenn Rastern nicht verwendet wird, werden aus der vorhandenen Palette diejenigen Farben ausgesucht die der darzustellenden am Nächsten kommen.

KEIN RASTERN
Es findet keine Rasterung statt.

GEORDNET
Rastern erfolgt in einer guten Qualität, ohne die Dateigrösse stark zu vergrössern.

DIFFUS
Damit wird das beste Rastern und die grösstmögliche Erhöhung der Dateigrösse erreicht.

Palettentyp

Da GIF-Bilder mit einer begrenzten Anzahl Farben arbeiten, ist es wichtig, die bestmögliche Palette auszuwählen:

WEB 216

Dies ist die Web-sichere Palette, die die besten Resultate garantiert. Das so erstellte GIF-Bild verwendet die 216 Farbenpalette des Internet Explorers bzw. Netscape Navigators.

ADAPTIV

Erzeugt eine Farbpalette basierend auf den vorhandenen Farben im Bild. Leider wirkt sich dies negativ auf die Dateigrösse aus. Diese kann jedoch minimiert werden, indem Sie die Anzahl Farben bestimmen – siehe auch unter «Farben maximal» etwas weiter darunter.

WEB SNAP ADAPTIV

Vereint die oben genannten Variante aufs Beste, d. h. die Farben basieren auf den Farben im Bild, werden jedoch, falls nötig, durch web-sichere Farben ausgetauscht.

BENUTZERDEFINIERT

So können Sie eine eigene Palette verwenden, die Sie in einem anderen Programm erzeugt haben. Wählen Sie die Palette aus unter Palette ganz unten. Die Palette enthält die Endung «.act».

FARBEN MAXIMAL

Hier bestimmen Sie das Farbmaximum, welches für Ihr Bild verwendet werden soll, doch bitte denken Sie daran: *Je mehr Farben, desto grösser die Datei!*

FORMATPARAMETER FÜR «JPEG»

JPEG ist das zweite häufig eingesetzte Bildformat im Internet. Es eignet sich vor allem für Bilder mit Verläufen, vielen Farben – keine begrenzte Palette – und natürlich auch für Fotografien.
Mit JPEG können keine Animationen hergestellt werden wie mit GIFs. Ebensowenig können transparenten Farben definiert werden.
Der JPEG-Export sieht folgendermassen aus:

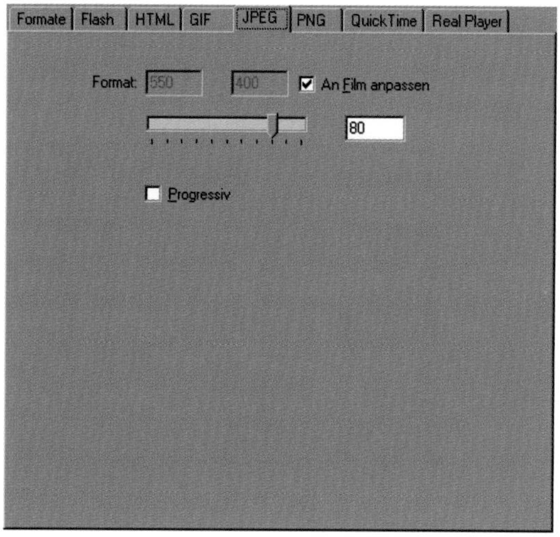

Der JPEG-Tab.

Um ein JPEG zu exportieren wählen Sie das Schlüsselbild aus, welches Ihr JPEG enthält und geben Sie ihm den Labelnamen «#static». Anderenfalls wird einfach das erste Schlüsselbild des Movies exportiert.

Format

Bestimmen Sie die Grösse Ihres zu exportierenden Bildes. An Film anpassen wählt die in Filmeigenschaften festgelegte Bühnengrösse als Exportgrösse fest.

Qualität

Die Qualität des exportierten Bildes wird durch einen Wert von «1 – 100» bestimmt. «60» ist ein Durchschittswert, der oft im Internet verwendet wird. Experimentieren Sie. Doch auch hier Vorsicht! *Je höher der Wert ist, desto besser ist zwar auch die Bildqualität, aber desto höher wird damit auch automatisch die Dateigrösse!*

Progressiv

Progressiv bedeutet dasselbe wie interlaced beim GIF, nämlich ein Bildaufbau in Stufen von unscharf zu scharf.

FORMATPARAMETER FÜR «PNG»

PNG ist das neueste der drei gebräuchlichen Bildformate. Es vereint Vorteile von GIF und JPEG, z. B. in Komprimierung, Farbmöglichkeiten und Transparenz. Bedenken Sie jedoch, dass dies das neueste Format ist, welches nicht überall zur Anzeige unterstützt wird.
Animationen können auch mit PNG nicht durchgeführt werden. Nennen Sie das zu exportierende Schlüsselbild mit dem Label «#static».

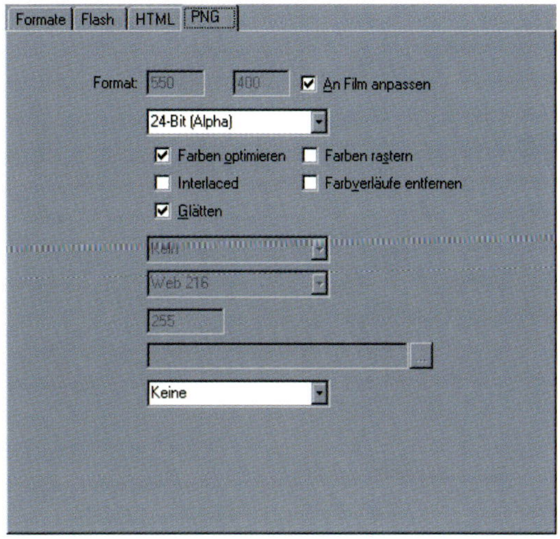

Der PNG-Tab.

Format

Geben Sie die gewünsche Exportgrösse Ihres Bildes an. An Film anpassen wählt die in Filmeigenschaften eingestellte Bühnengrösse als Bildexportgrösse aus.

Bit-Tiefe

«Bit-Tiefe» bestimmt die Anzahl von Farben, die verwendet werden:

8-BIT
Höchstens 256 Farben. Rastern ist nur bei dieser Einstellung möglich.

24-BIT
Bis zu 65'000 Farben möglich. Sehr genaue Farbwiedergabe möglich, dafür entsteht ein höhere Dateigrösse.

24-BIT (ALPHA)
Hier sind Millionen von Farben möglich; zusätzlich ist die Transparenz von 256 Farben möglich. Doch gilt die Warnung auch hier: *Höhere Dateigrösse beachten!*

Optionen

FARBEN OPTIMIEREN
Entfernt nicht gebrauchte Farben aus der Farbpalette.

INTERLACED
Baut Bilder in mehreren Stufen auf. Von unscharf zu scharf.

GLÄTTEN
Entfernt allfällig störende Blitzer und glättet die Kanten. Beachten Sie auch hier die höhere Dateigrösse!

FARBEN RASTERN
Rastert solide Farben, Verläufe und Bilder.

FARBVERLÄUFE ENTFERNEN
Ersetzt Verläufe durch solide Farben, z. B. ein Verlauf von blau nach weiss wird einfach blau.

Rastern

Bei einer Auswahl von 8 Bit können Bilder gerastert werden. Wenn eine Farbe unter den hier gewählten 256 nicht vorhanden ist, kann Sie durch eine Mischung bestehender Farben simuliert werden.

KEIN
Es findet kein Rastern statt.

ANGEORDNET
Rasterung in guter Qualität und möglichst geringer Dateigrösse.

DIFFUS
Beste Rasterung, aber mit einer höheren Dateigrösse als angeordnet.

Palettentyp

Bei 8-Bit ist nur eine begrenzte Palette an Farben verfügbar. Deshalb ist es wichtig, die richtige zu wählen:

WEB 216
Dies ist die Web-sichere Palette, die die besten Resultate garantiert. Das so erstellte PNG-Bild verwendet die 216 Farben-palette des Internet Explorers bzw. Netscape Navigators.

ADAPTIV

Erzeugt eine Farbpalette basierend auf den vorhandenen Farben im Bild. Leider wirkt sich dies negativ auf die Dateigrösse aus. Diese kann jedoch minimiert werden indem Sie die Anzahl Farben bestimmen. Die Anzahl bestimmen Sie unter Farben max. gleich darunter

WEB SNAP ADAPTIV

Vereint die oben genannten Varianten aufs Beste – d. h. die Farben basieren auf den Farben im Bild, werden jedoch, falls nötig, durch web-sichere Farben ausgetauscht.

BENUTZERDEFINIERT

So können Sie eine eigene Palette verwenden, die Sie in einem anderen Programm erzeugt haben. Wählen Sie die Palette aus unter Palette ganz unten. Die Palette trägt die Endung .act.

FARBEN MAXIMAL

Hier bestimmen Sie das Farbmaximum, welches für Ihr Bild verwendet werden soll. Je mehr Farben, desto grösser die Datei.

FILTEROPTIONEN

Während der Kompression geht das Bild durch einen Filter-Prozess, welcher das Bild so gut als möglich filtert. Verschiedene Filter sind möglich, um die bestmögliche Qualität und Dateigrösse zu bestimmen. Wählen Sie eine Option aus und finden Sie durch Experimentieren die für Ihr Bild geeignete Lösung.

SO VERÖFFENTLICHEN SIE IHRE DATEN

- Wählen Sie alle zu veröffentlichenden Formate aus und bearbeiten Sie die entsprechenden Tabs.
- Klicken Sie auf *Veröffentlichen*. Die Daten werden in denselben Ordner, in dem sich Ihr Flash «.fla»-File befindet, abgespeichert.

VORSCHAU DER EXPORTIERTEN FILES

Da bei der Produktion eines Flash-Films sehr viel experimentiert wird, ist es wichtig, sich die Dateien möglichst bequem anzuschauen.
Mit **Datei | Vorschau für Veröffentlichungen** wählen Sie aus, welches im *Formate*-Tab gewählte File Sie anschauen möchten. Das erzeugte File wird im selben Ordner abgespeichert wie Ihr Hauptmovie. Die Dateien werden natürlich laufend ersetzt und dem aktuellen Stand angepasst.
Wenn Sie sie nicht mehr brauchen, können Sie die Files im besagten Ordner löschen. Mit **F12** können Sie Ihr Movie in Ihrem Standard-Browser betrachten; dies ist in Flash 5 hervorragend gelöst worden.

«Bitte warten...» – Der Preloader

ERSTELLEN EINES EINFACHEN PRELOADERS

Ein Preloader wird oft verwendet, um das reibungslose Ablaufen eines Movies zu ermöglichen: Dabei werden alle notwendigen Objekte im voraus geladen, so dass es zu keinen ladebedingten Verzögerungen mehr kommt. Und während dieses Ladevorgangs können Sie eine Animation erzeugen, damit es dem Betrachter nicht langweilig wird und er weiss, dass im Moment geladen wird.

Tipp: *Das fertige fla-File liegt auf der CD-ROM unter «preloader.fla».*

1. Erzeugen Sie einen neuen Film.
2. Erstellen Sie dann bitte zwei Szenen: «loading» und «haupt».
3. Erzeugen Sie in der Szene «haupt» eine beliebige, längere Animation.
4. Erzeugen Sie in der Szene «loading» eine Animation von 20 Bildern.
5. In Schlüsselbild 20 der Szene «loading» geben Sie die Aktion «Go to» und «Abspielen 1» ein.
6. Erzeugen Sie nun zwei neue Schlüsselbilder; zuerst das Schlüsselbild «preload». Platzieren Sie dieses im letzten Bild der Szene «haupt».

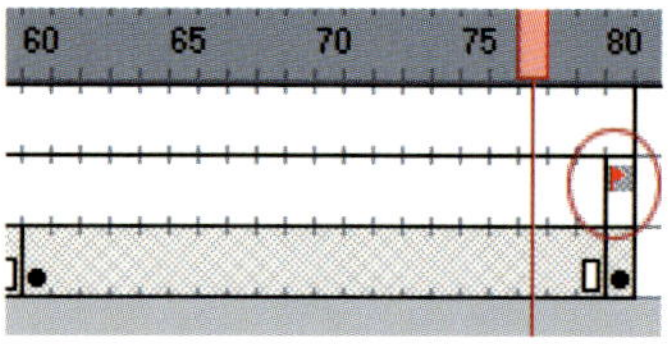

Fügen Sie das Schlüsselbild «preload» ins letzte Bild der Szene «haupt».

7. Dann erstellen Sie das Schlüsselbild «start»; fügen Sie dieses bitte in erste Bild der Szene «haupt» ein.
8. Klicken Sie nun ins erste Bild der Szene «loading». Fügen Sie dort die die Aktion «if frame is loaded» ein. Als *Szene* wählen Sie die Hauptszene – in diesem Fall «haupt».
   Als *Typ* wählen Sie «Bildbezeichnung» und wählen dann aus dem Dropdown-Menü unter Bild das vorher erstellte Schlüsselbild «preload»; dies bedeutet, dass etwas geschieht, sobald alle Bilder bis und mit dem Schlüsselbild «preload» geladen worden sind; doch was genau? Wählen Sie einen nächsten Befehl aus

dem Drop-down-Menü, also bitte «Go to». Dort aktivieren Sie «Gehe zu und abspielen».

Als *Szene* wählen Sie erneut «haupt». Als *Bezeichnung* wählen Sie diesmal «start»; sobald alle Bilder bis und mit dem Schlüsselbild »preload» geladen worden sind, springt demnach der Abspielkopf mittels dem «Go to»-Befehl aufs Schlüsselbild «start».

Tipp: Sie müssen immer die jeweilige Szene angeben, in der sich ein Schlüsselbild befindet. Ansonsten findet Flash das betreffende Schlüsselbild nicht.

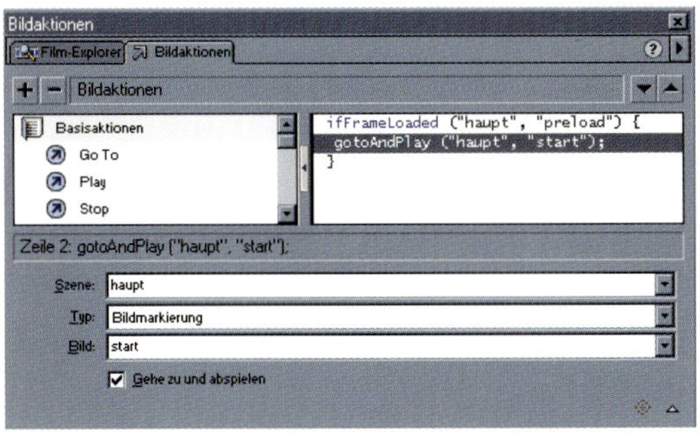

Die Aktionen in «Schlüsselbild 1» der Szene «loading».

9. Gehen Sie nun in den Movie-Vorschaumodus.
10. Klicken Sie «Stop» und «Zurückspulen».
11. Wählen Sie dann bitte «Streaming anzeigen»:
12. Der grüne Preload-Balken beginnt zu laufen; die Szene «Preload» wird nun abgespielt, bis der grüne Balken das Schlüsselbild «Preload» erreicht.
13. Sie können nun das Schlüsselbild «Preload» beliebig verschieben, um herauszufinden, wo es optimal platziert werden soll, und auch damit die Ladezeit zwar möglichst gering ausfällt, es jedoch zu keinen ladebedingten Verzögerungen kommt: Dies ist immer dann der Fall, wenn der grüne Balken vom Abspielkopf eingeholt wird.

Mit dem Streaming-Balken können Sie verfolgen, wo Sie Ihr Schlüsselbild «preload» am besten platzieren, um einen optimalen Ablauf zu gewährleisten.

Wiederholen Sie jeweils die Punkte 10 und 11, um das Streaming nach jeder neuen Platzierung des Schlüsselbilds «Preload» anzuzeigen.

Um Ihren Film in erträgliche Wartezeiten aufzusplitten, kann es durchaus ratsam sein, für diesen mehrere Preloader zu erstellen.

Plug-In-Check leicht gemacht

Kundenorientierte Eingangs-Kontrollen

Der Browser oder das Betriebssystem setzt ein Plug-In ein, um die Flash-Movies überhaupt abspielen zu können. In 96% aller Fälle ist dabei das Plug-In bereits installiert. Für die Fälle, in denen es nicht installiert ist, muss es heruntergeladen werden.
Bedenken Sie, dass das Flash 3-, 4- und Flash 5 Plug-In unterschiedliche Fähigkeiten aufweisen. Es ist durchaus möglich, Inhalte aus Flash 4-Movies mit einem Flash 3-Plug-In zu betrachten, aber leider nur mit einer eingeschränkten Darstellung der neueren Funktionen. Zudem besteht das Flash 3- bzw. 4 Plug-In-Problem eigentlich nur für den Netscape-Browser, da der Explorer-Browser das 3er Plug-In automatisch auf die Version 4 updated und das 4er auf 5. Um das Plug-In Problem zu lösen, ergeben sich folgende Möglichkeiten:

- Sie empfangen den Betrachter auf einer normalen HTML-Einstiegsseite und erklären ihm, dass er für die Betrachtung Ihrer Site das entsprechende Flash Plug-In benötigt.
  Sie können dazu einen Flashfilm integrieren, welcher nur eine kleine Einstiegsanimation und eine z. B. mit «Enter» angeschriebene Schaltfläche enthält. Weisen Sie den Betrachter der Seite darauf hin, dass – wenn er die obige Animation sieht – das Flash-Plug-In bei ihm installiert ist; er könne nun auf die *Enter*-Taste klicken: Diese haben Sie mit einer «Get URL»-Aktion versehen, die zu Ihrer Startseite führt.
  Sofern der User nichts sieht, dann soll er das Plug-In herunterladen. Fügen Sie gleich einen Link ein, der auf die Download-Seite führt:

  http://www.macromedia.com/de/shockwave/download/?P1_Prod_Version=ShockwaveFlash&Lang=German

  Da der Download nur etwa 160 KB gross ist und die Macromedia Download-Site gut dokumentiert ist, bedeutet dies für den Anwender keinen grossen Aufwand, der sich aber allemal lohnt; *Flash ist definitiv «in»!*
- Erstellen Sie – als kundenorientierten Service – alternativ zur Flash-Site eine reduzierte HTML-Seite, die die wichtigsten Informationen enthält. Da in Flash bereits das Design erstellt ist, sollte dieser Aufwand nicht allzu gross sein.

Dennoch bedenken Sie: Der Aufwand, zwei Seiten up-todate zu halten, kann ziemlich gross sein!

PLUG-IN-ABFRAGE OHNE JAVASCRIPT

Tipp: Zum folgenden Beispiel finden Sie auf der CD-ROM eine entsprechende Musterdatei: «plugin.fla».

- Damit eine Abfrage ohne JavaScript funktioniert, muss Ihre «index.html»-Seite – d. h. für HTML-Kundige: die Startseite – einerseits einen «refresh»-MetaTag und andererseits ein kleines «.swf»-File enthalten.
- Der «refresh»-MetaTag wird dann ausgeführt, wenn kein Flash-file erkannt wird; wenn das Flash-file nicht erkannt wird, kann auch kein Plug-In vorhanden sein. Der MetaTag führt den User dann entweder auf eine Alternativ- oder die Flash-Download-Seite. Wenn das Flash-File erkannt wird, wird von diesem aus eine neue HTML-Seite aufgerufen, die dann die gewünschte Flash-Site enthält.
  Der MetaTag lautet folgendermassen:

  <META HTTP-EQUIV="Refresh" CONTENT="seconds_until_refresh; URL=non_flash_url">

  Verändern Sie den «CONTENT», indem Sie statt «seconds_until_refresh» eine Zahl einfügen; am besten zwischen 5 – 10 Sekunden. Dieser Wert steht dann für die Wartezeit, bis die Seite zur «no_flash»-Seite springt; geben sie dafür bitte bei «URL» die Adresse der «no_flash»-Seite an – z. B. ...

  <META HTTP-EQUIV="Refresh" CONTENT="10; URL=http://www.flash_download. html">

- Und nun zur Flash-Datei: Kreieren Sie nun einen Flash-Film in einer Grösse von mindestens 200x200 Pixeln und erstellen Sie darin ein Formtweening über drei Bilder mit zwei ineinander sich verwandelnden Objekten, welche die Hintergrundfarbe des Films haben. Die Animation soll also nicht sichtbar sein. Exportieren Sie dieses Movie in Version Flash 4.
- Geben Sie im Endbild der Animation die im Folgenden beschriebene Aktion ein:
- Öffnen Sie das Bedienfeld für Aktionen und wählen Sie «Get URL» und schreiben Sie dort die Adresse der Seite hinein, welche Ihren Flash-Film enthält:

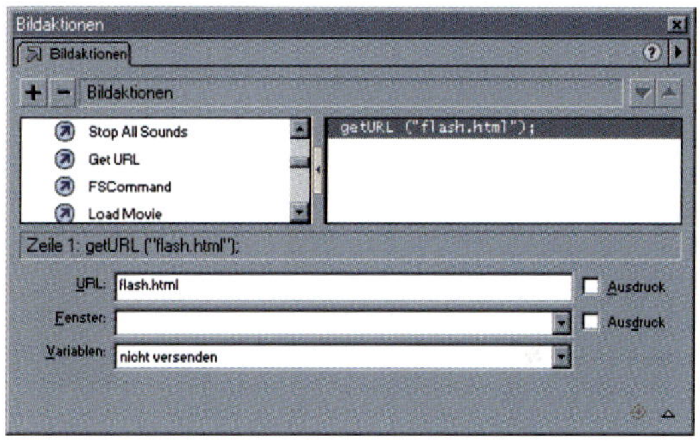

Geben Sie den «Get URL»-Befehl ein.

- Nun platzieren Sie dieses Flash-File in der «index.hml»-, also der Start-Seite (richtig, diejenige mit dem «refresh»-MetaTag).
  Der Effekt: Wenn das Flash-File erkannt wird, springt der Browser auf die im Flash-Film angegebene Adresse.
- Wenn Sie das Ganze noch ausgefeilter gestalten und auch noch verschiedene Versionen des Plug-Ins abfragen möchten, sei auch auf das Buch von Carlo Blatz / Gerald Marischka «Flash 5 und ActionScript professionell» verwiesen.

KAPITEL 13 | VERTIEFUNG: **WEBSEITEN-ELEMENTE**

INFORMATIONEN GEWINNEN – FORMULARE

EIN FORMULAR ERSTELLEN

Was wäre das Internet ohne die Möglichkeit, mit dem Anbieter der Website Kontakt aufzunehmen? Mit Flash 5 können Sie dabei komfortable Formulare einrichten. Aber Achtung: Nur Betrachtern ab dem Flash 4 Plug-In ist es möglich, diese Formulare zu nutzen!

Tipp: Auf der Buch-CD finden Sie die Musterdatei zum Beispiel «formular.fla».

1. Erstellen Sie ein neues Movie.
2. Nun benennen wir die «Ebene 1» in der Szene *Kontakt* mit «Formularfelder».
3. Wählen Sie das das Bedienfeld «Textoptionen» und wählen Sie Texteingabe.

Nun können Sie damit beginnen, die erforderlichen Eingabefelder zu erstellen.

Zur Unterscheidung: diese erkennen Sie am kleinen Quadrat rechts unten:

Ein Formular-Eingabefeld.

Bei normalen Textfeldern hingegen, in denen Sie Ihre Texte erzeugen, ist das Viereck Quadrat oben:

Ein normales Texteingabefeld.

4. Wählen Sie eine Schriftart, Schriftgrösse und Schriftfarbe aus dem Bedienfeld «Zeichen».
5. Ziehen Sie nun als Beispiel drei Textfelder auf der Bühne auf; ziehen Sie diese einfach nach rechts, damit sich das Textfeld der Schriftgrösse exakt anpasst.
6. Wählen Sie das erste Feld aus und benutzen Sie das Bedienfeld «Textoptionen».

Das Bedienfeld «Textoptionen» wird für die Parameter des Formulars verwendet.

7. Geben Sie dem Feld unter «Variable» einen Namen, damit man weiss, was dort eingetragen wird. Wenn dieses Feld z. B. den Namen des Benutzers speichern soll, dann benennen Sie dieses Feld mit «Name»; allzu weit sollten also die Bezeichnungen nicht vom eigentlichen Inhalt entfernt sein... ;-)
8. Wenn Sie «Rand» ankreuzen, wird Ihr Feld weiss dargestellt; sollten Sie «Rand» abgewählt lassen, wird das Formularfeld – wie nun in unserem Beispiel – durchsichtig dargestellt.
   So können Sie ein Formular beliebig nach Ihren Wünschen gestalten. Erzeugen Sie einfach ein Hintergrundbild und setzen an den gewünschten Stellen jeweils ein durchsichtiges Formularfeld.
9. Mit «Max Zch.» bestimmen Sie, wie viele Zeichen maximal in Ihr Feld eingegeben werden können.
10. Wiederholen Sie die Schritte 7 – 9 für die anderen zwei Felder.
11. Abschliessend erzeugen Sie in derselben Ebene bitte noch eine Schaltfläche; nennen Sie diese «senden».
12. Weisen Sie der «senden»-Schaltfläche dann die Aktion «get URL» zu.
13. Schreiben Sie ins Feld rechts unter URL ein: «mailto:name@provider.com» – also «mailto:» zusammen mit der E-Mail-Adresse des gewünschten Empfängers. Alternativ können Sie hier auch die Adresse eines gewünschten CGI-Scripts angeben.

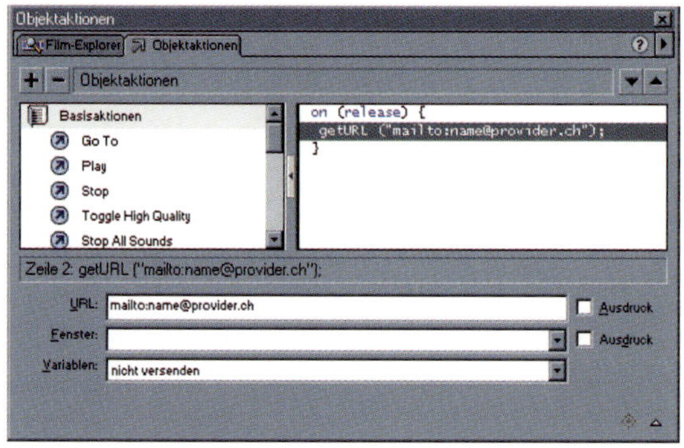

Geben Sie Ihre E-Mail-Adresse an.

Sie können auch noch weitere Parameter definieren; zum Beispiel böte sich auch ein Betreff oder ein erster Entwurf für den Mailtext als Anregung an, mit der Sie bei Ihrer täglich eingehenden E-Mail-Flut ein wenig mehr Herr werden können. Geben Sie als dazu als «mailto»-Adresse folgende Zeile ein:

«mailto:name@provider.com?
subject=Betreff&body=Mailtext»

Mit dieser von Ihnen formulierten Zeile wird in das sich öffnende Mailfenster somit zusätzlich ein «Betreff» und ein «Mailtext» eingefügt; den Betreff und Mailtext können bzw. sollten Sie dann nach Ihren Anforderungen abändern, zum Beispiel «InfoMaterial» und «Bitte senden Sie mir detailliertere Informationen über Ihr Angebot».

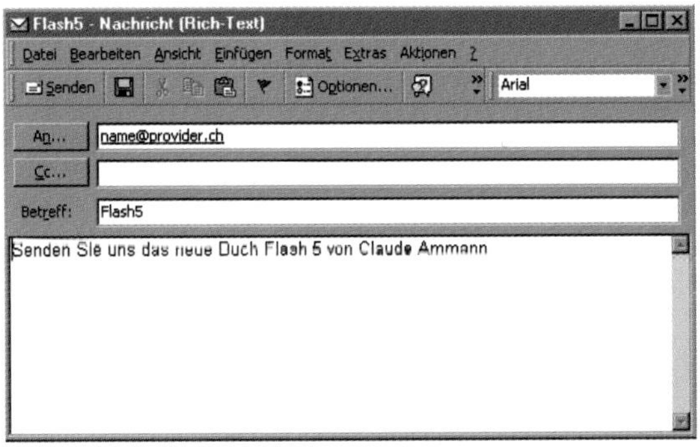

Die Eingaben werden direkt ins Mailfenster geschrieben.

So leicht ist es, die Interaktion mit dem User zu eröffnen! Allerdings sei Ihnen an dieser Stelle auch der Testlauf solcher Angebots-Seiten im Internet mit weiteren Personen aus Ihrem Umfeld ans Herz gelegt; sehr häufig erhalten Sie dann weitere hilfreiche Ratschläge, die Ihnen letztlich nur im positiven Sinne den Weg zum User ebnen...

Wollen Sie noch einen Ratschlag? Zu Anfang sollten Sie vielleicht weniger komplexe Formulare verwenden; manches Mal kann die Begeisterung bei der Formularerstellung fast schon zur «Volksbefragung» ausarten; und das erhöht eher die Hemmschwelle für einen User und potentiellen Kunden, seine persönlichen Daten in jedweder Form überhaupt zu hinterlassen. Arbeiten Sie also eher mit den Minimalanforderungen, um mit Ihren Kunden zu kommunizieren.

Wollen Sie gewährleisten, dass wirklich alle Surfer – auch solche mit dem Flash 3-Plug-In – in den Genuss Ihres Formulars kommen, rufen Sie über eine Schaltfläche – wie im nachfolgenden Abschnitt «Flash und JavaScript» beschrieben – ein neues Browserfenster auf, und platzieren dort Ihr Formular als HTML-Seite.

KAPITEL 13 | VERTIEFUNG: **WEBSEITEN-ELEMENTE**

DropDown-Menüs / Modulare Filme

Mit Flash haben Sie die Möglichkeit, den Film in verschiedene Segmente aufzuteilen, die dann als so genannte «.swf»-Files erst in verschiedenen Schritten aufgeladen werden; dies steuern wir mit der Action-Script-Aktion «load/unload Movie».

DROPDOWN-MENÜS

Zudem können Sie Ihre Flash-Präsentation noch mehr an den Bedürfnissen Ihrer Besucher ausrichten, indem Sie dann über ein DropDown-Menü verschiedene Movies laden oder auch entladen können.

Tipp: Die entsprechenden Musterdateien finden Sie auf der CD-ROM als «menu.fla, mov1.fla, mov2.fla».

- Erstellen Sie drei verschiedene Movies; nennen Sie sie «mov1», «mov2», und «menu».
- Gehen Sie in den Film «menu.fla». Am einfachsten wechseln Sie zwischen Ihren Filmen über die Menüleiste mit dem Menü **Fenster**. Zuunterst sehen Sie Ihre Filme, zwischen denen Sie nun wechseln können.
- Erstellen Sie drei genau gleich grosse Schaltflächen. Beschriften Sie diese Schaltflächen mit «Filme laden», «mov1» und «mov2». Färben Sie die Zustände *darüber* und *gedrückt* mit derselben Farbe ein, damit im Dropdown-Menü der Rollover funktioniert.
- Erstellen Sie eine neue Filmsequenz und nennen Sie diese «DropDownMenü».
- Geben Sie in «Schlüsselbild 1» der Filmsequenz eine Stop-Aktion.
- Ziehen Sie nun bitte in «Bild 1» der Filmsequenz eine Instanz der vorher erstellten Schaltfläche «Film laden».
- Klicken Sie auf diese Instanz und wählen Sie im Bedienfeld «Aktionen» den «Go to»-Befehl.
- Achten Sie darauf, dass rechts unter *on* bitte «press» (drücken) angewählt ist.
- In der «Go to»-Aktion wählen Sie unter *Typ* bitte «nächstes Bild».

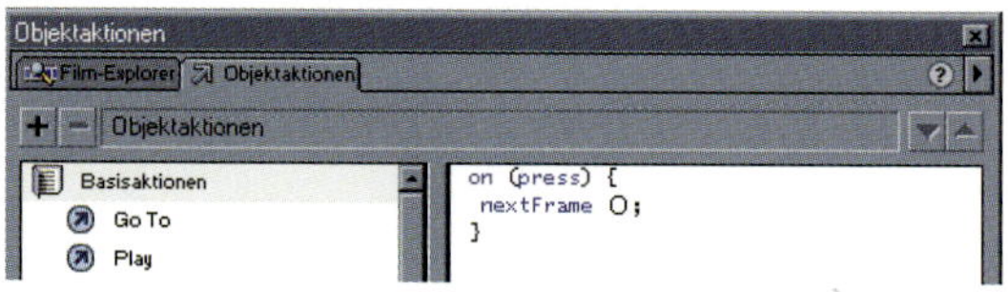

Geben Sie der Schaltfläche einen «Goto»-Befehl.

Sie haben nun die oberste Taste des DropDown-Menüs erstellt; nun müssen Sie die Tasten für das aufgeklappte Menü erstellen. Diese befinden sich nun im zweiten

Bild unserer Filmsequenz, d.h. wir drücken die Taste im ersten Bild, springen dabei in nächste Bild und dort befindet sich das eben erwähnte aufgeklappte Dropdown-Menü.

- Fügen Sie in der Filmschleife «DropDown-Menü» ein neues Schlüsselbild in «Bild 2» ein.
- Klicken Sie dieses an und fügen Sie eine Stop-Aktion ein.
- Weisen Sie der Schaltfläche «Filme laden» in «Bild 2» die Aktion «on release/go to previous» zu.
- Ziehen Sie nun je eine Instanz der Schaltflächen «mov1» und «mov2» auf die Bühne und ordnen Sie diese unter der ersten Instanz «filme laden» an .

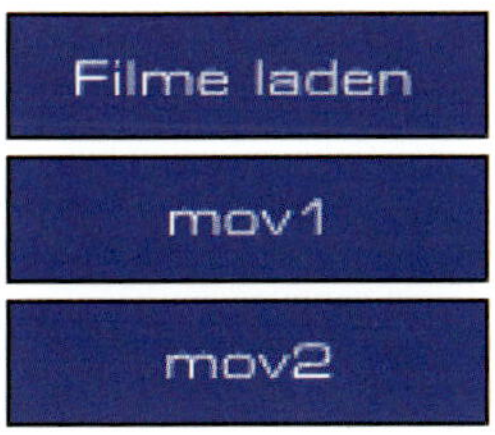

Ziehen Sie die Instanzen der Schaltflächen «mov1» und «mov2» unter die Schaltfläche «Filme laden».

- Weisen Sie nun den beiden neuen Tasten Aktionen zu, die ein neues Movie laden sollen: Klicken Sie nacheinander auf die zwei unteren Schaltflächen und weisen Sie ihnen eine «load movie»-Aktion zu; und zwar laden Sie dafür in der oberen der beiden das Movie «mov1.swf» in Position «Stufe 1»; darunter definieren Sie ein «unload Movie» in der «Stufe 2».
  Der unteren Taste weisen Sie nun noch unter «load Movie» das «movie mov2.swf» in der Position «Stufe 2» zu und geben danach ein «unload Movie» der «Stufe 1» ein.
  Das «unload Movie» führt nun dazu, dass ein Movie wieder entladen wird – d.h. wenn Sie «Movie 1» laden, entladen Sie gleichzeitig «Movie 2»; das führt dazu, dass immer nur ein Movie geladen und somit sichtbar ist.
- Fügen Sie nun beiden Aktionen nach »unload movie» ein «Go to» and «stop 1» zu; dies bewirkt, dass das DropDown-Menü nach erfolgter Auswahl wieder in den ursprünglichen Zustand in «Bild 1» zurückspringt.

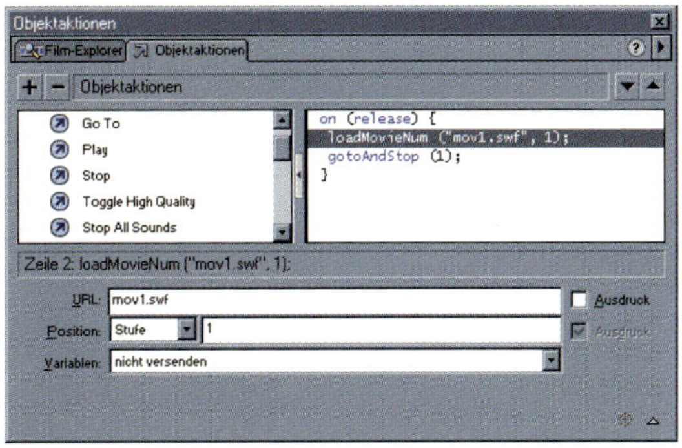

Laden Sie ein neues Movie über Ihren Hauptfilm.

- Nun müssen Sie allen Menü-Schaltflächen die Funktion «als Menü-Element behandeln» zuweisen; wählen Sie dazu das Bedienfeld «Instanz» und darin unter *Optionen* eben diese Funktion.

Wählen Sie unter Optionen «Als Menüelement behandeln».

- Jetzt können Sie noch den beiden unteren Schaltflächen einen Namen geben; nennen Sie sie «mov1» und «mov2».
- Nun fehlt noch die Funktion, dass – wenn Sie von den Menü-Items wegfahren – diese verschwinden.
  Erstellen Sie eine neue Schaltfläche und ziehen Sie ein beliebiges Rechteck im Aktiv-Schlüsselbild; die anderen Zustände lassen Sie leer.
- Gehen Sie nun ins «Bild 2» der Filmsequenz «DropDownMenü».
- Erstellen Sie eine neue Ebene und positionieren Sie diese unter der ersten; fügen Sie dann bitte ein Schlüsselbild in «Bild 2» ein.
- Ziehen Sie danach die eben erstellte Schaltfläche in «Bild 2» der «Ebene 2» und positionieren Sie diese genau hinter dem aufgeklappten Dropdown-Menü. Da wir hier nur einen Aktiv-Zustand definiert haben, erscheint die Fläche hellblau; dies bedeutet, dass diese auf der Bühne im exportierten Movie zwar aktiv, aber dennoch nicht sichtbar ist. Die hellblaue Fläche sollte auf allen vier Seiten um einiges grösser sein als das aufgeklappte Movie; wir wollen ja, dass – sobald Sie vom Menu wegfahren – eine Aktion ausgelöst wird.

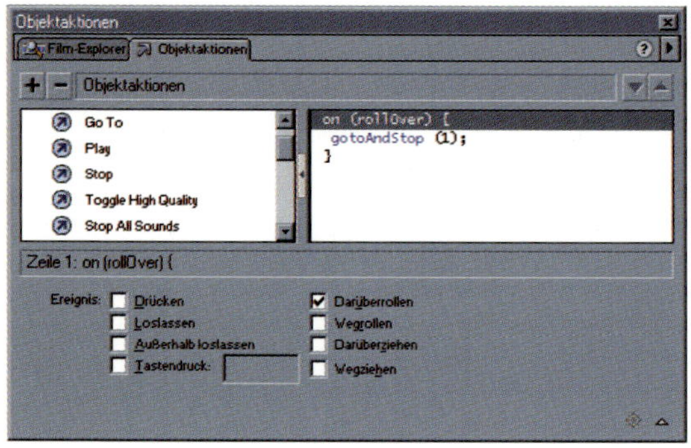

Legen Sie die Schaltfläche mit nur dem Aktiv-Zustand hinter Ihr DropDown-Menü.

- Fügen Sie diesem unsichtbaren Rechteck also eine Aktion zu und zwar «Go to» und «stop 1» bei «on rollover» – d.h. wenn ich vom DropDownMenü wegfahre und auf das unsichtbare Rechteck treffe, springt die Filmsequenz auf «Bild 1» und das Menü klappt zu.

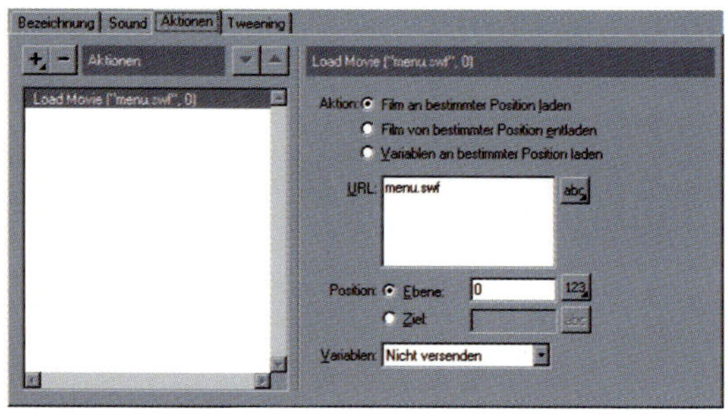

Wenn Sie mit der Maus über das unsichtbare Feld fahren, klappt das Menü zu.

- Gehen Sie zurück in «Szene 1» und ziehen Sie die Filmsequenz auf die Bühne.
- Gehen Sie in den Vorschaumodus; das DropDown-Menü funktioniert, aber die Aktionen natürlich noch nicht, weil Sie die Movies «mov1» und «mov2» noch nicht bearbeitet haben.

- Öffnen Sie «mov1» und «mov2» und erstellen Sie darin je eine beliebige Animation.
- Exportieren Sie die Movies in denselben Ordner wie die «.fla»-Filme und nennen Sie die exportierten Files wie gehabt «mov1» und «mov2».
- Spielen Sie jetzt Ihren Hauptmovie – entweder im Vorschaumodus oder im Flash-Player auf dem Schreibtisch – ab!

ZEITLEISTE IM HAUPTFILM VON EINER FILMSEQUENZ AUS ANSTEUERN

Flash-Movies können verschiedene Zeitleisten enthalten. Wenn Sie einen neuen Film aufmachen ist die Haupt-Zeitleiste immer auf dem «Level 0». Wenn nun eine Filmsequenz hinzugefügt wird, entsteht eine zweite Zeitleiste. Diese wird unabhängig von der Haupt-Zeitleiste abgespielt.
Um nun die Haupt-Zeitleiste von dieser Filmsequenz aus anzusprechen, bedarf es dem Tell Target Befehl.
Um ein bestimmtes Schlüsselbild in der Haupt-Zeitleiste anzusprechen – egal in welcher Szene – müssen Sie dem betreffenden Schlüsselbild eine Bezeichnung geben; eine Schlüsselbildnummer anzugeben, funktioniert nicht.
Filmsequenzen können als Navigationselement verwendet werden. Aber die Aktionen innerhalb einer Filmsequenz benötigen den Tell Target Befehl, um Aktionen an die Haupt-Timeline zu senden. Sie können mit dem Tell Target keine bestimmte Szene anspringen. Wenn Sie jedoch einem Schlüsselbild in einer bestimmten Szene einen Namen geben, springt der Abspielkopf genau dorthin. Mit einem normalen «Go to»-Befehl ist es nicht möglich von einer Filmsequenz aus in die Haupt-Zeitleiste zu springen.

Tipp: Das fertige fla-File befindet sich unter dem Namen «menu_nav.fla» auf der CD-ROM.

- Erstellen Sie ein neues Movie.
- Erstellen Sie eine neue Szene.
- Erstellen Sie in dieser neuen Szene – «Szene 2» – eine beliebige Animation.
- Geben Sie Schlüsselbild 1 im Bedienfeld «Bild» den Namen «animation».
- Erstellen Sie nun eine Schaltfläche und...
- ... danach erstellen Sie bitte eine Filmsequenz.
- Öffnen Sie die Filmsequenz und ziehen Sie eine Instanz der soeben erstellten Schaltfläche in die Filmsequenz.
- Klicken Sie auf Schaltfläche und wählen Sie das Bedienfeld «Aktionen».
- Wählen Sie den «tell target»-Befehl.
- Schreiben Sie beim Beginn des «tell target» unter Ziel einen so genannten Slash, «/»; Dieser «/» weist nun darauf hin, dass von der Filmsequenz aus die Haupt-Zeitleiste angesprungen werden soll.
- Danach folgt der «Go to and play»-Befehl; der Abspielkopf soll dabei wie soeben programmiert in die Hauptzeitleiste ins Schlüsselbild «animation» – erstes Bild «Szene 2» – springen und dort die Animation abspielen. Wählen Sie dazu einfach «Szene 2», «Bildmarkierung» und »animation».

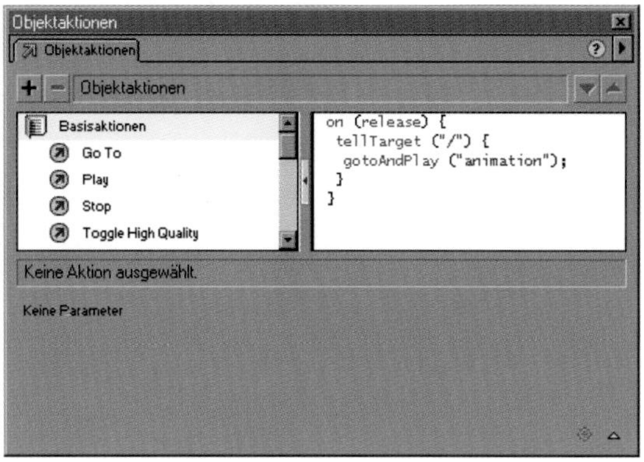

Die Hauptzeitleiste wird angesprungen
und die Animation abgespielt.

- Ziehen Sie die erstellte Filmschleife auf die Bühne in «Szene 1» hinein.
- Erstellen Sie bitte in «Bild 1» von «Szene 1» dann eine Stop-Aktion.
- Starten Sie bitte den Film im Vorschaumodus; drücken Sie auf die Taste, um die Animation zu starten. Wenn Sie die Taste klicken, springt der Abspielkopf in «Szene 2» zu «Bild 1», also dem so benannten Schlüsselbild «animation».

Diese Funktion können Sie vor allem im Zusammenhang mit DropDown-Menüs einsetzen. Und anstatt – wie im Beispiel über das DropDown-Menü – jeweils ein neues Movie zu laden, können Sie so einfach verschiedene Szenen anspringen; verwenden Sie dazu für jede Szene, welche angesprungen werden soll, ein mit einem Namen versehenes Schlüsselbild in «Bild 1». Platzieren Sie aber bitte dann auch in jeder Szene am gleichen Ort eine Instanz des Dropdown-Menüs – so können Sie aus wirklich jeder Szene jegliche andere Szene anspringen. Viel Spass!

JavaScript

EIN POPUP-FENSTER ÖFFNEN MIT JAVASCRIPT

Interessant wird Flash auch dann, wenn Sie einen Flash-Movie zum Beispiel auch mit «herkömmlichen» HTML-Seiten mischen. Solche können dabei auch sehr textlastige Informationen oder auch Formulare enthalten – selbst wenn Sie nicht das Flash 4-Plug-In verwenden wollen, sondern stattdessen noch das alte Flash 3-Plug-In. Durch eine solche Kombination nutzen Sie die «schlanken» Vorteile beider Varianten.
Flash ist also in der Lage, durch eine Schaltfläche ein neues Browserfenster zu öffnen, in welchem eine beliebige HTML-Seite angezeigt werden kann.

Tipp: Die Musterdatei hierzu finden Sie auf der CD-ROM unter der Bezeichnung «javascript.fla».

- Erzeugen Sie einen neuen Flash-Film.
- Erstellen Sie eine Schaltfläche und wählen Sie «Aktionen».
- Wählen Sie einen «get URL»-Befehl.
- Geben Sie – anstelle einer Adresse – folgendes Script ein:

javascript:popWin ('link.html','Titel',400,300,false)

Die Werte 300 und 400 im oberen Code-Beispiel stehen für die Breite und Höhe (in Pixeln) des zu öffnenden Browser-Fensters. Verändern Sie diese Werte um die Grösse Ihren Bedürfnissen anzupassen.

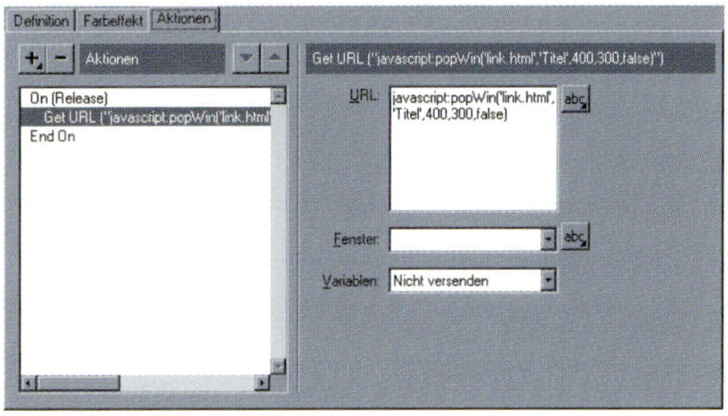

Schreiben Sie unter Get URL Ihr JavaScript.

- Speichern Sie den Film in einem neuen Ordner ab und veröffentlichen Sie ihn; im neuen Ordner liegen nun die drei Dateien – das «.fla»-, «.swf»- und das «.html»-File.
- Öffnen Sie nun die just veröffentlichte HTML-Seite in einem beliebigen Editor wie GoLive oder Dreamweaver.

- Geben Sie nun im Head-Tag folgendes Script ein – so Sie sind nun frei, dieses Script Ihren Bedürfnissen anzupassen:

```
<script language="javascript">
function popWin( url, name, width, height,
scroller ) {var outStr = 'height=' + height +
',width=' + width;
if (scroller != 'true') {outStr = outStr + ',menu-
bar=no,toolbar=no,location=no, directories=no,
status=no,scrollbars=yes,resizable=no';}
else {outStr = outStr + ',menubar=no,toolbar=
no,location=no,directories=no,status=no,scroll-
bars=no,resizable=no';}
window.open(url, name, outStr);}
</script>
```

- Übernehmen Sie den Code einfach aus der HTML-Datei Javascript.html mit *Copy/Paste* in das gewünschte HTML-Dokument.

  Nun erzeugen Sie im selben neuen Ordner eine neue HTML-Seite und nennen diese «link.html»; diese wird dann ins neue Popup-Fenster geladen, wenn Sie auf Ihre Schaltfläche klicken. Der Name «link.html» entspricht der Seite, die Sie in der Aktion für Ihren Button angegeben haben – Sie können diesen Namen natürlich beliebig ändern.

  Bitte beachten Sie, dass wenn Sie in der Button-Aktion «.html» – also mit einem «l» am Schluss – eingegeben haben, die Seite ebenso «.html» nennen und nicht «.htm» (ohne «l»).
- Rufen Sie das Movie mit der Schaltfläche auf und klicken Sie Ihr Popup-Fenster öffnet sich!

KAPITEL 14

Bewährte Hilfen in Flash

VEKTOR-UMRECHNUNGSTOOL

In Flash ist ein sehr wirkungvolles Tool eingebaut – die so genannte «Vector-Engine»: Sie ermöglicht es, Bitmap-Bilder in Vektorbilder umzuwandeln. So eignet sich dies vor allem für einfache Bilder mit wenig Verläufen. Wollen Sie hingegen komplizierte Bilder vektorisieren, wird die Dateigrösse schnell grösser als das ursprüngliche Bitmap-Bild; und das wäre weniger vorteilhaft.

- Importieren Sie ein Bitmap-Bild und wählen Sie dann **Modifizieren | Bitmap nachzeichnen**.
- Eine Dialogbox erscheint; experimentieren Sie im nun erscheinenden Fenster, bis Sie die optimale Bildqualität erhalten.

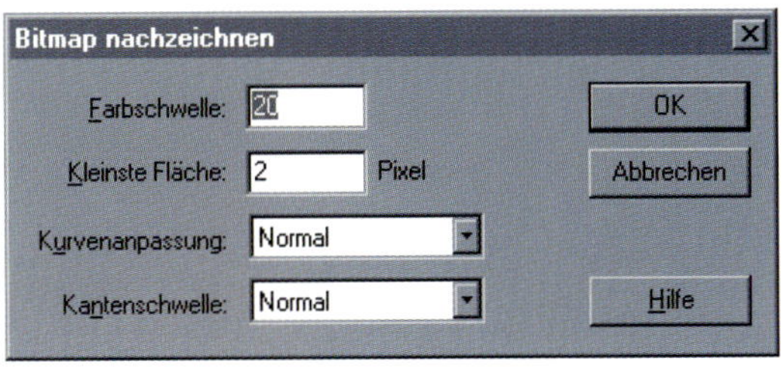

Die Dialogbox zur Vektorumrechnung.

Hier nun die einzelnen Optionen dieses Tools:

FARBSCHWELLE

Die *Farbschwelle* bestimmt, wann benachbarte Farbpixel als «gleich» behandelt werden: Je grösser der Wert ist, den Sie eingeben, desto unterschiedlicher können Pixel sein, um dennoch als «farbidentisch» betrachtet zu werden.

KLEINSTE FLÄCHE

Kleinste Fläche bestimmt die Anzahl der umliegenden Pixel, die bei der Zuordnung einer Farbe in Betracht gezogen werden.

KURVENANPASSUNG

Kurvenanpassung bestimmt, wie glatt die Konturen gezeichnet werden.

KANTENSCHWELLE

Kantenschwelle bestimmt, ob eckige Kanten beibehalten oder geglättet werden.

Im Folgenden stellen Sie nun fest, wie viel Speicher genau Ihr neu in Vektoren umkonvertiertes Bild benötigt:

- Erstellen Sie mittels **F8** aus dem neu errechneten Vektorbild ein Symbol.
- Gehen Sie mit Ihrem neuen Symbol in den Symbol-Bearbeitungsmodus.
- Drücken Sie *Ctrl/Alt/Enter*; der Vorschaumodus erscheint. Da Sie diesen eben aus dem Symbol-Bearbeitungsmodus aufgerufen haben, wird auch nur das Symbol angezeigt. Schauen Sie dann bitte oben im Bandbreitenprofil unter Grösse, wie viel Speicherplatz Ihr Symbol benötigt. Wenn es zu gross ist, sollten Sie die Umrechnungs-Parameter im entsprechenden Vektorumrechnungs-Tool ändern.

Tipp: Als Vektoren eignen sich vor allem Bilder mit wenigen Farben und scharfen Kanten. Dagegen lassen Bilder mit vielen Verläufen oder Fotografien die Speichergrösse gewaltig in die Höhe schnellen, sobald sie in Vektoren konvertiert werden. Fotografien sollten aus diesem Grund eher als Bitmap belassen werden. Aber auch hier haben Sie die künstlerische Freiheit zu experimentieren!

AUSRICHTEN

Wählen Sie das hier rechts oben dargestellte Ausrichten-Bedienfeld aus **Fenster | Bedienfelder | Ausrichten**.

AUSRICHTEN

Ausrichten bestimmt, wie die Objekte platziert werden sollen. Wählen Sie die auszurichtenden Objekte an, indem Sie gleichzeitig die *Shift*-Taste drücken; wählen Sie dann die gewünschte Ausrichtung der Objekte.

Das Bedienfeld «Ausrichten».

VERTEILEN

Hier werden die angewählten Objekte in einem gleichmässigen Abstand verteilt.

GRÖSSE ANPASSEN

Grösse anpassen passt Objekte in Breite, Höhe oder in beidem an. Dabei wird stets jeweils das kleinere dem grösseren Objekt angepasst. Wie Sie im Bild sehen, wird links die Breite angepasst, in der Mitte die Höhe und rechts beides zugleich.

AN BÜHNE AUSRICHTEN

Mit der Taste auf der rechten Seite des Bedienfeldes werden die angewählten Objekte an der Bühne ausgerichtet. Die Taste wählen Sie dabei am besten an und kombinieren Sie anschliessend mit den oben erwähnten Möglichkeiten – dies hat eine zusätzliche Ausrichtung zur Bühne zur Folge.

BIBLIOTHEK

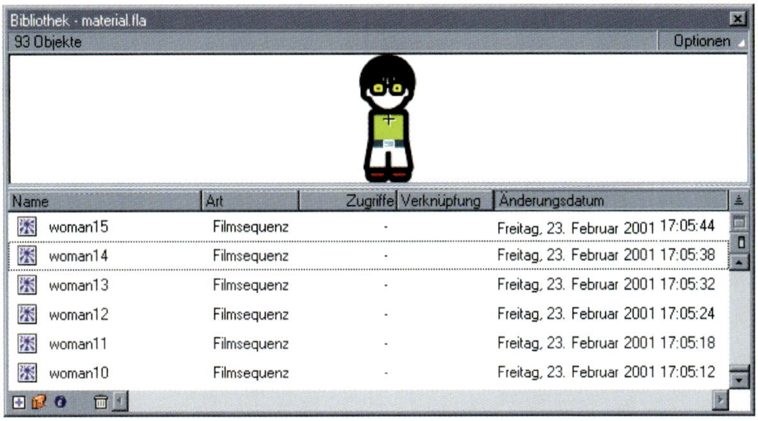

Der Inhalt der Bibliothek kann u.a. nach Name, Art und Änderungsdatum sortiert werden.

Die Abspieltasten bei Symbolen.

Oben rechts im Symbolbild – unter den Optionen – befindet sich eine Abspiel- und eine Stop-Taste; demzufolge können Sie mit diesen Tasten Film-Sequenzen abspielen oder sich Sounds anhören.

- Mit der kleinen hellbraunen Tasche unten links können jetzt einzelne Ordner erzeugt werden. Klicken Sie auf den Ordner und folgen Sie den Anweisungen zur Erstellung eines solchen.
  Ziehen Sie anschliessend die gewünschten Symbole auf den Ordner, um diese darin zu verstauen.
  Doppelklicken Sie den Ordner, um diese zu öffnen; um ein Symbol dann aus einem Ordner herauszunehmen, ziehen Sie es aus diesem Ordner heraus und lassen es in der Bibliothek ausserhalb des Ordners einfach fallen.
- Das Icon ganz links erzeugt ein neues Symbol.
- Das kleine «i» öffnet ein Dialogfenster, in dem Sie die Symbolart verändern und das Objekt bei Bedarf weiterbearbeiten können.
- Mit dem Papierkorb löschen Sie einzelne Symbole, indem Sie das zu löschende Symbol anwählen und auf den Papierkorb klicken.

GRAFIKEN VEREINFACHEN

Um Speicherplatz zu sparen, versuchen Sie Ihre Vektorbilder so einfach wie möglich zu gestalten. Wenn Sie ein komplexeres Bild importieren, haben Sie die Möglichkeit dieses durch eine einfache Funktion zu vereinfachen.

- Importieren oder zeichnen Sie ein Vektorbild; brechen Sie es gegebenenfalls mit *Ctrl/B* auseinander.
- Wählen Sie das gesamte Bild aus und wählen Sie bitte dann **Modifizieren | Optimieren**; folgendes Fenster erscheint:

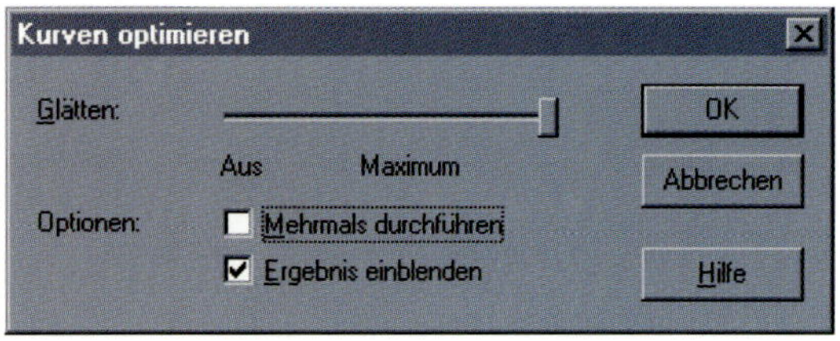

Das Dialogfeld zur Optimierung von Vektorgrafiken.

GLÄTTEN

Hier bestimmen Sie, wie stark die Vektoren im Bild reduziert werden.

OPTIONEN

Mehrmals durchführen führt die Glättenfunktion mehrmals aus. *Ergebnis einblenden* zeigt auf, wie viele Vektoren und um wie viel Prozent das Bild verkleinert wurde.

BEZEICHNUNGEN / «LABELS»

Wann immer Sie die Möglichkeit haben, verwenden Sie für Schlüsselbilder, die Sie als Sprungziel einsetzen wollen, so genannte «Bezeichnungen» oder Englisch «Labels». Bezeichnungen sind deshalb wichtig, weil es in einem Flash-Projekt doch recht oft zu Änderungen kommt. Wenn sich die Bilder verschieben, verschiebt sich auch das Sprungziel.

Mit festen Bezeichnungen stellen Sie sicher, dass sich das Sprungziel immer gleich bleibt.

- Wählen Sie das Bedienfeld «Bild»:

- Wählen Sie als Bezeichnung einen Namen Ihrer Wahl – hier etwas einfach «label».
- Klicken Sie auf *OK*; Sie sehen folgendes Bild:

Ihr Schlüsselbild ist nun beschriftet und kann an sofort von einem *Goto*-Befehl als Bezeichnung angesprungen werden.

Der Name befindet sich in der Gehe zu-Aktion dann unter *Bezeichnung*. Bitte beachten Sie: Der Name des Schlüsselbilds in der Zeitleiste ist nur sichtbar, wenn sich dahinter weitere Bilder befinden!

Ergänzungs-Tools

Swift 3D

Swift 3D von «Erain» ist ein Programm, welches die Erstellung von einfacheren bis komplexeren 3D-Objekten ermöglicht. Das Besondere daran ist: Die Objekte werden in Vektoren umgewandelt und beanspruchen extrem wenig Speicherplatz. Dies ist natürlich optimal für die Zusammenarbeit mit Flash! Wir erinnern uns kurz: Früher brauchte man für 3D-Animationen Stunden, wenn nicht sogar Tage; alles musste mühsam per Hand nachgezeichnet werden.

Diese Zeiten sind nun mit Swift 3D vorbei. Ihr fertiges 3D-Bild bzw. die fertige Animation exportieren Sie einfach als Flash «.swf»-File und importieren dieses anschliessend wieder in Ihren Flash-Film. Generell kann ich Sie dabei aber nicht ohne den Hinweis «entlassen», auch hier auf den Speicherplatz zu achten; halten Sie also Ihre 3D-Objekte so einfach wie möglich...

Mit der Möglichkeit, einfache 3D-Objekte in Ihre Flash-Movies zu integrieren, bringen Sie die Qualität Ihrer Websites in eine andere Dimension – nämlich in die dritte Dimension! Sie sollten sich dabei stets zu Anfang fragen, ob und wann der Einsatz von 3D-Objekten sinnvoll ist und ob diese auch wirklich in die Konsistenz Ihrer Seite passen, denn sich drehende Objekte können manchmal auch überaus störend wirken. Durch richtig eingesetztes 3D jedoch wird Ihre Site sicherlich mehr Beachtung finden und den Betrachtern neue Erlebnisse in der Welt des World Wide Webs ermöglichen. Wenn Sie Swift 3D mit Flash zusammen benutzen – was die meisten sicherlich tun werden –, ist es wichtig, dass Sie sich Gedanken machen, wo der Einsatz von Swift 3D und wo eher Flash angebracht ist.

Tipp: «Bewegungen von A nach B» können ebenso wie «Skalierungen» einfacher im Flash durchgeführt werden. Sinnvoll ist der Einsatz von Swift 3D gerade bei «Drehungen von Objekten», d. h. dann, wenn die dritte Dimension zum Einsatz kommt.

DIE ELEMENTE VON SWIFT 3D

Werkzeugleiste

Mit der Werkzeugleiste werden die wichtigsten Funktionen in Swift 3D ausgeführt.

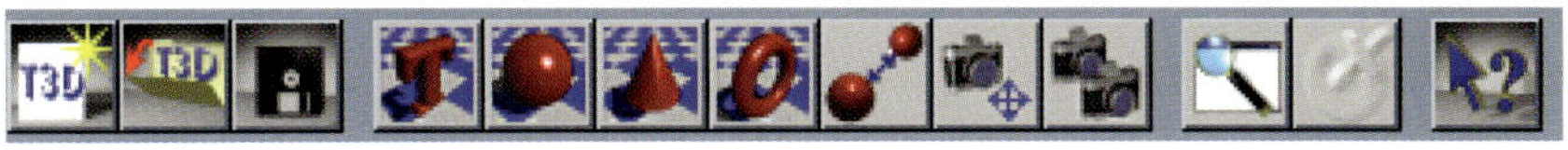

Wichtige Funktionen auf einen Blick.

Eigenschafts-Box

In der Eigenschafts-Box bearbeiten Sie die angewählten Objekte und verändern sie nach Ihren Wünschen.

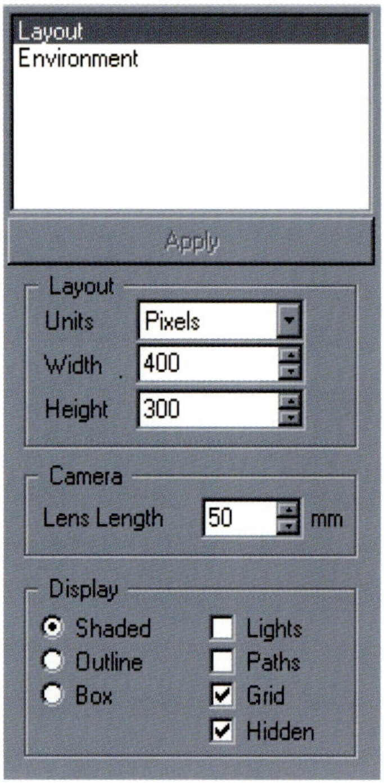

Die Eigenschafts-Box ist – ähnlich wie im Flash – eine Art «Bedienfeld», in dem die angewählten Objekte verändert werden können.

Zeitleiste

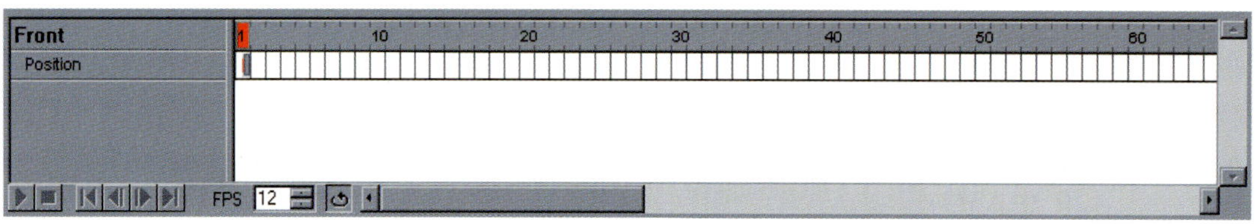

Die Zeitleiste ist das Instrument, in dem Animationen erstellt und überwacht werden können.

Die Zeitleiste ist – ebenso wie in Flash – in einzelne eingeteilt. Auch hier gibt es mit dem roten Rechteck einen so genannten Abspielkopf. Dieser läuft bei einer Animation von links nach rechts über die Zeitleiste. Die Bilder werden nacheinander abgespielt; dadurch ergibt sich eine fortlaufende Bewegung.

Bühne

Auf der Bühne sehen Sie – analog zur Flash-Bühne – Ihre Objekte und Animationen. Hier entstehen die Bilder, welche Sie anschliessend exportieren können.

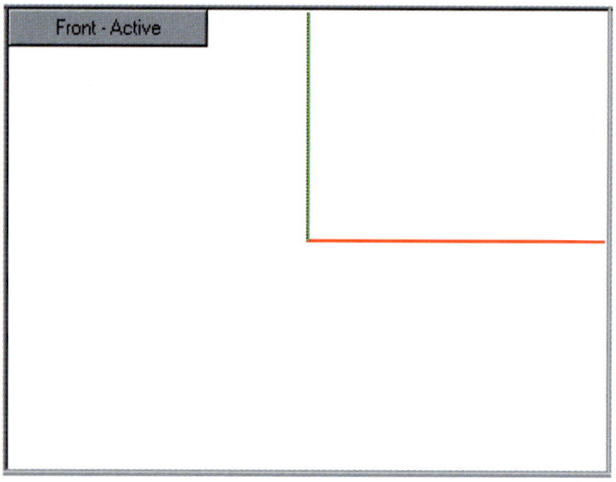

Auf der Bühne wird die Animation abgespielt beziehungsweise Ihr dreidimensionales Objekt angezeigt.

Objekt-Trackball

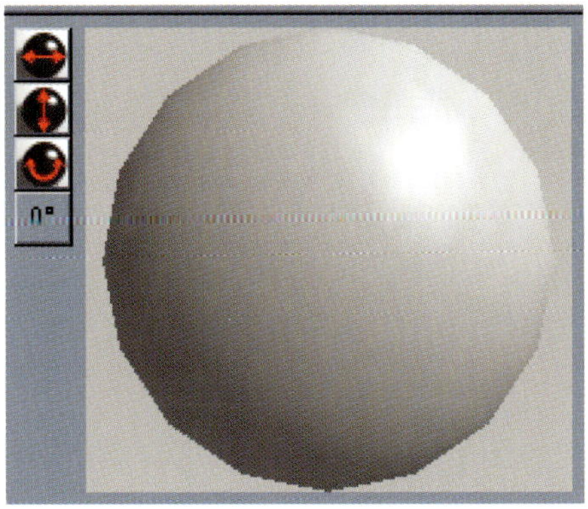

Den Objekt-Trackball verwenden Sie zum Drehen Ihrer Objekte.

Mit dem Objekt-Trackball werden Ihre Objekte im Raum gedreht. Packen Sie dazu einfach den Trackball mit der Maus und drehen ihn durch Ziehen mit gedrückter Taste; das Objekt dreht sich analog dazu frei im Raum.

Licht-Trackball

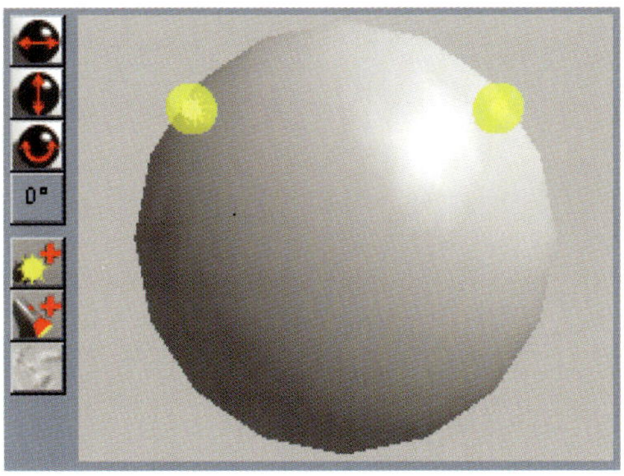

Mit dem Licht-Trackball setzen Sie Lichtquellen, um Ihr 3D-Objekt nach Ihren Wünschen zu beleuchten.

Mit dem Lichttrackball erschliessen Sie sich die «Welt des Lichts»: Dies ist ein wichtiger Teil der 3D-Technologie. Der Licht-Trackball ist dabei so einfach wie nützlich. Bringen Sie zum Ausprobieren so viele Lichtquellen ins Spiel, wie Sie möchten.

Wählen Sie dann zum Beispiel zwischen «Stablicht» und «normalem Licht». Ziehen Sie die Lichtquellen auf dem Trackball umher und wählen Sie so die gewünschte Position der Lichtquellen.

Material- und Animations-Palette

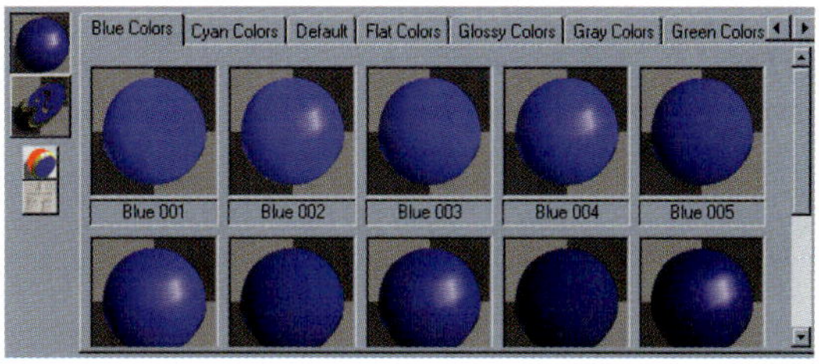

Aus der Material- und Animations-Palette wählen Sie Ihre Materialien sowie vorgefertigte Animationen aus.

Die Material- und Animations-Palette benutzen Sie zur Auswahl Ihrer Materialien, die dann auf Ihr Objekt angewendet werden können; auch können Sie hier auf vorgefertigte Animationen zurückgreifen, die Sie natürlich alle beliebig editieren und daraus auch eigene erstellen können.

Verschieben der Elemente

Sie können nun diese verschiedenen Elemente nach Belieben verschieben: Fahren sie einfach auf eine Abgrenzung, bis der Pfeil erscheint und ziehen Sie die Elemente in die gewünschte Grösse. Sie können die Elemente auch austauschen: Fahren Sie dazu auf ein Element, bis der Cursor sich in ein Pfeil mit vier Spitzen verwandelt; ziehen Sie nun das Element an den gewünschten Ort. Bitte beachten Sie hier: Je nach Auflösung sind die Elemente verschieden angeordnet; die optimale Anordung erhalten Sie bei einer Auflösung von 1024 x 768 Pixeln!

PRAKTISCHES ARBEITEN

Orientierung auf der Bühne

Auf der Bühne sehen Sie, was später als Bild oder Animation exportiert wird; sie ist dabei mit einer Kamera vergleichbar, durch die Sie auf Ihre Objekte blicken: So können Sie Ihre Objekte von allen möglichen Seiten betrachten. Oder stellen Sie sich einen durchsichtigen Würfel vor, durch den Sie Ihr Objekt von allen Seiten anschauen können!
Die verschiedenen Achsen im Raum sind in Swift 3D folgendermassen dargestellt:

- *x*-Achse oder *horizontale Achse*: als rote Linie
- *y*-Achse oder *vertikale Achse* : als grüne Linie
- *z*-Achse oder *Achse in die Tiefe*: als blaue Linie, wobei diese zuerst nur als Punkt dargestellt wird, bis Sie die Kameraperspektive ändern.

Kameraperspektiven

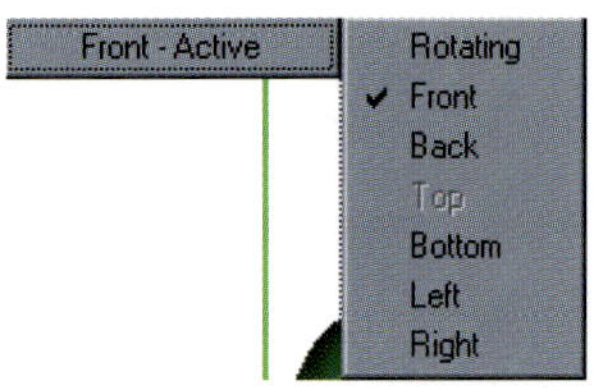

In diesem DropDown-Menü bestimmen Sie die Perspektive der Kamera.

Aus dem Drop-Down-Menu «Front Active» wählen Sie die Kameraperspektive aus: «Rotating» ermöglicht Ihnen, die Kamera rotieren zu lassen; dies ist besonders interessant im Zusammenhang mit animierten Kameras; aber dazu gleich mehr.

FRONT
Vorderansicht

BACK
Ansicht der Rückseite

BOTTOM
Ansicht von unten

LEFT
Ansicht von links

RIGHT
Ansicht von rechts

Importieren einer EPS- / Illustrator-Datei

Nun lernen Sie anhand eines einfachen Beispiels die vorher aufgeführten Elemente von Swift 3D einzusetzen.

- 

Öffnen Sie ein neues Dokument mit dieser Taste.

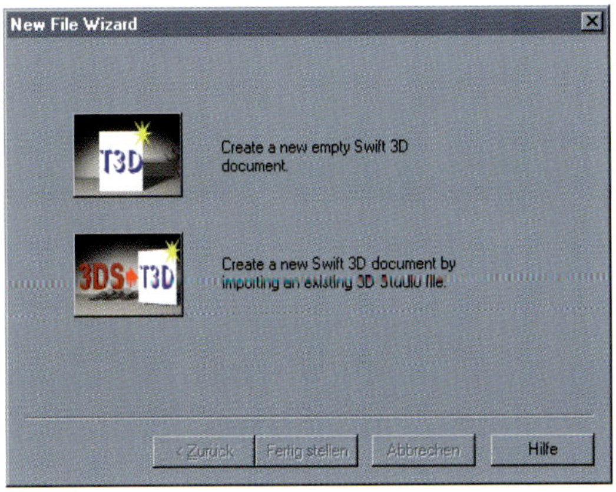

Wählen Sie zwischen einem normalen Dokument oder dem Import eines 3D Studio Max-Modells.

Hier bestimmen Sie, ob Sie in einem neuen Swift 3D-Dokument ein Modell erstellen möchten, oder ob Sie ein bereits von Ihnen erstelltes Modell – im *3D Studio Max*-Format – importieren möchten. Wählen Sie bitte in unserem Beispiel die obere Taste.

- Erstellen Sie bitte in einem Vektor-Zeichenprogramm – Illustrator, FreeHand oder natürlich Flash – ein farbiges Quadrat und speichern Sie dieses im «.ai»- oder «.eps»-Format.
- Wählen Sie im Swift 3D **File | Import** und wählen Sie die vorher abgespeicherte «.ai»- oder «.eps»-Datei.
- Ihr Quadrat wird importiert und erscheint auf der Bühne.
- Fahren Sie nun mit der Maus auf die Bühne und ziehen Sie dies bei gedrückter rechter Maustaste nach unten oder nach oben; Sie sehen, das Quadrat wird kleiner beziehungsweise grösser; d. h. die Kameraperspektive zoomt heran oder weg.
- Klicken Sie mit der linken Maustaste auf das Quadrat und ziehen Sie dies umher; so können Sie das Quadrat verschieben.
- Klicken Sie nun einmal auf das Quadrat und schauen Sie nach links unten in den Objekt-Trackball; dort erscheint dasselbe Quadrat wie auf der Bühne:

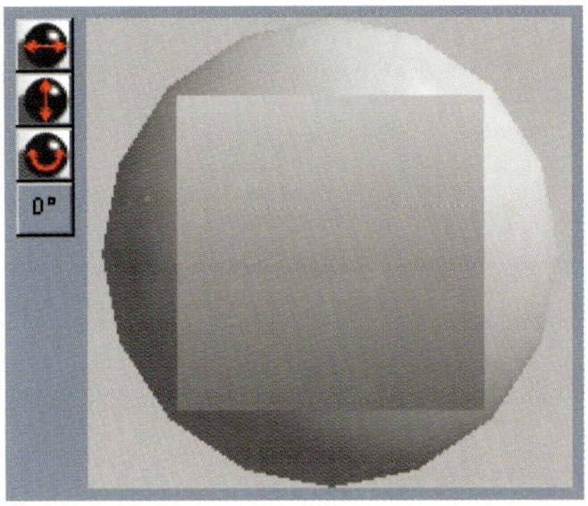

Hier erscheint Ihr Quadrat auf dem Objekt-Trackball.

- Fahren Sie nun bei gedrückter Maustaste über den Trackball und drehen Sie so das Objekt in die gewünschte Richtung. Verwenden Sie – je nach Bedarf – auch die drei Tasten links oben, um gewisse Drehrichtungen zu blockieren.

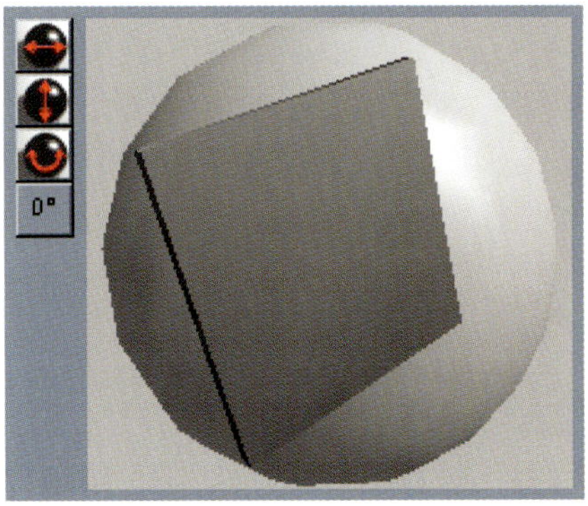

Mit dem Objekt-Trackball wird ein Objekt im Raum gedreht.

EINSATZ EINZELNER ELEMENTE IN DER EIGENSCHAFTS-BOX

Nun lernen Sie den Umgang mit den wichtigsten Elementen und Werkzeugen. Als Erstes betrachten wir der Reihe nach die wichtigsten Funktionen der Eigenschafts-Box. Sie wählen diese Funktionen aus, indem Sie links oben die einzelnen Bereiche anklicken:

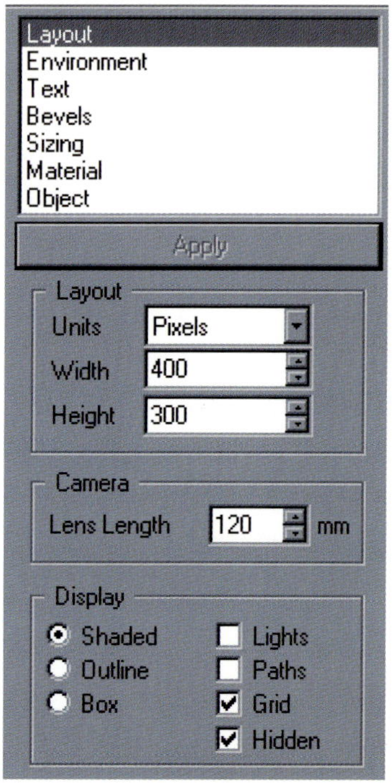

Hier können Sie die verschiedensten Veränderungen vornehmen.

Aktivierung via «Apply»

Die Taste «Apply» führt die gewünschten Veränderungen aus.

Wichtig bei der Eigenschafts-Box ist die Taste *Apply*; wenn Sie im unteren Teil der Box Veränderungen vorgenommen haben, drücken zur Aktivierung derselben auf der Bühne die *Apply*-Taste.

Widmen wir uns nun den wichtigsten Eigenschaftsmöglichkeiten dieser Box: Wenn Sie im oberen Teil einen Eintrag – wie z. B. «Layout» – auswählen, können Sie dessen Werte unten verändern. Die Werte im unteren Teil der Eigenschafts-Box können Sie auf drei verschiedene Arten verändern:

- Drücken Sie auf die kleinen Pfeile, um den Wert jeweils nach oben oder nach unten um «eins» zu vergrössern bzw. verkleinern.
- Klicken Sie ins Zahlenfeld und geben Sie über die Tastatur eine beliebigen Wert ein.
- Fahren Sie mit der Maus zwischen die zwei Pfeile, bis sich der Cursor in einen Pfeil mit zwei Spitzen verwandelt; klicken Sie dann und ziehen Sie mit gedrückter Maustaste nach oben oder unten. Auf diese Art können Sie die Werte schnell nach oben oder unten verändern.

Layout

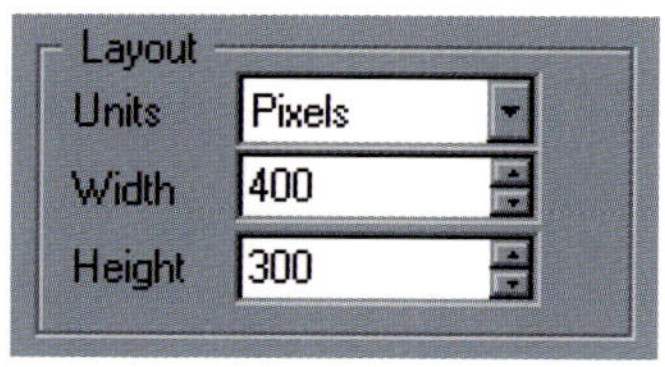

Hier wird die Bühnengrösse bestimmt.

In dieser Layoutbox legen Sie die Grösse der Bühne fest.

UNITS
Wählen Sie die Einheit, in der die Bühnengrösse erscheinen soll.

WIDTH
Bestimmt die Breite der Bühne.

HEIGHT
Dies definiert die Höhe der Bühne.

Kamera und Display

LENS LENGTH
Hier wir der Zoom der Kamera bestimmt. Hierzu mein Rat: Geben Sie selbst ganz verschiedene Werte ein und verfolgen Sie, wie sich der Kamerazoom verändert.

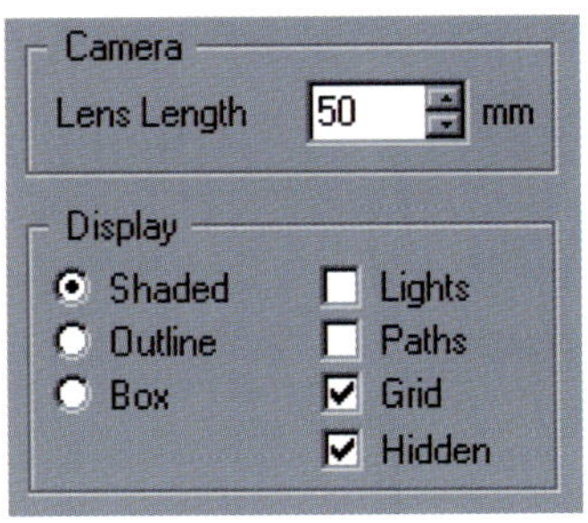

Mit «camera» und «display» können Sie wichtige Grundeinstellungen vornehmen.

Shaded, Outline und *Box* sind drei wie folgt beschriebene verschiedene Darstellungsarten:

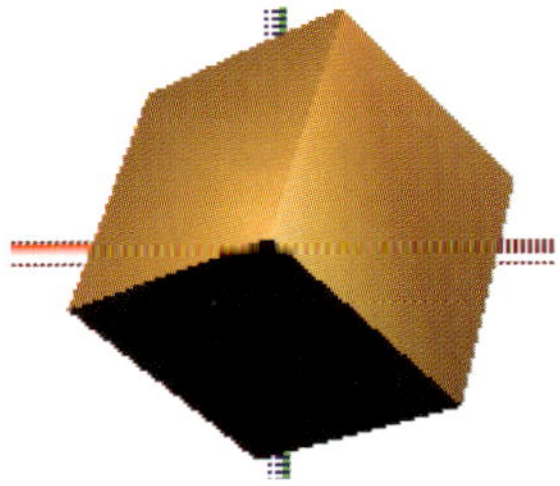

«Shaded» stellt einen Quader mit ausgefüllten Flächen dar.

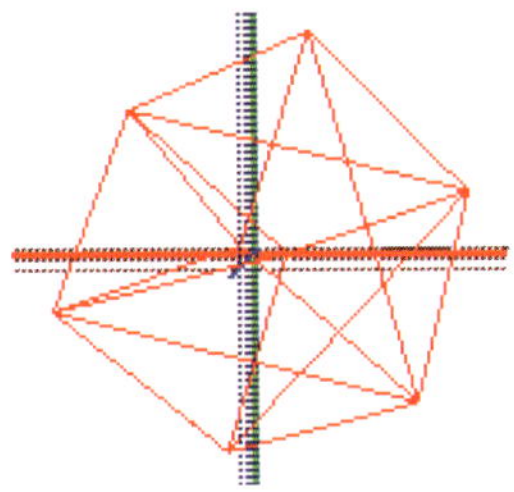

«Outline» stellt den Quader mit allen Linien dar; dies ist besonders nützlich, wenn viele Objekte dargestellt werden müssen.

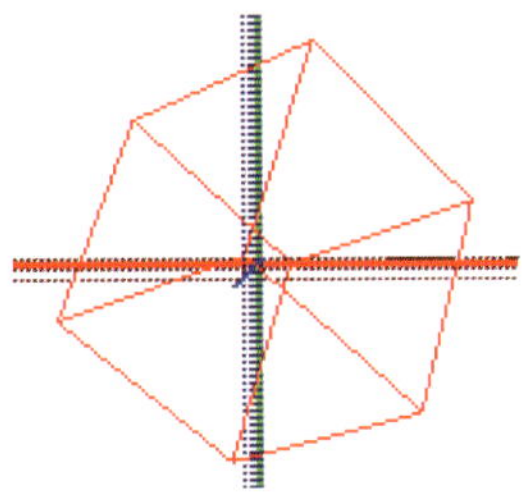

«Box» stellt den Quader nur mit den äusseren Linien des Objektes dar.

- «Lights» muss dann eingeschaltet sein, wenn die Lichtquellen auf der Bühne sichtbar sein sollen; diese Funktion kommt folglich unter «Lichtquellen» zum Einsatz.
- «Path» zeigt Ihnen die Animations-Pfade auf; diese werden mit einer violetten Linie dargestellt.
- «Grids» lassen Sie – wie in Flash 5 – ein Linienraster ein und ausblenden.

Tipp: Bitte beachten Sie unbedingt: Vergessen Sie nicht, die «apply»-Taste zu drücken, wenn Sie die Änderungen auf der Bühne sichtbar werden lassen wollen.

Environment

Environment heisst soviel wie «Umgebung»; Sie können zwei Einstellungen beinflussen:

- *Background Color* beschreibt die Hintergrundfarbe. Da wir das Programm vor allem in Zusammenhang mit Flash 5 besprechen, spielt diese Option jedoch keine Rolle, zumal die gerenderten, d. h. berechneten Objekte, ja auf die Hintergrundfarbe Ihres Flash 5-Films platziert werden.
- *Ambient Light* berechnet das Licht, das in der Umgebung Ihres Objektes herrscht; gerade leuchtende Materialien übernehmen dieses Licht. Der praktische Nutzen dieser Funktion liegt aber vor allem in der Aufhellung bzw. Abdunkelung – durch die Wahl von «Weiss» beziehungsweise «Schwarz» – Ihrer Szene und Objekte.

Bevels

Diese Funktion erklärt sich am besten an folgendem praktischen Beispiel:

- Löschen Sie das etwaig noch vorhandene Quadrat, indem Sie es anklicken und die *Entf*-Taste drücken.
-  Drücken Sie bitte dann die diese Taste, um einen neuen Text zu erstellen.
- Das Wort «Text» erscheint auf der Bühne. Benutzen Sie nun diesen 3D-Text, um die Wirkung der im Folgenden erklärten so genannten «Bevels» zu testen.

Bevels bestimmen, wie der Übergang von der Vorder- zur Rückseite Ihres Objektes dargestellt werden soll.

Mit Bevels bestimmen Sie die Verbindung zwischen der Vorder- und Rückseite Ihrer Objekte: «Depths» definiert dabei die Stärke der jeweiligen Bevels; es stehen fünf Bevel-Varianten zur Verfügung:

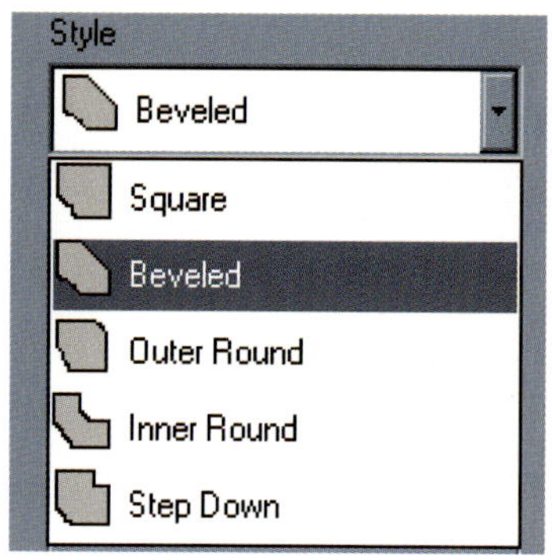

Zwischen folgenden Bevel-Varianten können Sie auswählen.

SQUARE

Ein 90 Grad-Winkel, der Ihrem Objekt nur drei Flächen zuweist: «Vorne, Hinten» und «Seite».

BEVELED

Schneidet auf den Seitenflächen – ähnlich wie bei einem Messer – im Winkel von 45 Grad.

OUTER ROUND

Die Seitenflächen werden nach aussen abgerundet dargestellt.

INNER ROUND

Die Seitenflächen werden nach innen gerundet.

STEP DOWN

Hier entstehen Objekte, als wären kleinere Versionen des Originalobjektes darauf aufgeklebt.

Sizing

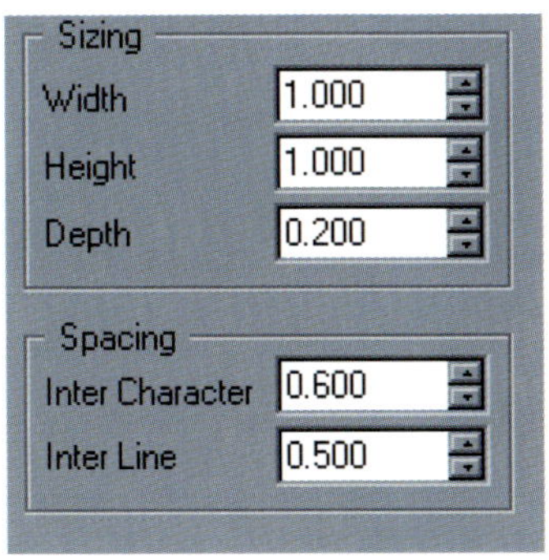

Mit «Sizing» legen Sie die Grösse Ihrer Objekte fest.

Mit *Sizing* bestimmen Sie die Grösse Ihrer Objekte:

- *Width* bestimmt die Breite des Objektes.
- *Height* definiert die Höhe des Objektes.
- *Depth* legt die Tiefe des Objektes fest.
- Und spacing bezieht sich auf etwaige Textansichten, wobei *Inter Character* jeweils den Buchstaben- und *Inter Line* den Linien-Abstand definieren.

EINBAU EINES SELBST DEFINIERTEN TEXTES

- Erstellen Sie bitte ein neues Dokument.
-  Klicken Sie in der Menüleiste diese Taste.

Es werden jetzt zwei Bühnen dargestellt. Wählen Sie bei der linken Bühne die Kamerasicht *Front* und bei der rechten Bühne die Kamerasicht *Top* – mit diesen beiden Sichtweisen haben Sie die optimale Kontrolle über die Darstellung Ihrer Objekte.

-  Klicken Sie auf die *create Text*-Taste; auf den zwei Bühnen erscheint das Wort «Text» als 3D-Objekt:

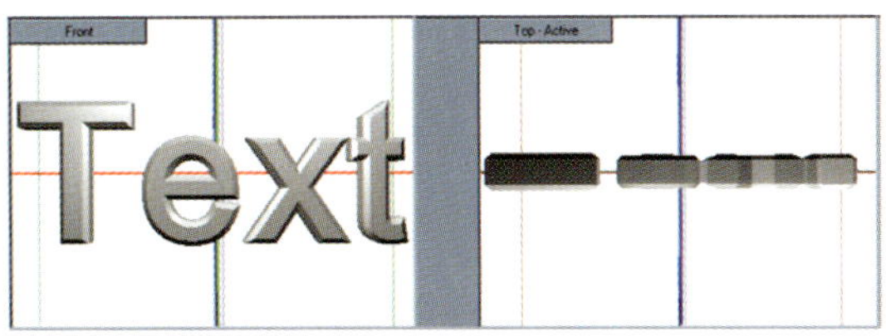

Die Ansichten «front» und «top» ermöglichen Ihnen eine optimale Kontrolle des Objektes.

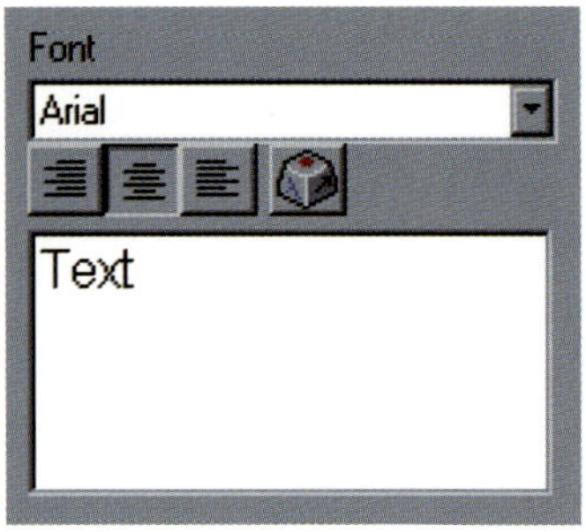

In der «font»-Box verändern Sie die Textattribute.

- Wählen Sie unter *Font* eine Schrift; es stehen alle auf Ihrem System installierten Schriften zur Auswahl.

Tipp: Nebenbei, mit dieser Taste wählen Sie die in einem Schriftsatz installierten Sonderzeichen. Dabei enthält die Windows-Systemschrift «Wingdings 2» interessante Sonderzeichen. Und da unter den vorgefertigten Objekten in der Werkzeugleiste der Quader fehlt, löschen Sie im Textfeld vorhandene Buchstaben und wählen Sie dafür als würfelförmiges Objekt so dann folgendes Zeichen:

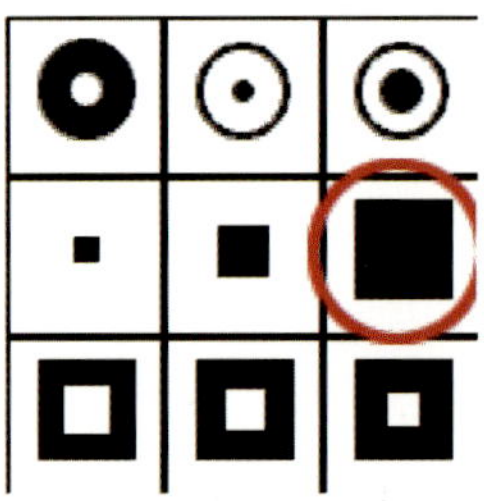

Wenn Sie einen Quader benötigen, wählen Sie in der Schrift «Wingdings 2» das Quadrat als Sonderzeichen aus.

- Schreiben Sie in das Textfeld einen beliebigen Text. Drücken Sie die *apply*-Taste.

Geben Sie einen beliebigen Text ins Textfeld.

- Ihr Text erscheint auf der Bühne; klicken Sie auf diesen Text.
- Wählen Sie aus der Eigenschafts-Box *Sizing* und verändern Sie den Wert für *Depth*.
- Klicken Sie auf den Objekt-Trackball und drehen Sie bitte Ihren Text, indem Sie mit der Maus auf den Trackball klicken und mit gedrückter Maustaste in ein beliebige Richtung drehen, um die Tiefe des Textes zu sehen.
- Dank der zwei verschiedenen Ansichten haben Sie auch in den Bühnenfenstern den optimalen Überblick über die Seitenlängen Ihres Textes. Wenn Ihr Text aus einem der Bühnenfenster verschwinden sollte, klicken Sie in das betreffende Fenster und klicken dann in der Werkzeugleiste auf das Werkzeug mit der Lupe. Das Objekt wird wieder eingemittet.

Material

Um nun einem Objekt ein Material zu geben, erstellen Sie zuerst ein neues Objekt:

- Löschen Sie ein etwaig vorhandenes Objekt mit der *Del*-Taste.
-  Klicken Sie in der Werkzeugleiste bitte auf diese Taste; eine Kugel erscheint in den beiden Bühnenfenstern *Front* und *Top*.

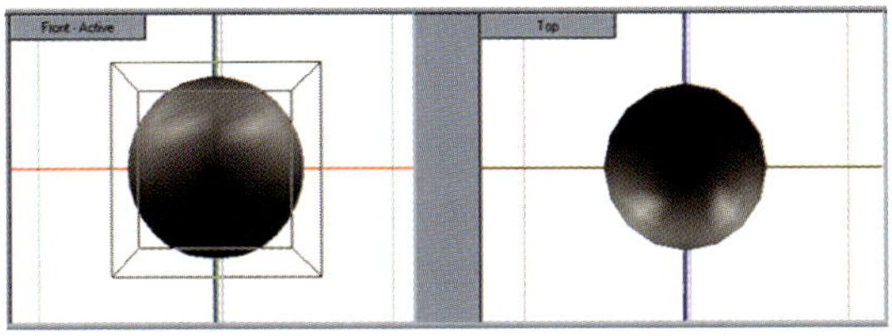

Ein Kugel-Objekt erscheint auf der Bühne.

- Wählen Sie nun aus der Materialpalette eine beliebige Farbe aus, z. B. *blau*.
- Ziehen Sie nun das Material mit gedrückter Maustaste auf die Kugel. Sie wird blau.

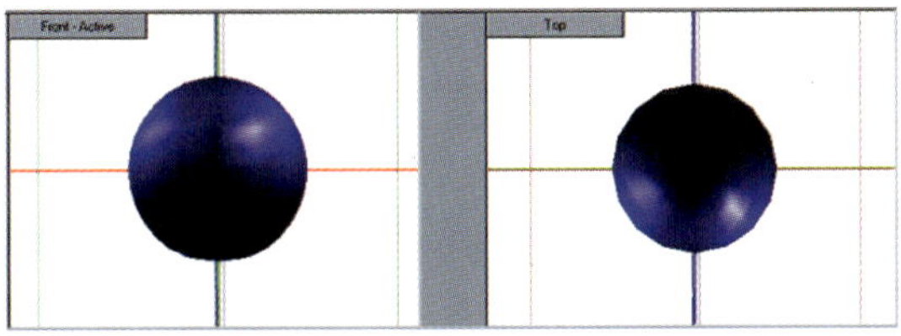

Die Kugel wird nun mit dem blauen Material belegt.

- Wählen Sie beliebige Materialien aus und ziehen Sie diese auf die Kugel, um die Veränderungen auszutesten.
- Gehen Sie nun auf den Licht-Trackball und ziehen Sie die beiden «default»-Lichtquellen auf dem Trackball umher; die Beleuchtung der Kugel ändert sich dementsprechend.
-  Fügen Sie eine weitere Lichtquelle mit dieser Taste hinzu; die Beleuchtung ändert sich.

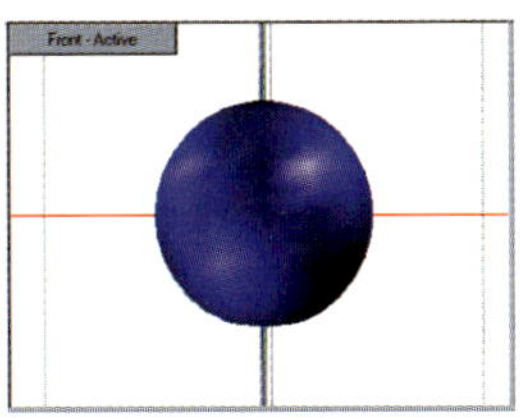

Die Kugel wird nun von drei Lichtquellen beleuchtet.

- Klicken Sie nun auf eine Lichtquelle; diese wird nun rot gerastert.

Die Lichtquelle erscheint nun rot gerastert.

-  Klicken Sie nun bitte diese Taste. Die angewählte Lichtquelle verschwindet.
-  Sie können nun auch noch eine Spot-Lichtquelle erzeugen; eine Spot-Lichtquelle unterscheidet sich dabei zum normalen Licht durch das viel konzentriertere Licht. Klicken Sie dazu diese Taste, um ein Spotlicht einzufügen; auf dem Trackball sieht ein Spotlicht wie eine Taschenlampe aus:

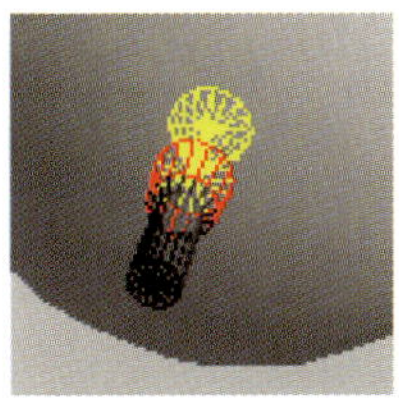

Das Spotlicht sieht aus wie eine Taschenlampe.

In der Eigenschafts-Box können Sie das Spotlicht verändern. Klicken Sie dazu bitte auf das Spotlicht.

Bitte beachten Sie: Es wird immer die Lichtquelle auf das Bühnenfenster angewendet, in das Sie zuletzt geklickt haben. Wenn Sie z. B. zuletzt in die Top-Ansicht geklickt haben, wird somit der Beleuchtungs-Trackball von oben angewendet.

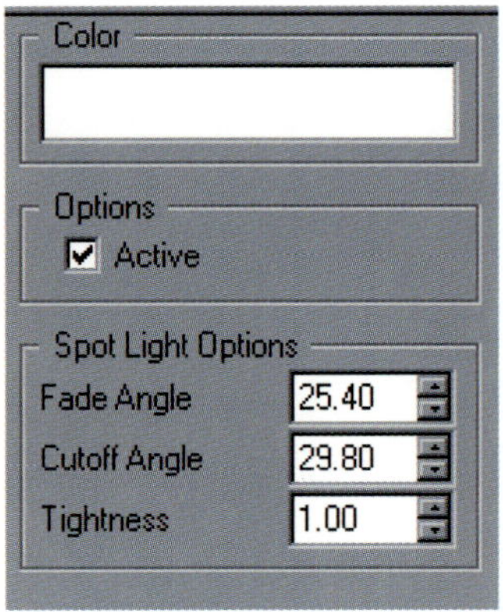

Die Eigenschaften des Spotlichts.

- *Color* bestimmt die Farbe des Spotlichts.
- *Fade angle* bestimmt, wie weit das Licht scheint.
- *Cutoff angle* regelt die Grösse des auftreffenden Spots.
- *Tightness* bestimmt die Intensität des Lichts; je höher der Wert, desto schneller verliert das Licht an Intensität.

Führen Sie nun doch verschiedene Experimente mit dem Licht aus – erstellen Sie zum Beispiel einmal einen Würfel und beleuchten Sie ihn!

WERKZEUGLEISTE IN DER PRAXIS

Die Werkzeugleiste ist nicht so dicht wie z. B. in Flash 5. Sie werden nun die Werkzeuge von Swift 3D kennen lernen.

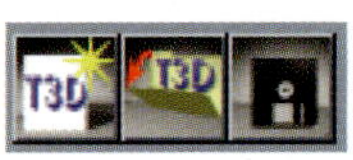

Die drei ersten Tasten von links nach rechts.

- Die erste Taste öffnet ein neues Dokument.
- Die zweite Taste öffnet ein bestehendes Dokument.
- Die dritte Taste speichert Ihre Werke ab.

Grundkörper erstellen

Hierbei handelt es sich um Werkzeuge, mit denen sich die vier wichtigsten Grundkörper erstellen lassen:

- Das *T* erzeugt Texte, wie Sie sie schon weiter oben kennen gelernt haben.
- Die Kugel erzeugt eine ebensolche *Kugel*; auch dies haben Sie ja schon kennen gelernt.
- Danach kommt der *Zylinder* und ...
- ... am Schluss ein *Torus*.

Um die Objekte zu erzeugen, klicken Sie einfach auf die gewünschte Taste; Sie können natürlich auch verschiedene Körper auf einmal in Ihrer Szene erscheinen lassen.
Beim *Zylinder* können Sie folgende Werte eingeben:

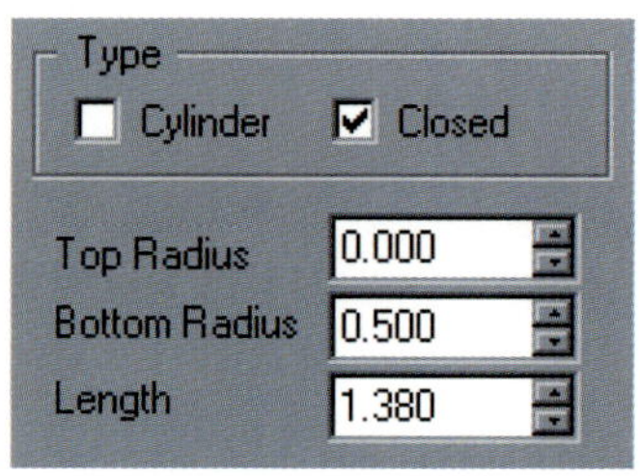

- *Cylinder* bedeutet, der Körper ist nach oben und unten offen; mit *Closed* können Sie die Öffnungen oben und unten verschliessen.
- *Top radius* legt den oberen Radius des Zylinders fest, wohingegen ...

- ... *Bottom Radius* den unteren Radius des Zylinders festlegt.
- *Length* bestimmt die Länge des Zylinders.

Beim *Torus* gibt es nur zwei bestimmbare Werte:

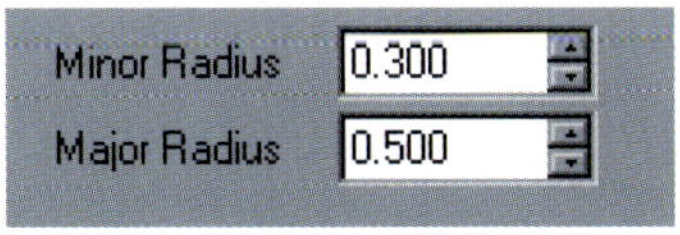

- *Minor Radius* ist der innere Kreis des Torus,
- *Major Radius* der äussere.

Am besten nehmen Sie sich alle Körper einzeln vor und experimentieren mit den verschiedensten Flächen. Gehen Sie dazu in ein Vektor-Zeichenprogramm und erzeugen Sie beliebige Flächen. Exportieren Sie diese als «.ai»- oder EPS-File und importieren Sie diese dann ins Swift 3D. Weisen Sie den Flächen Bevels zu und ändern Sie deren Höhe, Breite und Tiefe; somit erzeugen Sie die verschiedensten Körper und sehen dabei, was alles machbar ist. Arbeiten Sie dabei auch mit den Sonderzeichen eines Schriftsatzes.

Fügen Sie auch mehrere Körper in ein Bild ein und sehen Sie, wie diese miteinander verschmelzen können. Mit gedrückter *Shift*-Taste wählen Sie mehrere Objekte an. Mit *Arrange/Group* bzw. *ungroup* gruppieren bzw. lösen Sie angewählte Objekte auf.

Skalieren

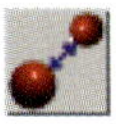

Klicken Sie diese Taste und anschliessend auf ein Objekt auf der Bühne; ziehen Sie bitte dann mit der Maustaste nach oben oder unten, um das Objekt zu vergrössern oder zu verkleinern.

Tipp: Sie können diese Funktion leider nur einmal einsetzen; um ein weiteres Mal zu skalieren, müssen Sie diese Taste erneut drücken und die gewünschte Skalierung ausführen.

Kamera bewegen

Klicken Sie diese Taste um die Kamera umherzubewegen. Wenn diese Opition eingeschaltet ist, können sie keine Objekte mehr anwählen! Diese Funktion ist vor allem dann nützlich, wenn Ihre Objekte die ganze Bühne bedecken und der Hintergrund nicht mehr sichtbar ist. Um die Funktion auszuschalten, klicken Sie bitte erneut diese Taste.

Doppel-Bühne

Diese Funktion haben Sie bereits kennen gelernt: Wenn Sie diese Taste drücken, erhalten Sie zwei Ansichten Ihrer Bühne, wobei Sie die Ansichten beliebig einsetzen kennen. Zur optimalen Bearbeitung wählen Sie jedoch *Front* und *Top*.

Objektansicht optimieren

Wählen Sie diese Taste, um das Objekt im jeweils aktivierten Bühnenfenster optimal auszurichten; d. h. nach der Benutzung dieser Taste bleibt nur ganz wenig freier Platz auf allen vier Seiten. Auf diese Art und Weise können Sie die Kamera wieder optimal auf Ihr Objekt ausrichten.

Objekt zurücksetzen

Mit dieser Taste setzen Sie ein Objekt, das Sie mit dem Objekt-Trackball gedreht haben, wieder in die Ausganposition zurück.

Hilfe-Taste

Wenn Sie diese Taste drücken, erscheint ein kleines Fragezeichen: Nun können Sie auf alle Elemente klicken und erhalten so eine Beschreibung von deren Funktionen.

OBJEKTE ANIMIEREN

In Swift 3D können Sie Ihre Objekte natürlich auch animieren. So ist es möglich, Drehungen, Bewegungen und Skalierungen auszuführen.
Aber seien Sie bitte hierbei etwas umsichtig: Da wir dieses Programm vor allem in Zusammenhang mit Flash 5 besprechen, überlegen Sie bitte genau, wo es Sinn macht, mit Swift 3D zu animieren und wo man dann doch lieber Flash einsetzt.

Swift 3D ist vor allem für dreidimensionale Bewegungen wie z. B. «Drehungen eines Objektes» geeignet; «Skalierungen» oder «Bewegungen von Punkt A nach Punkt B» werden besser im Flash realisiert.
Durch die Benutzung von Flash werden Sie sicher bald in der Lage sein zu entscheiden, in welchem Programm was gemacht werden sollte. Beginnen wir auch hier mit einem praktischen Beispiel.

Tipp: Die fertige fla-Datei finden Sie auf der Buch-CD unter «swift_ani_3D.fla».

- Erstellen Sie ein neues Dokument.
-  Wählen Sie diese Taste.
- Wählen Sie als Schrift «Wingdings 2».
- Löschen Sie den Text.
-  Benutzen Sie die Sonderzeichentaste; wählen Sie folgendes oder ein anderes beliebiges Zeichen:

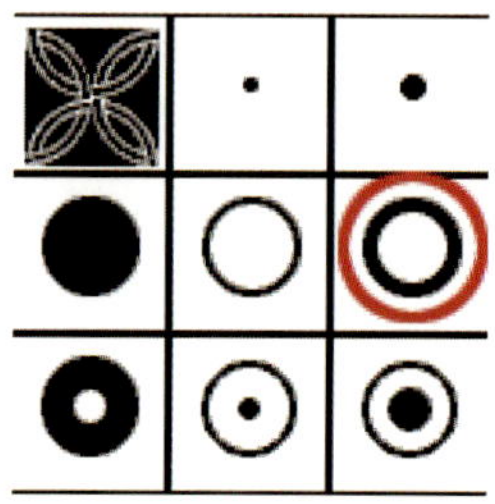

- Wählen Sie das obige Sonderzeichen aus und klicken dann *apply*; das Objekt erscheint als 3D-Objekt im Bühnenfenster.

Bitte beachten Sie: Da das Objekt aus mehreren Flächen besteht, können Sie diesen auch verschiedene Farben zuweisen.

Möchten Sie allen gemeinsam eine Farbe zuweisen, klicken Sie bitte auf dieseTaste; klicken Sie nochmals dieselbe Taste, um die Farben wieder einzeln zuzuweisen.

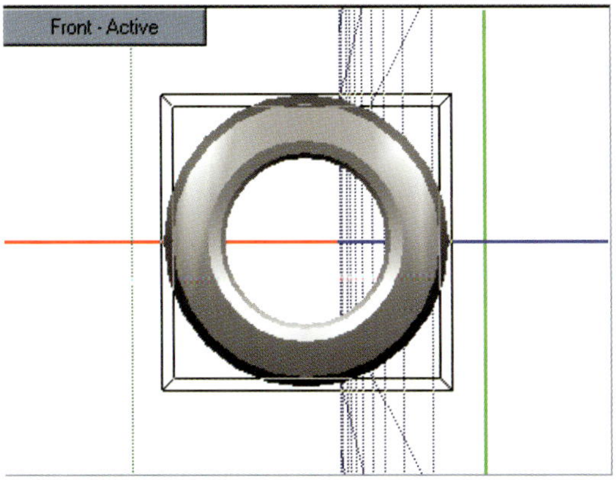

Das Sonderzeichen erscheint als 3D-Objekt im Bühnenfenster.

- Weisen Sie dem Objekt nun ein beliebiges Material zu – z. B. «leuchtendes Blau»:

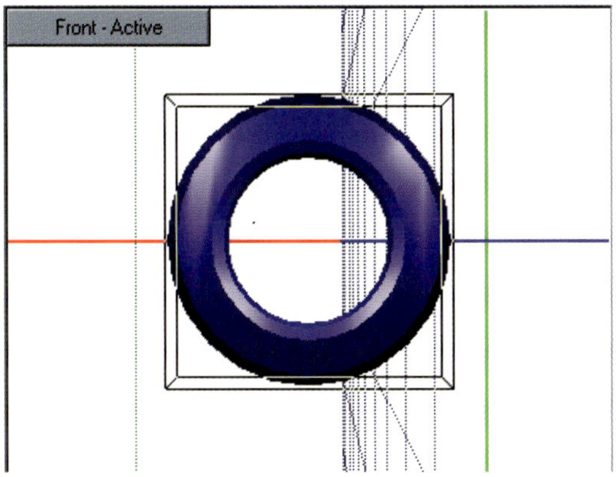

Dem Objekt wird ein Material zugewiesen.

- Nun weisen Sie Objekt eine vorgefertigte Bewegung aus der Bibliothek zu; klicken Sie dazu unten rechts auf die Taste für vorgefertigte Bewegungen.

Wählen Sie die Taste für die Bewegungsbibliothek.

- Wählen Sie den Tab *paths*; es erscheinen vier Icons. Klicken Sie in jedes der vier Icons; die zum Icon gehörige Animation wird abgespielt. Hierbei handelt es sich um Bewegungsanimationen. Diese lassen sich jedoch auch in Flash herstellen. Klicken Sie auf den Tab *regular spins*; hier erscheinen nun einige Icons mehr. Klicken Sie auf beliebige Icons, um die jeweilige Bewegung anzuschauen. Wählen Sie danach das erste Icon aus: *Horizontal left*; ziehen Sie mit der Maus das Icon auf Ihr Objekt.
- Klicken Sie auf das Objekt.
- Werfen Sie bitte ebenso einen Blick auf die Zeitleiste:

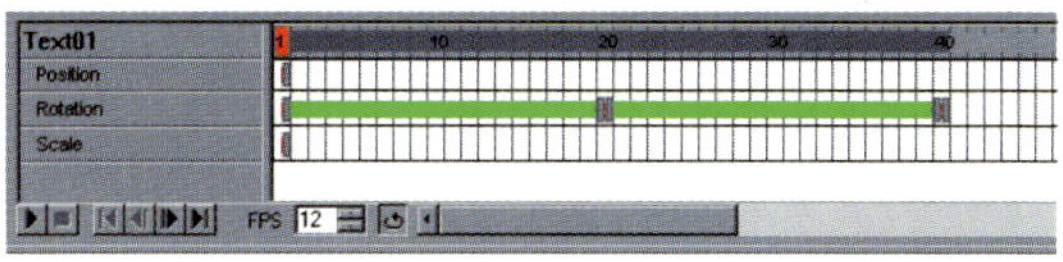

Die Timeline, nachdem die Animation per Drag & Drop zugewiesen wurde.

Sie sehen folgende drei Ebenen:

POSITION, ROTATION UND SCALE

Position steht für die Position Ihres Objektes – Sie haben die Position nicht verändert, deshalb ist die Ebene leer. Unter *Rotation* sehen Sie einen grünen Balken; dieser zeigt an, dass hier etwas animiert wurde. Er hat zwei so genannte «Schlüsselbilder». Diese haben die gleiche Funktion wie im Flash: Sie zeigen die wichtigen Bilder an, wo etwas verändert wurde. Die dazwischen liegenden Bilder wurden vom Computer – in Flash als Tweening bezeichnet – berechnet. Klicken Sie auf die Start-Taste unten links, um die Animation anzusehen.

Klicken Sie die Start-Taste, um die Animation anzusehen.

- Klicken Sie auf die Stop-Taste gleich daneben. Die anderen Tasten sind dieselben wie auf einem Videorecorder und deshalb selbsterklärend.
- Klicken Sie auf den roten Abspielkopf und ziehen Sie ihn mit gedrückter Maustaste nach links und nach rechts: Das jeweilige Bild wird auf der Bühne angezeigt.

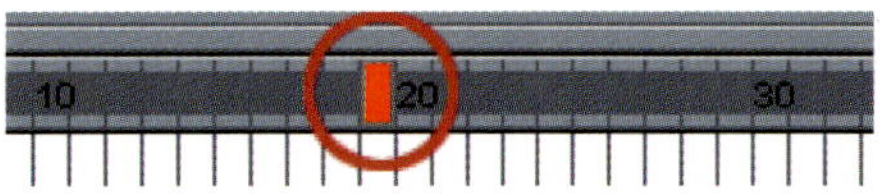

Ziehen Sie den Abspielkopf nach links und nach rechts.

- Klicken Sie nun auf das Schlüsselbild und ziehen Sie es mit gedrückter Maustaste nach links oder nach rechts. Starten Sie die Animation; die Animation wird schneller, je weniger Zwischenbilder vorhanden sind.
  Achten Sie daher darauf, dass Sie möglichst wenig Bilder verwenden, wenn Sie die Animation später ins Flash importieren. Je weniger Bilder, desto kleiner die Datei!

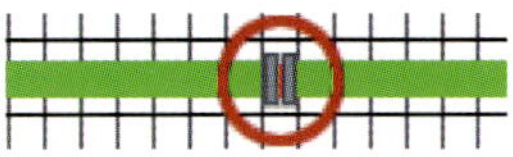

Ziehen Sie das Schlüsselbild nach links oder rechts, um die Anzahl der Schlüsselbilder zu verändern.

- Fahren Sie nun mit der Maus auf den linken Rand des Schlüsselbildes in der Mitte. Ziehen Sie mit gedrückter Maustaste nach links. Es entsteht ein roter Balken. Dieser bedeutet, dass das Objekt so lange still steht, wie der rote Balken lang ist. Starten Sie die Animation und überzeugen Sie sich selbst.

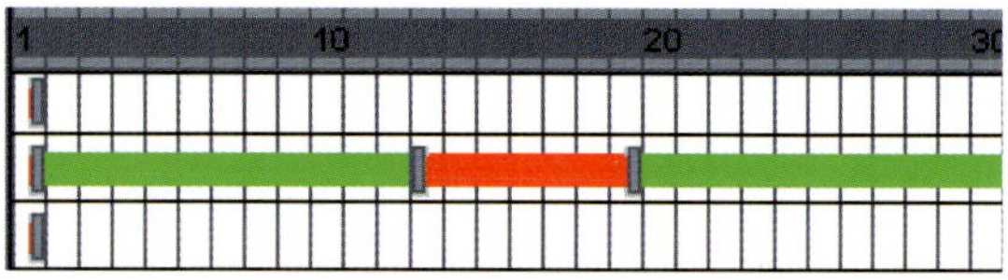

Der rote Balken bedeutet, dass das selbe Schlüsselbild abgespielt wird, solange der Abspielkopf über dem roten Balken ist. Das heisst die Animation stoppt, während der Abspielkopf über den roten Balken läuft.

- Verkleinern Sie nun die Animation auf insgesamt 20 Bilder, indem Sie die Schlüsselbilder nach links ziehen. Packen Sie das Schlüsselbild in der Mitte, damit kein roter Balken entsteht.

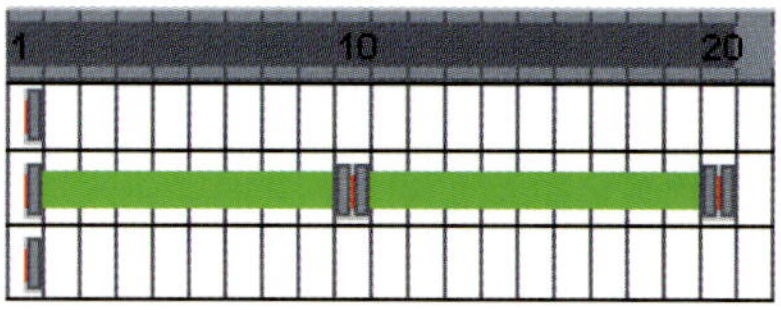

Verkleinern Sie die Animation auf 20 Bilder.

- Nun exportiern Sie die Animation im «.swf»-Format, damit sie anschliessend ins Flash importiert werden kann. Wählen Sie dazu **File | Export**. Sie sehen nun das Export-Fenster.
- Wählen Sie einen Ordner und einen Dateinamen aus. Dateityp sollte hier «.swf» sein, da wir die Datei anschliessend wieder ins Flash importieren. Ansonsten können Sie die Datei auch als aufeinanderfolgende EPS- oder «.ai»-Files exportieren.

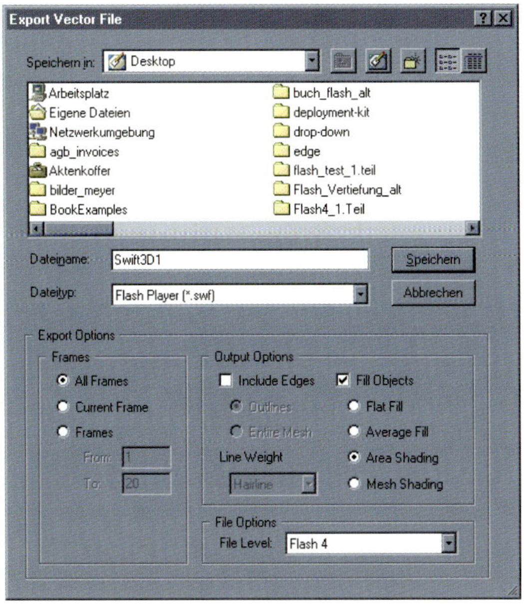

Das Export-Fenster.

- Unter *Frames* wählen Sie entweder *All Frames*, wenn alle Bilder Ihrer Animation exportiert werden sollen. Wählen Sie *Current Frame*, wenn nur das Frame exportiert werden soll, welches sich – wenn Sie *Export* wählen – auf der Bühne befindet. Mit *Frames* wählen Sie eine beliebige Bildfolge aus.

Output options beinhaltet folgende Möglichkeiten:

INCLUDE EDGES

- *Outlines*: Die Umrahmungslinie Ihres Objektes wird gezeichnet.
- *Entire Mesh*: Alle Linien des Objektes werden gezeichnet.

FILL OBJECTS

- *Flat Fill*: Eine Farbe wird ausgewählt und das Objekt damit ausgefüllt. Dies ist die kleinste Dateigrösse und somit auch schlechteste Bildqualität; zum Beispiel werden hier auch keine Verläufe und Lichtquellen gezeichnet.
- *Area Shading*: Die richtige Wahl fürs Internet! Mit *Area Shading* entsteht eine Mischung aus guter Qualität, Verläufen und Licht in immer noch sehr kleiner Dateigrösse.
- *Mesh Shading*: Die beste Qualität – leider nicht unbedingt fürs Internet geeignet... Hier werden alle Lichtquellen optimal übernommen. Wenn es bei Ihnen nicht auf die Dateigrösse ankommt, wählen Sie dieses Format. Oder auch wenn Sie gute 3D-Qualität sporadisch – z. B. als Hintergrundbild – im Internet einsetzen wollen.

- Klicken Sie nun auf *Speichern*; das Programm beginnt zu rendern – d.h alle Bilder werden jetzt einzeln gezeichnet. Wenn der Rendering-Prozess abgeschlossen ist, können Sie Ihre «.swf»-Datei lokalisieren und abspielen.

Öffnen Sie nun Flash 5.

- Wählen Sie **Einfügen | neues Symbol**.
- Klicken Sie ins erste Schlüsselbild und wählen Sie *Datei importieren*. WählenSie Ihren «.swf»-Movie aus. Folgender Text erscheint:

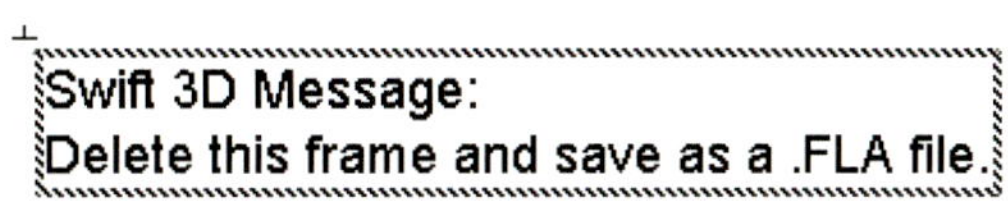

Das Symbol, welches sich im ersten Schlüsselbild befindet, muss gelöscht werden.

- Löschen Sie das erste Schlüsselbild mit **Einfügen | Bild löschen**.
- Das erste Bild der Animation erscheint auf der Bühne; bringen Sie bitte die Animationsfolge in die Mitte der Bühne. Aktivieren Sie dazu die Zwiebelschichten-Taste – die dritte von links von den Zwiebelschichten-Tasten – und wählen Sie im DropDown-Menü gleich rechts daneben *alle Zwiebelschichten*.
- Wählen Sie jetzt das Pfeil-Werkzeug und ziehen Sie einen Auswahlrahmen um das Objekt:

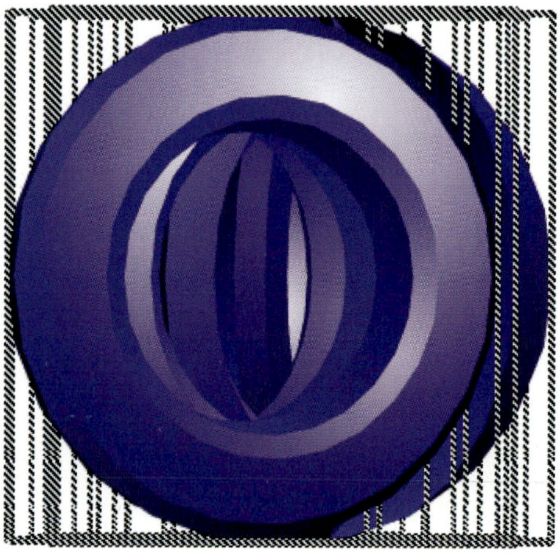

Ziehen Sie einen Auswahlrahmen um das 3D-Objekt.

- Alle Schlüsselbilder wurden ausgewählt; Sie können diese nun in die Bildmitte genau unter das Fadenkreuz verschieben. Wählen Sie anschliessend die Zwiebelschichten-Taste wieder ab.
- Lassen Sie das Objekt mit Enter direkt auf der Bühne drehen.
- Gehen Sie vom Symbol-Bearbeitungsmodus in den Vorschaumodus *Ctrl/Alt/Enter*, um im Bandbreitenprofiler die Grösse der Animation zu ersehen.
- Gehen Sie nun aus dem Symbol-Bearbeitungsmodus wieder in den Filmmodus zurück. Öffnen Sie dann die Bibliothek und ziehen Sie dort bitte die erstellte Animation auf die Bühne. Nun können Sie noch Bewegungs- und Skalierungs-Animationen hinzufügen.

EIGENE ANIMATIONEN ERSTELLEN

Sie können anstatt der vorgefertigten Animationen auch eigene erstellen. Und dies geht ganz einfach:

- Erstellen Sie ein neues Dokument.
-  Erstellen Sie z. B. einen Torus mit dieser Taste.
- Klicken Sie nun mit der Maus in Ihr gewünschtes Endbild – z. B. «Bild 20».

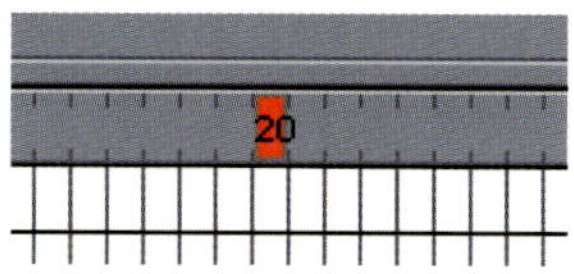

Klicken Sie ins gewünschte Endframe der Animation.

Jetzt können Sie den Torus oder Ihr sonstiges gewähltes Objekt auf drei Arten verändern.

- Ziehen Sie es auf der Bühne umher, um die Position zu verändern. Es entsteht der grüne Animationsbalken in der Positions-Ebene.
- Verändern Sie im Objekt-Trackball die Drehung des Objektes. Der grüne Animationsbalken entsteht in der Rotation-Ebene.

- Vergrössern oder verkleinern Sie das Objekt und sehen Sie den Animationsbalken in der Scale-Ebene.

Sie können nun die Animationsbalken wie im letzten Beispiel gelernt nach Belieben verändern.

LICHTQUELLE ANIMIEREN

- Erstellen Sie ein neues Dokument und erzeugen Sie ein beliebiges Objekt
- Klicken Sie mit der Maus ins gewünschte Endframe.
- Verändern Sie im Licht-Trackball die gewünsche Lichtquelle. Sie sehen nun oben den Animationsbalken in der Rotation-Ebene. Dieser Balken gilt nun für die Animation der Lichtquelle. Klicken Sie auf ein Objekt und der Balken verschwindet. Es wird nun die jeweilige zu einem Objekt gehörende Zeitleiste eingeblendet. Klicken Sie wieder auf die Lichtquelle. Es erscheint die Zeitleiste für die betreffende Lichtquelle.

KAMERA ANIMIEREN

Das gleiche Prinzip gilt nun auch für die Animation einer Kamera:

- Erstellen Sie ein neues Dokument und erzeugen Sie ein beliebiges Objekt.
- Klicken Sie mit der Maus in den gewünschten Endframe.
- Verändern Sie den Zoom oder die Position der Kamera. Die Kamera wird animiert; es entstehen jedoch keine grünen Animationsbalken.
- Interessant hierbei ist die Rotating-Funktion in den Kameraansichten. Stellen Sie die Kameraansicht auf *Rotate*:

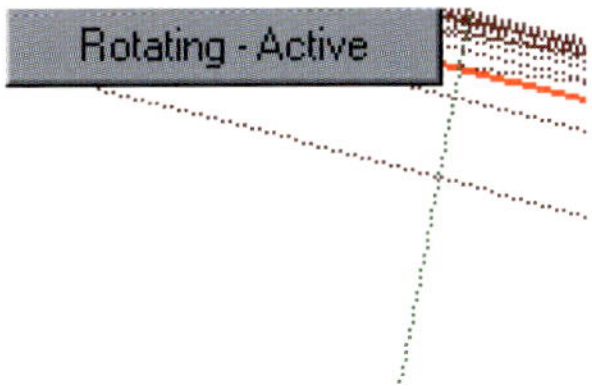

Stellen Sie die Kameraansicht auf «Rotate».

- Klicken Sie auf die Umgebung und werfen Sie danach einen Blick auf den Objekt-Trackball.

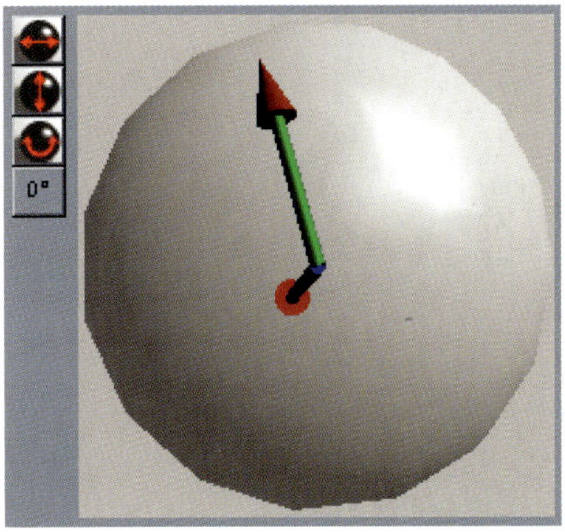

Pfeile für die Kamera Rotation.

Drehen Sie mit dem Trackball die Position der Kamera.

MATERIALIEN

Materialien werden von drei Arten von Licht beeinflusst:

DIFFUSE LIGHT

ist direktes Licht, welches aus einem bestimmten Winkel auf ein Objekt auftrifft, wie wenn ein Objekt unter eine Leselampe gehalten wird. In Swift 3D bestimmt dass *Diffuse Light* die Objekt-Farbe. Wenn Sie grün als diffuse light wählen, erhalten Sie ein grünes Objekt.

AMBIENT LIGHT

Dieses Licht befindet sich generell im Raum. Ein Objekt wird von diesem Licht nicht direkt beleuchtet. Aber Lichtstrahlen befinden sich überall im Raum und deshalb nimmt ein Objekt auch das *Ambient Light* an. Wenn also ein rotes Objekt in einem grünen Raum ist, ist das Objekt immer noch rot, jedoch mit einem leichten grünen Touch, der vom *Ambient Light* herstammt.

HIGHLIGHT

Dies ist, als würde ein heller Spot auf das Objekt gerichtet. Je glänzender das Objekt ist, desto klarer wird das Spotlicht strahlen.

Tipp: Da dies sehr wichtig ist, hier nochmals die wichtigsten Fakten: ***Diffuse Light*** *bestimmt die Farbe Ihres Objektes. Wählen Sie dieses zuerst.* ***Ambient Light*** *wird Ihre Objektfarbe heller oder dunkler gestalten. Je dunkler die* ***Highlight****-Farbe, desto flacher wird Ihr Objekt aussehen. Schwarz erzeugt ein total flaches Material.*

Verwenden Sie nun diese Information um eigene Materialien zu erstellen.

Eigenes Material erstellen

In Swift 3D können Sie Ihre eigenen Materialien erstellen! So gehen Sie am besten dabei vor:

- Wählen Sie **Setup | Materials**.
- Klicken Sie auf *new category*.
- Im Feld *Category* wählen Sie die Kategorie aus, in der Ihr Material abgespeichert werden soll.
- Klicken Sie die *Add*-Taste.
- Geben Sie dem neuen Material unter *Name* einen Namen und unter *Display Name* einen Namen, welcher dann in der Material-Bibliothek angezeigt wird.
- Doppelklicken Sie die Farben Ambient, Diffuse Light und Highlight; verändern Sie – mit der obige beschriebenen Wirkung auf das Material – diese Farben. Mit *Highlight Size* verändern Sie die Grösse der Beleuchtungsfläche der Highlightfarbe.
- Wenn Sie *Emits Light* ankreuzen, erzeugen Sie einen Neon-Effekt. Für eine Doppelbeleuchtung wählen Sie *Double Illuminate*.
- Klicken Sie die *OK*-Taste.

Bestehendes Material verändern

Die vorgefertigten Materialien in Swift 3D können Sie nicht direkt editieren. Um ein solches Material zu verändern, müssen Sie zuerst eine Kopie davon erstellen.

- Wählen Sie **Setup | Materials**.
- Wählen Sie bitte das Material, welches Sie editieren möchten, aus.
- Klicken Sie bitte *edit*.
- Geben Sie Ihrem neuen Material einen Namen und einen Display-Namen.
- Verändern Sie das Material genau gleich wie wenn Sie – siehe oben – ein neues Material erschaffen.

Beachten Sie bitte: Arbeiten Sie besser mit Kopien der Materialien, da diese sonst irreparabel verändert werden – es sei den Sie installieren Swift 3D noch einmal ... Verwenden Sie dazu den *Copy*-Befehl. Klicken Sie auf ein Material und dann auf *Copy*. Arbeiten Sie mit der eben erstellten Kopie.

- Mit *remove* löschen Sie existierende Materialien, *move* lässt Sie Materialien in andere Kategorien verschieben.

LICHTQUELLEN IN SZENEN PLATZIEREN

Es kann Situationen geben, wo Sie eine Lichtquelle direkt auf Ihrer Bühne platzieren möchten. Dies kann dann der Fall sein, wenn Sie in einer komplexeren Szene ein Objekt spezifisch beleuchten oder eine Lichtquelle über Ihre Objekte streifen lassen möchten. Für die Animation einer Lichtquelle lesen Sie bitte in diesem Kapitel unter gleichnamiger Überschrift nach.

-  Klicken Sie die *Add Spotlight*-Taste, um einen neuen Spot im Licht-Trackball zu platzieren.

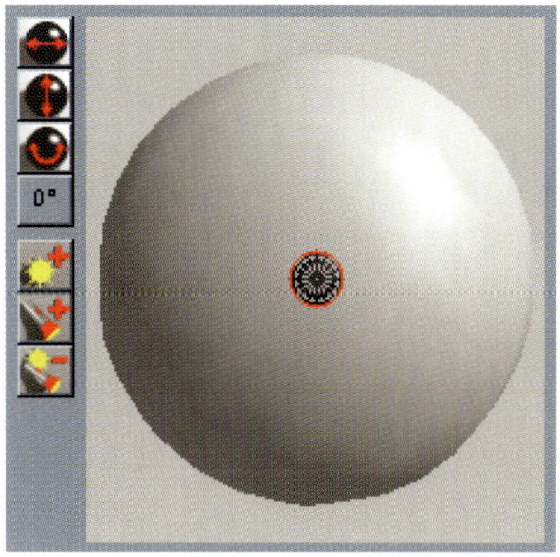

- Klicken Sie auf das Spotlight auf dem Licht-Trackball und ziehen Sie dieses mit gedrückter Maustaste auf die Bühne; die Lichtquelle erscheint sehr klein auf der Bühne.

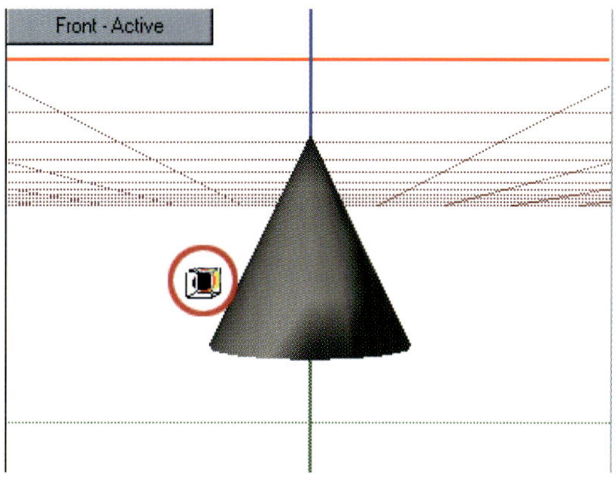

Das Spotlicht erscheint klein auf der Bühne.

-  Sie können die Lichtquelle (Stablampe) vergrössern, indem Sie diese anwählen und dann auf das Skalieren-Werkzeug klicken. Eventuell müssen Sie Ihr Objekt mit der Top-Ansicht weiter nach hinten schieben, damit der Spot auf dem Objekt sichtbar wird. Dies hat allerdings keinen Einfluss auf die Grösse des

Spots auf dem Objekt. Wenn Sie den Spot angeklickt haben, erscheint er auf dem Objekt-Trackball.

Richten Sie den Spot nach Belieben aus. Sie können ihn auch auf der Bühne umherschieben; dies hat einen Einfluss auf die Grösse des Spots auf dem Objekt.

- Sie können diesen Spot auch animieren, indem Sie in das gewünschte Endbild klicken und dann die Lage oder Rotation des Spots verändern.

ERSCHAFFEN SIE IHRE EIGENEN DRAG&DROP-ANIMATIONEN

Sie können nach Bedarf auch eigene Animationen erschaffen:

- Erstellen Sie eine Animation Ihrer Wahl.
- Wählen Sie das Objekt aus, das die Animation ausführt, die Sie speichern möchten.
- Wählen Sie **File | Save Animation**. Wählen Sie eine Kategorie aus, die Ihrer Animation entspricht.
- Wählen Sie einen Namen sowie einen Display-Namen für die Animation.
- Bestimmen Sie mit *Set Display Frame*, bis wohin Ihre Animation im Vorschau-Icon gezeigt werden soll.
- Klicken Sie auf die Taste *Save*.

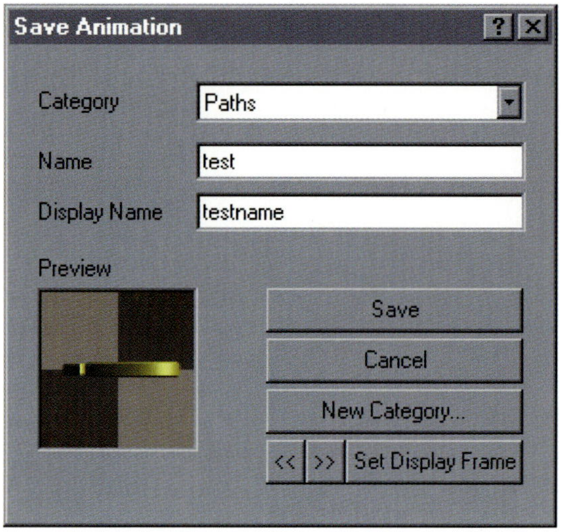

Wählen Sie bitte, wie die Animation abgespeichert werden soll.

Diese können Sie also in der Bewegungsbibliothek abspeichern und dann auf jedes beliebige Objekt anwenden!

Tipp: Nach Angaben des Herstellers «Erain» steht in wenigen Monaten Version 2 an; aktuelle Informationen zum Programm finden Sie aber auch hier im Internet direkt auf der Herstellerseite unter «www.swift3d.com».

VECTA 3D

WAS IST VECTA 3D?

Vecta 3D ist eine durchaus attraktive Alternative zu Swift 3D – und kostet zudem nur fast die Hälfte von Swift 3D: Dafür sind seine Funktionen auch etwas eingeschränkter, aber immer noch sehr interessant.
So können Sie mit Vecta 3D zweidimensionale Flächen «extrudieren», d. h. Sie verwandeln so z. B. Flächen in Würfel. Unter «Extrudieren» versteht man also eine «Ausdehnung eines Objekts in die Tiefe». Hier ein erstes Beispiel:

Zweidimensionale Vektorbilder in Vecta 3D extrudiert

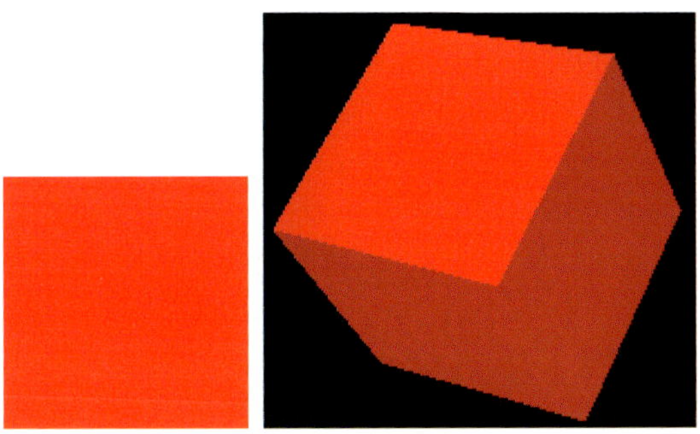

Ein zweidimensionales Vektorbild in dreidimensionaler Sicht.

Sie können dies auch mit jedem beliebigen Buchstaben erreichen – ein Beispiel: Der Buchstabe «B» als zweidimensionales Vektorbild in Vecta 3D extrudiert:

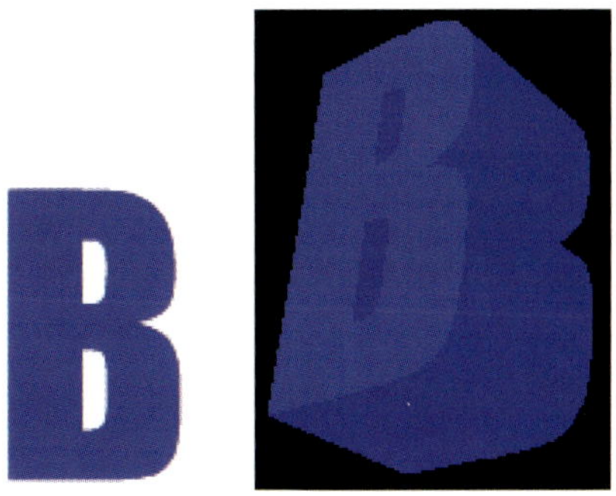

Ein einfaches «B» als so genannte «extrudierte» Fläche.

So kann jedes beliebige zweidimensionale Objekt in die dritte Dimension gebracht und dann in Vecta 3D zudem auch noch gezoomt oder gedreht werden. Vecta 3D erstellt für Sie sogar Animationen!
So können Sie ein Objekt im Raum rotieren lassen, und als Adobe Illustrator-Datei («.ai») oder als «.swf»-Film abspeichern.
Aber damit noch lange nicht genug! Wir können auch fertige 3D-Modelle im allgemein bekannten Format «.dxf» oder in «.3ds» – dem *3D Studio Max-Format* – öffnen.

Danach können Sie die Objekte beliebig platzieren und in Vektoren umwandeln, was äusserst praktisch ist. Das Bild wird dann wiederum im Illustrator- oder «.swf»-Format abgespeichert und kann dann beliebig in Flash importiert werden.

Praktische Beispiele

Ein Modell ...

Ein Modell sieht – in Vecta 3D als Linienmodell gerendert / berechnet – dann zum Beispiel so aus:

... mit Outlines gerendert, ...

Wünschen Sie dieses mit Flächen, aber ohne Details?

... mit Flächen ohne Details gerendert; oder ...

Oder vielleicht doch in Vecta 3D mit Flächen und ebenso mit Details:

... mit Flächen und Details gerendert – ganz wie Sie es wünschen!

Danach können Sie das Objekt in der von Ihnen gewählten Version abspeichern und als Vektorgrafik eben z. B. in Flash importieren. Suchen Sie eher nach einer gelungenen Animation, können Sie es als «.swf»-File dann auch direkt in eine Filmsequenz in Flash importieren. Aber «es geht noch mehr»: Mit Vecta 3D wird sogar noch ein zusätzliches Programm geliefert – der so genannte «Gradient Shader»; dieses Programm erstellt Verläufe beziehungsweise Lichteffekte.

Das Geigenmodell würde im Gradient Shader so aussehen:

Die Geige im Gradient Shader (mit Verläufen) und dann ...

Berechnen wir das Modell dann einmal als Vektorbild – so schauts dann aus:

... mit Verläufen als Vektorbild gerendert.

Es empfiehlt sich aber, mit dem Gradient Shader nur recht einfache Objekte mit Lichteffekt zu erzeugen – auch da wir stets – wie «verinnerlicht»... – ein Auge auf die fürs Internet stets erforderliche geringe Speichergrösse haben sollten; gerade bei einem mit Lichtflächen gerenderten Objekt kann es da schon recht ausufern.

WIE FUNKTIONIERT VECTA 3D?

Die allgemeine Oberfläche von Vecta 3D sieht so aus: Im oberen Bereich wird das geöffnete Objekt angezeigt. In diesem Fall ein grosses «B». Wir nennen diesen Bereich fortan ebenso wie in Flash die «Bühne».

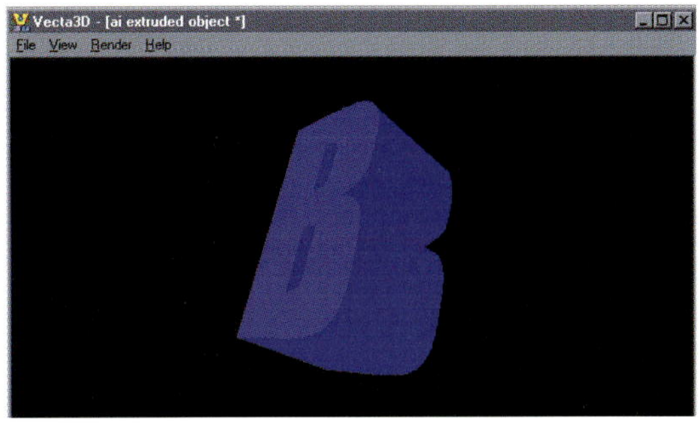

Die Bühne in Vecta 3D.

Darunter befindet sich ein Interface mit einzelnen Werkzeugen und Einstellungen, mit denen Sie Objekte darstellen, rotieren, rendern oder verändern können.

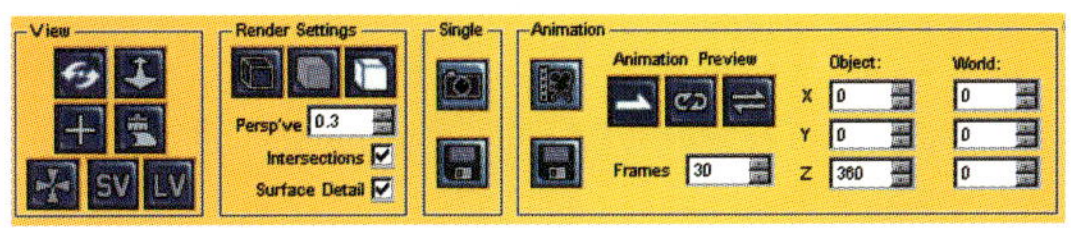

Die Werkzeuge und Einstellungen in Vecta 3D.

- Zeichnen Sie einen beliebigen Buchstaben in Flash oder Illustrator.

Bitte beachten Sie: Brechen Sie den Buchstaben in Flash mit *Ctrl/B* auseinander. Ansonsten können Sie ihn nicht importieren.

Tipp: Exportieren Sie diesen im Illustrator 3(!)-Format.

- Öffnen Sie Vecta 3D und wählen Sie **File | Import**; wählen Sie Ihr exportiertes Bild aus.

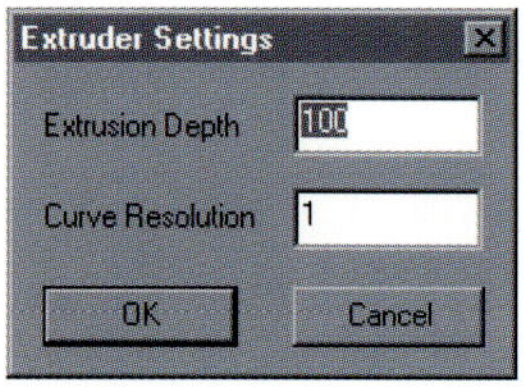

Der Extrudier-Dialog.

- Wählen Sie die so genannte «Extrusion» – also die Ausdehnung des Objekts in die Tiefe – unter *Extrusion Depth*; lassen Sie den Wert für dieses Beispiel auf «100». Unter *Curve Resolution* – also die Kurvenauflösung – wählen Sie einen Wert zwischen «0.05» und «20»; «0.05» steht dabei für eine sehr hohe Auflösung und beansprucht dementsprechend mehr Zeit zum Rendern, «20» ist der gröbste – und schnellstzuberechnende... – Wert.
- Klicken Sie *OK*. Voilá, Ihr Objekt ist nun dreidimensional!

DIE WICHTIGSTEN WERKZEUGE IM ÜBERBLICK

Rotate

Klicken Sie auf dieses Werkzeug und fahren Sie danach mit gedrückter linker Maustaste – auf der Vecta 3D-Bühne – über die schwarze Fläche, auf der Ihr Objekt liegt; das Objekt dreht sich in die verschiedene Richtungen. Drücken Sie die rechte Maustaste und fahren nach oben bzw. nach unten, wird das Objekt gezoomt.

Zoom

Mit diesem Werkzeug wird Ihr Objekt herangezoomt bzw. weggezoomt. Wählen Sie dieses Werkzeug aus und fahren Sie auf die Bühne. Drücken Sie die linke Maustaste und fahren Sie nach oben oder unten. Das Objekt wird herangezoomt/weggezoomt. Drücken Sie die rechte Maustaste und ziehen Sie. Sie wechseln in den Rotationsmodus.

Center

Mit diesem Werkzeug können Sie das Zentrum Ihres Objekts verschieben. Klicken Sie auf dieses Werkzeug und fahren Sie auf die Bühne; im Zentrum sehen Sie ein rotes Fadenkreuz. Verschieben Sie nun das Objekt weg vom Fadenkreuz; Sie sehen, das Zentrum der Drehung des Objekts verschiebt sich. Die rechte Maustaste lässt das Objekt drehen.

Sie können – als eine Anregung von vielen – später Animationen erstellen und das Objekt um dieses Zentrum herumkreisen lassen.

Styles

Hiermit verändern Sie Linien und Flächen Ihres Objekts. Klicken Sie auf dieses Werkzeug: Es öffnet sich ein neuer Dialog:

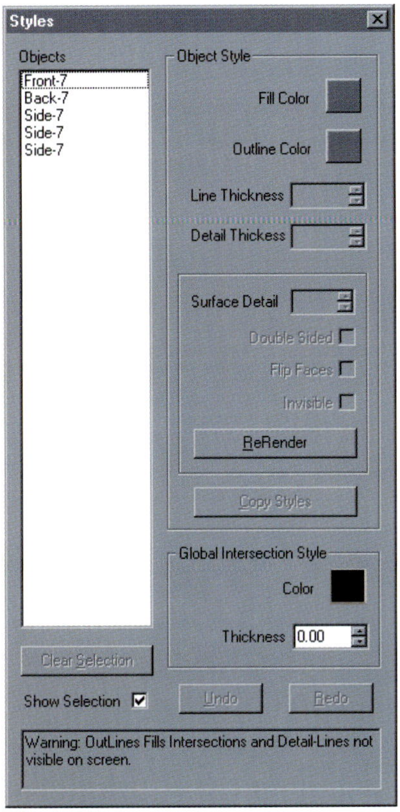

Flächen und Linien-Dialogbox.

Links sehen Sie verschiedene Flächen Ihres Objektes, ...

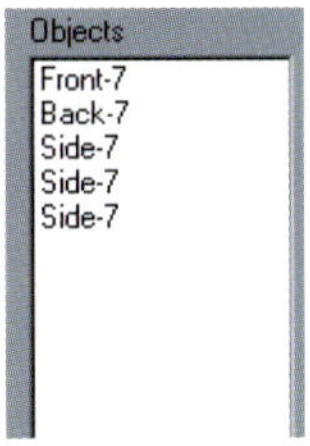

Die Flächen Ihres Objektes.

... klicken Sie auf die einzelnen Namen – es werden Ihnen die entsprechenden Flächen dazu angezeigt.

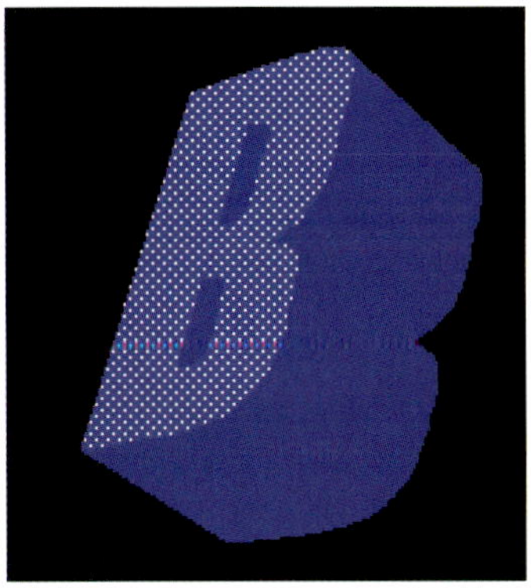

Die Flächen Ihres Objektes werden nun angezeigt.

WEITERE OPTIONEN

- Mit *Fill Color* und *Outline Color* können Sie nun Farbe der Fläche bzw. Linie verändern.
- Mit *Line Thickness* verändern Sie die Dicke einer Linie; die Dicke von Linien verändern Sie über *Detail Thickness* in einem äusserst genauen Rendermodus.
- *Surface Detail* verändert die Genauigkeit, mit der die Geometrie des betreffenden Teils des Objektes gerendert wird: *Double Sided* ermöglicht, dass das Objekt auch auf der unsichtbaren Seite gerendert wird; eine angewählte Fläche drehen Sie via *Flip Faces* auf die andere Seite; wenn Sie dabei *Double Sided* angewählt haben, hat dies zumindest keinen sichtbaren Effekt; *Invisible* blendet ausgewählte Teile eines Objektes aus – der Vorteil: Dies kann in gewissen Fällen die Renderzeit verkürzen! Unsichtbare Teile eines Objekts werden – zur Info – auf der linken Seite mit einem Stern gekennzeichnet.

- Wenn Sie Änderungen vorgenommen haben, wird mit der Taste *Rerender* das Objekt neu gerendert.
- Mit *Copy Styles* kopieren Sie die oben zugewiesenen Werte; wählen Sie dazu dasjenige Teil links in der Liste aus, dessen Werte kopiert werden sollen und wählen Sie dann das Zielteil mit gedrückter *Ctrl*-Taste aus. Drücken Sie dann die *Copy Styles*-Taste; es erscheint ein Fenster, in dem Sie wählen, welche Atribute der angewählten Fläche Sie kopieren möchten. Klicken Sie bitte anschliessend auf *Copy Styles*.
- *Global Intersection Style*: Hier bestimmen Sie Farbe und Dicke von Linien, die sich überschneiden.
- Mit *Clear Selection* wählen Sie alle ausgewählten Teile ab.
- *Show Selection*: Angekreuzt zeigt diese Option an, welche Flächen angewählt sind. Umgekehrt, also nicht angekreuzt zeigt dies – sofern Sie auf einen Namen klicken – die angewählte Fläche jeweils nur kurz an, die Anzeige verschwindet dann wieder. So können Sie recht gut sehen, wie eine ausgewählte Fläche sich verändert.
- *Undo*: Ein «Klassiker im DTP» – die letzte Veränderung an einem Objekt wird zurückgenommen.
- *Redo*: Die zurückgenommene Veränderung wird wieder aktiviert.
- Immer wenn eine gemachte Veränderung ein Rerendern erfordert, deren Veränderung sichtbar ist, wird mit *Dialogue Window* eine Warnung angezeigt.

Wenn Sie auf dieses Werkzeug klicken, wird die Ansicht des Objektes wieder dorthin zurückgestellt, wo sie sich befunden hatte, als das Objekt importiert wurde.

Mit dieser Taste wird eine beliebige Ansicht Ihres Objektes abgespeichert.

Hiermit wird die Ansicht, die mit «Ansicht speichern» gespeichert wurde, wieder geladen.

Render Settings

Hier bestimmen Sie, wie Ihr Bild gerendert – also gerechnet und dargestellt – werden soll; wählen Sie dazu das gewünschte Rendering aus und drücken dann auf diese Render-Taste. Im Rendering haben Sie folgende Möglichkeiten:

Wird diese Taste angewählt, wird Ihr Objekt in Gitterlinien gerendert.

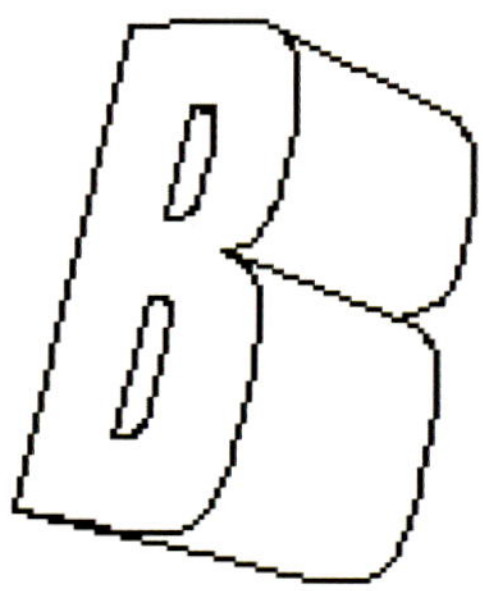

Hier wird das Objekt nur in Linien gerendert.

Wird diese Taste ausgewählt, wird Ihr Bild nur mit Flächenfüllungen gerendert.

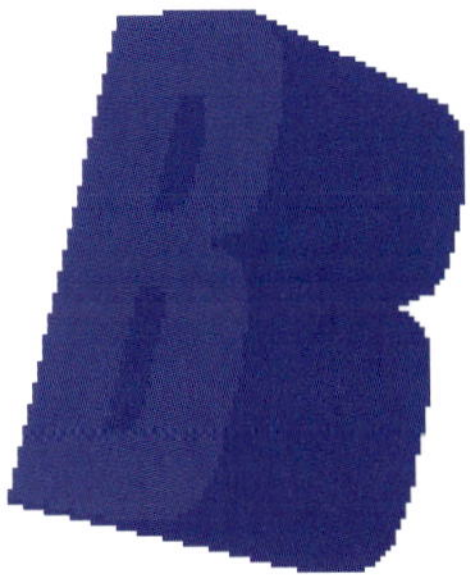

Hier wird das Bild nur mit Flächenfüllung gerendert.

 Mit dieser Taste werden beim Rendern Flächen und Linien gleichermassen berücksichtigt.

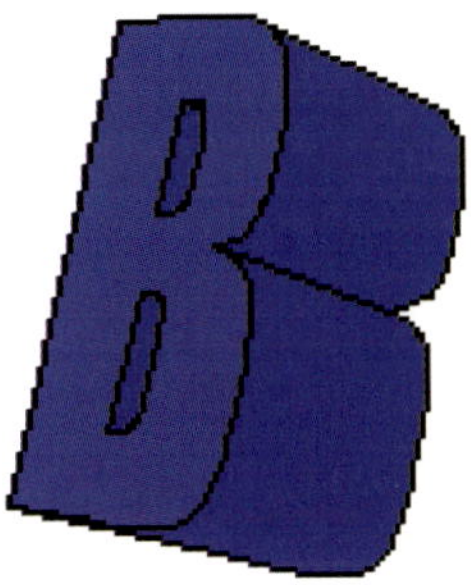

Das Bild wird mit Linien und Flächen gerendert.

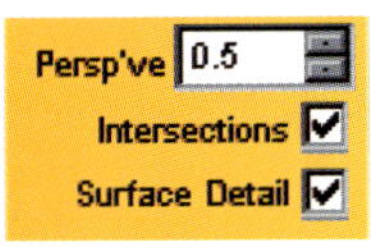

Mit *Persp've* können Sie die Perspektive verändern, *Intersections* rendert sich überschneidende Linien und *Surface Detail* beachtet die Details eines Objekts.

 Wenn Sie Ihr Objekt nun exportieren möchten, klicken Sie ganz einfach auf dieses Icon.

Wie bereits oben erwähnt, haben Sie die Auswahl zwischen dem Format von Adobe Illustrator oder «.swf». Bitte beachten Sie dabei, dass «.swf»-Files in komplexerer Darstellung eventuell unsauber übernommen werden. Der Hersteller Ideaworks arbeitet da bereits an einem Patch. Sicherheitshalber wählen Sie in einem solchen Fall das Illustrator Format.

Animation

Mit Vecta 3D können auch Animationen erzeugt werden; lassen Sie das Objekt Ihrer Wahl zum Beispiel um verschiedene Achsen drehen. Hierbei können Sie – was recht wichtig ist – bestimmen, wie viele Bilder benötigt werden sollen und haben somit auch eine gute Kontrollmöglichkeit zur erwünschten kleinen Dateigrösse fürs Internet.

Wie beim Einzelbild verfügen Sie über drei verschiedene Render-Optionen: *Linien*, *Flächen* oder beides zusammen; die Tasten hierfür wurden bereits oben beschrieben.

 Mit dieser Taste wird Ihre Animation gestartet.

Mit diesen drei Tasten bestimmen Sie: *einmaliger Durchlauf*, *Schleife* oder *Abspielen und Animation am Ende rückwärts abspielen*.

Die Abspielparameter.

Mit Frames bestimmen Sie, aus wie vielen Bildern Ihre Animation bestehen soll:

Die Anzahl der Frames.

Hier können Sie zwischen «Objekt-Rotation» – das Objekt dreht sich um die eigene Achse – oder «Weltrotation» wählen; schauen Sie auch einmal die folgende Abbildung hierzu an:

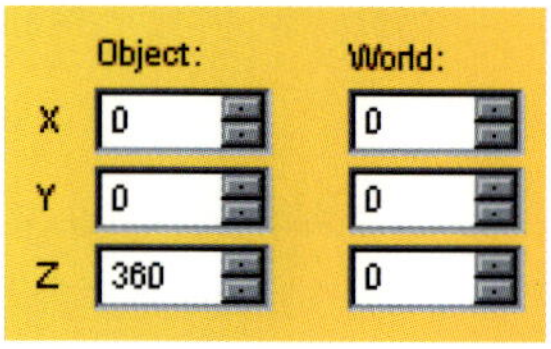

«Object» und «World».

Sie können auch beide kombinieren, um verschiedene Dreheffekte zu erzeugen. Experimentieren Sie!

Sie können hier auch mit diesem Werkzeug das Zentrum verschieben und so das Objekt um einen Mittelpunkt herumkreisen lassen.

Shaded Renderer

Der Shaded Render gibt Ihnen die Möglichkeit, den Lichteinfall selbst zu bestimmen. Die Objekte werden so viel genauer dargestellt.

Den Shaded Renderer schalten Sie unter der gleichnamigen Option Ren*der/Shaded Render* ein/aus. Beachten Sie dabei bitte unbedingt, dass mit dem Shaded Render die Dateigrösse massiv in die Höhe schnellen kann! Wenn Sie das Bild im «.swf»-Format abspeichern, werden zudem auch gewisse Flächen leider ausgelassen.

OBJEKT IM NORMAL-MODUS

Der Normal-Modus.

OBJEKT IM SHADED RENDERER

Der Shaded Renderer.

Im Shaded Renderer können Sie – wie bereits angedeutet – die Lichtquelle selbst bestimmen:

- Wählen Sie *Render/Shaded Render*.
- Klicken Sie dann auf *Render/Lighting Settings*:

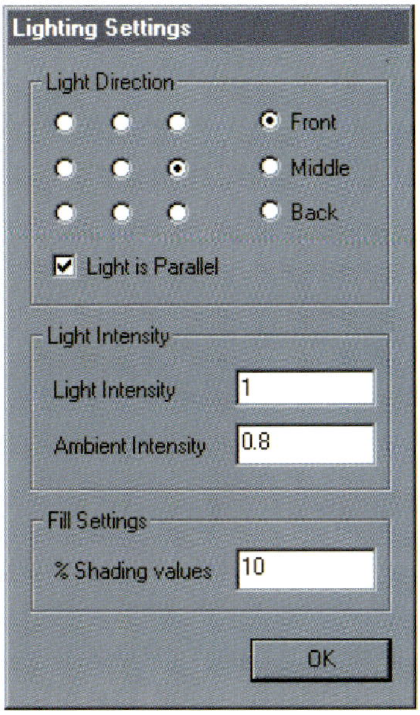

Die Licht-Settings.

- Unter *Light Directions* bestimmen Sie den Ort des Lichteinfalls:

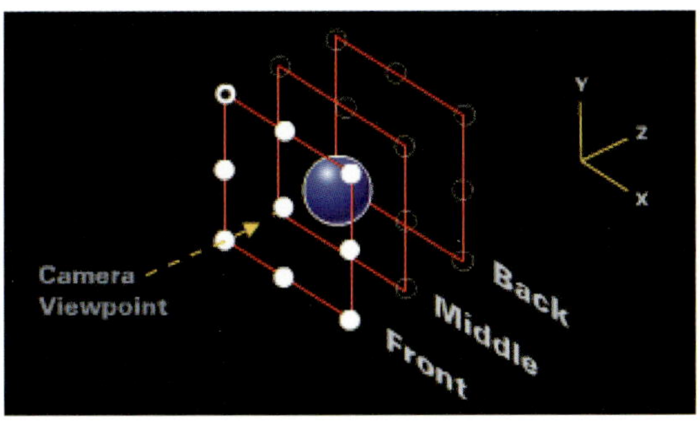

Der Lichteinfall nach Ihrem Gusto!

Mit *Light Intensity* und *Ambient intensity* bestimmen die Stärke des Lichts. Experimentieren Sie bitte auch hier ausführlich herum. *Shading Values* bestimmt, wie viele Farbwerte eingesetzt werden: «1%» bedeutet z. B., dass hier nur zwei Farben eingesetzt werden.

GRADIENT SHADER

Vecta 3D bietet Ihnen aber auch noch eine zweite, weitere Arbeitsumgebung, die ich ja bereits kurz in der Einleitung erwähnt habe – den Gradient Shader. Hier ist es nun moglich, weiche Lichteffekte und Verläufe zu erzeugen – und eben ohne dass dabei die Dateigrösse «explodiert»! Leider kann dies – um dies hier zur Sicherheit zu wiederholen – nur auf einfache Objekte angewendet werden; vor allem auf solche, die im Vecta 3D-Hauptprogramm extrudiert wurden.
Zudem können Sie im Gradient Shader nur Modelle öffnen und auch keine zweidimensionalen Grafiken importieren und diese dann extrudieren.

Zusammenfassend also noch einmal eine Kurzaufstellung: Sie können folgende Formate öffnen:

- «.3ds» (*3D Studio Max*)
- «.dxf» (*dxf* ist ein weit verbreitetes 3D Format)
- «.v3d» (Vecta 3D-eigenes Format)

Die Hauptoberfläche des Gradient Shaders präsentiert sich wie folgt:

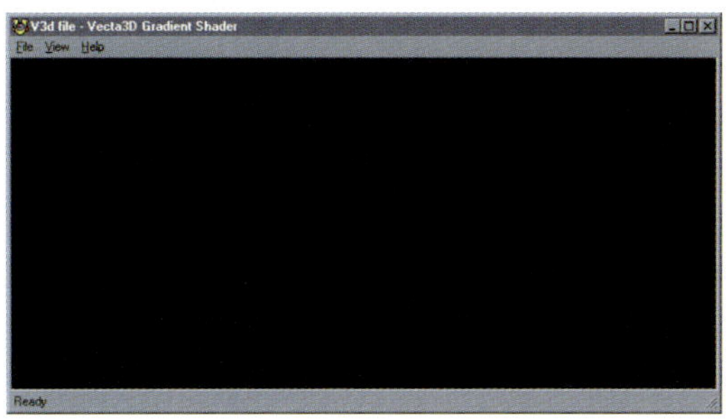

Der Gradient Shader.

Oben befindet sich die Menüleiste; des Weiteren ist noch ein zweites Fenster offen – das Animationsfenster, auf welches ich gern nochmals kurz im Folgenden eingehen möchte:

Animationsfenster

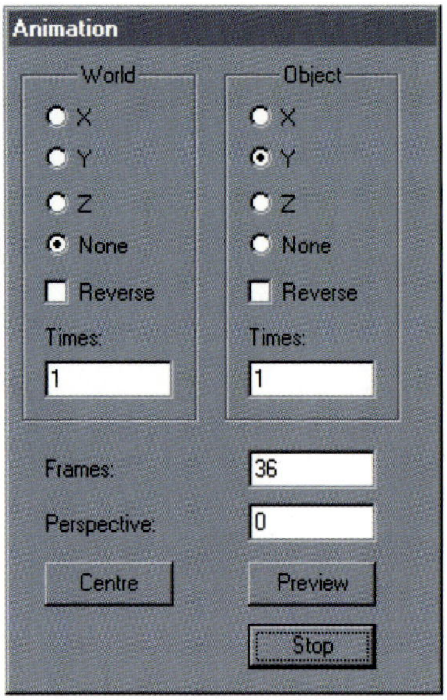

Das Animationsfenster.

Hier haben Sie wiederum World und Object zur Auswahl, um Ihr Objekt rotieren zu lassen. «Reverse» hingegen lässt die Animation rückwärts laufen. Die weiteren Optionen lauten wie folgt:

- *Times* bestimmt die Anzahl der Drehungen.
- Die Anzahl der Bilder, die unsere Animation beinhalten soll, können Sie über *Frames* definieren.
- *Perspective* ändert den Betrachtungswinkel auf das Objekt.
- *Center* positioniert das Objekt wieder in der Mitte, was manchmal recht hilfreich ist.
- Die Animation können Sie sich unter *Preview* anschauen; *Stop* lässt die Animation dabei anhalten.
- Unter **File | render animation** wird Ihre Objekt-Animation gerendert – und zwar im «.swf»-Format.
- *View second light* schaltet eine zweite Lichtquelle ein. Im Gradient Shader beeinflussen Sie die Lichtquellen wie folgt: Um das Licht in der x-Achse zu verschieben, halten Sie die *Ctrl*-Taste gedrückt und ziehen diese dann bitte mit der linken Maustaste über die Arbeitsfläche. Um das Licht in der z-Achse zu zoomen, drücken Sie *Ctrl* und ziehen mit der rechten Maustaste rauf oder runter.

Erzeugen eines Buchstabens oder eines Symbols im Gradient Shader

- Öffnen Sie Flash.
- Zeichnen Sie ein Objekt, einen Buchstaben oder ein Symbol.
- Zerlegen Sie dieses mit der Tastenkombination *Ctrl/B*.
- Exportieren Sie das Bild als Illustrator 3(!)-Format.
- Importieren Sie das Bild in Vecta 3D und extrudieren sie es mit dem Wert «100».
- Speichern Sie das Bild im «.v3d»-Format ab.
- Öffnen Sie den Gradient Shader und öffnen Sie darin Ihr soeben gespeichertes Objekt.
- Wählen Sie «20 frames» (Bilder) und eine beliebige Rotation.
- Aktivieren Sie dann bitte die Option **File | render animation**.

- Erstellen Sie in Flash eine neue Filmsequenz und importieren Sie das vorher aus dem Gradient Shader exportierte Objekt / «.swf»-File.
- Wenn Sie möchten, können Sie noch jedes einzelne Bild über die Option **modifizieren | Kurven | optimieren** «aufbessern»; jedoch müssen Sie dazu jedes einzelne Bild vorerst auseinander brechen!
- Gehen Sie in den Hauptfilm und ziehen Sie dann eine Instanz der Filmsequenz auf die Bühne; starten Sie dann bitte die Vorschau:

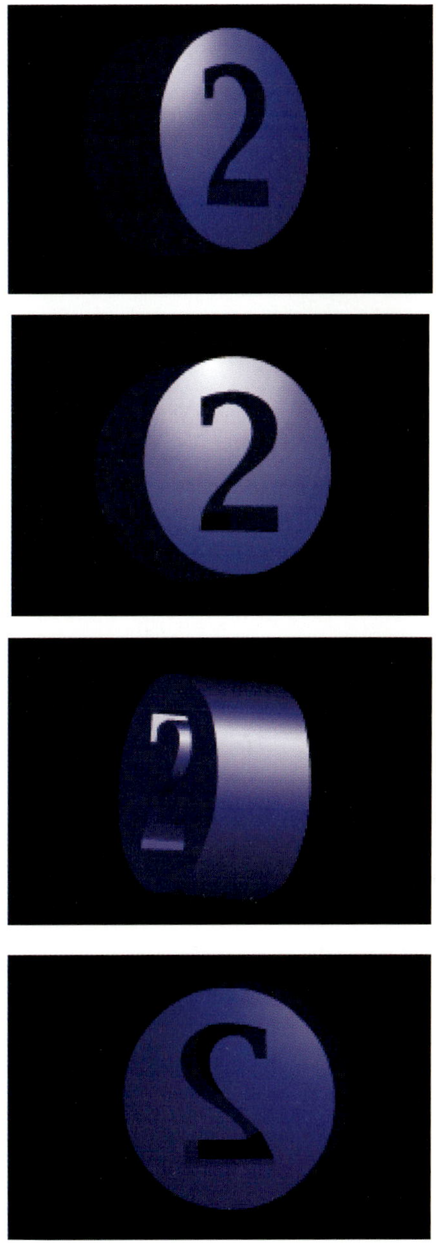

Wow, ein 3D-Effekt in der attraktiven Dateigrösse von nur 10 KB!

Tipp: Auch hier finden Sie weitere Informationen zum Programm im Internet direkt auf der Herstellerseite «www.vecta3d.com».

SWISH

Mit Swish lassen sich in Sekundenschnelle verschiedene Texteffekte erstellen. Sie geben lediglich die Schrift ein und weisen dieser Effekte zu; anschliessend exportieren Sie nur noch den Effekt ins Flash.

Bei der folgenden Beschreibung handelt es sich um die Version Swish 1; mittlerweile ist eine etwas erweiterte Version 1.51 erschienen. Die wichtigsten Funktionen sind jedoch dieselben geblieben und können so leicht auf die neuere Version übertragen werden.

AUFBAU VON SWISH

Bühne

Auch hier gibt es – wie im Flash – eine Bühne.

DER GENERAL-TAB

Der *General*-Tab entspricht den *Film-Eigenschaften* in Flash.

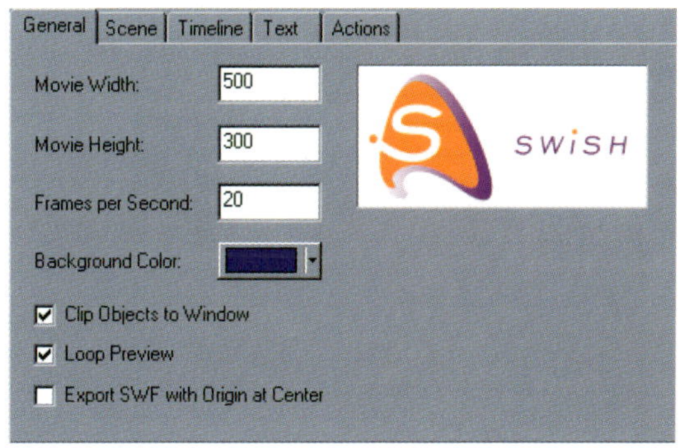

Der General-Tab.

Hier werden die folgenden grundsätzlichen Einstellungen vorgenommen:

MOVIE WIDTH

Breite des Movies.

MOVIE HEIGHT

Höhe des Movies.

FRAMES PER SECOND
Die Bildrate pro Sekunde.

BACKGROUND COLOR
Hintergrundfarbe.

CLIP OBJECTS TO WINDOW
Bei angeklicktem Zustand werden solche Buchstaben, die sie gegebenenfalls ausserhalb des Bildes befinden, nicht mehr weiterberechnet.

Tipp: Wenn Sie das «.swf»-File ins Flash importieren, sollten Sie diese Box nicht ankreuzen, da sonst Buchstaben plötzlich stehenbleiben.

LOOP PREVIEW
Die Vorschau wird dauernd in einer Schleife wiederholt.

EXPORT SWF WITH ORIGIN AT CENTER
Wenn Sie diese Box ankreuzen, wird Ihre «.swf»-Datei, wenn es in Flash importiert und in eine Filmschleife eingesetzt wird, genau in der Mitte der Filmschleife zentriert. Ansonsten wird die Animation rechts unten dargestellt. Dies ist wichtig, weil die erstellten Animationen in Schlüsselbildern aneinandergereiht sind.

Scene

SCENE NAME
Hier geben Sie Ihrer Szene einen Namen. Die Szenen sind hier mit Flash vergleichbar. Da dieses Programm als Zusatz zu Flash besprochen wird, gehe ich hier nicht auf solche Möglichkeiten von Swish ein, die Sie auch mit Flash lösen können.

TIMELINE
Wie bei Flash gibt es hier eine Zeitleiste. Hier werden – wie in Flash – die Einzelbilder nacheinander abgespielt. Die «add action»-Taste fügt einem Text ein Effekt zu. Dazu später mehr.

TEXT
Hier geben Sie den Text ein, der animiert werden soll; der Tab selbst erscheint jedoch erst dann, wenn Sie einen Text eingeben.

ACTIONS
Hier können Sie – ähnlich wie in Flash – einige Aktionen zufügen. Jedoch werden diese hier nicht weiter besprochen, da wir sie ebenso gut auch in Flash zuweisen können.

ERSTELLEN EINES TEXTEFFEKTS

- Erzeugen Sie einen Text.
-  Klicken Sie hierzu auf diese Taste.

- Es entsteht unten im linken Feld folgendes Bild:

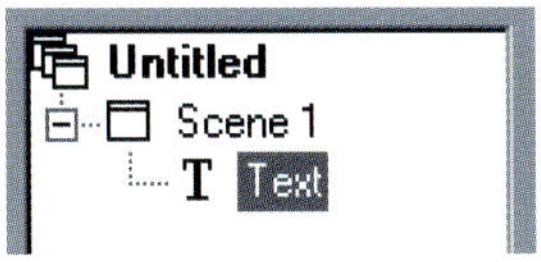

Geben Sie einen Text ein.

- Klicken Sie jetzt auf den *Text*-Tab. Geben Sie einen Text ein, z. B. «VIRTUAL». Im Bühnenfenster erscheint der neue Text.
- Unten können Sie die üblichen Textattribute eingeben.
- Klicken Sie auf den *Timeline*-Tab.
- Wählen Sie «Add Effekt» – *Effekt hinzufügen*.
- Wählen Sie *explode*.
- Es öffnet sich ein Dialogfenster; klicken Sie *OK*.
- Drücken Sie oben auf die *Play*-Taste.
- «Kawoom!» Der Text explodiert.

Nun können Sie Ihrem Text die verschiedensten Effekte zuweisen. Klicken Sie dazu auf die *Add Effect*-Taste; Sie haben nun folgende Auswahlmöglichkeiten (Eine kleine Anmerkung: In der Version 1.51 sind zu den hier beschriebenen noch einige Effekte dazugekommen. Um die Effekte auf der Swish-Bühne zu sehen, klicken einfach auf die Taste *Preview*. Um einen Effekt zu löschen, wählen Sie ihn bitte in der Timeline an, und klicken dann *Delete Effect*).

SHOW

Der Text wird angezeigt.

HIDE

Ihr Text wird ausgeblendet.

Transform

Hiermit kann der gesamte Textblock bearbeitet werden, d. h. Sie können verschiedene Attribute wie *Skalierung*, *Alpha* und/oder *Rotation* zuweisen. Den *Transform-Effekt* können Sie auch auf die nachfolgenden Effekte zusätzlich anwenden:

FADE IN/FADE OUT

Ihr Text wird ein-/ausgeblendet; in Flash ist das der Alpha-Effekt.

SLIDE IN/OUT

Der Text wird aus verschiedenen bestimmbaren Richtungen ins Zentrum hinein gefahren.

SQUEEZE

Der Text wird zusammengedrückt bzw. ausgedehnt – dies ist auch ganz ansehnlich:

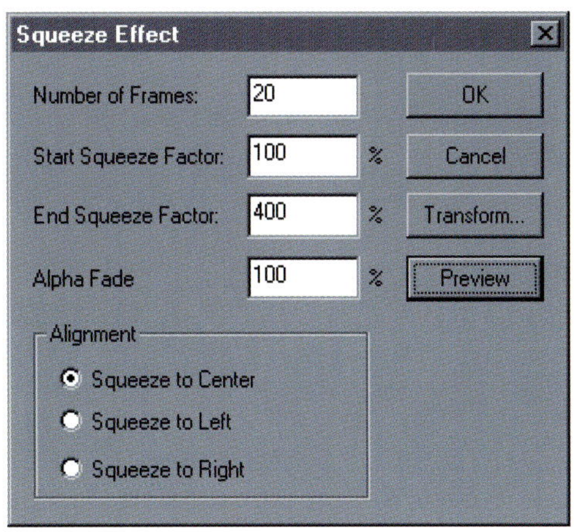

Der Squeeze-Effekt.

NUMBER OF FRAMES

Hier bestimmen Sie die Anzahl der Bilder Ihrer Animation.

START SQUEEZE FACTOR

Legen Sie hier den Abstand der Buchstaben beim Start der Animation fest.

END SQUEEZE FACTOR

Hier definieren Sie den Abstand der Buchstaben am Ende der Animation: So bestimmen Sie, ob der Text zusammengedrückt oder auseinandergezogen wird.

ALPHA FADE

Anders als bei Flash bedeutet hier «100%», dass der Text ganz ausgeblendet wird. «0%» bewirkt demzufolge gar keine Änderung.

ALIGNMENT

Hier wird die Richtung des Effekts bestimmt.

Mit der Taste «Preview» kann der Effekt jeweils betrachtet werden.

Explode

NUMBER OF FRAMES

Hier legen Sie die Länge der Animation in Bildern fest.

VELOCITY OF EXPLOSION

Dies bestimmt die Stärke der Explosion. «1» ist eine eher «lahme» Explosion, dagegen ist «100» gewaltig! Die besten Werte für eine realistische Explosion liegen bei erfahrungsgemäss bei «5 – 10».

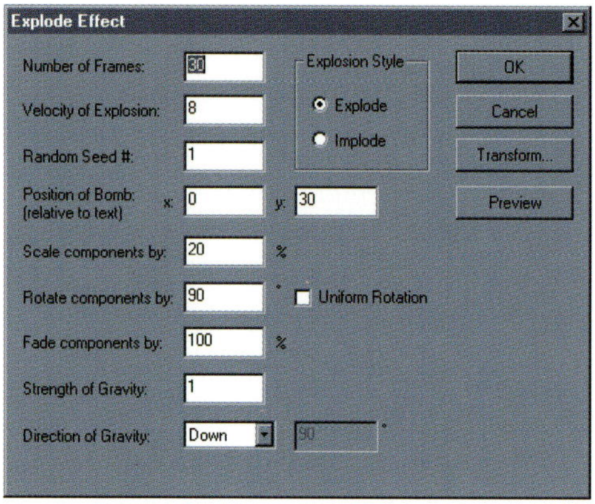

Der Effekt «Explode».

RANDOM SEED

Geben Sie eine Zahl ein und die Explosion wird per Zufall unterschiedliche Explosionen bestimmen.

POSITION OF BOMB

Hier wird die Postion der «Bombe» bestimmt; nach unten versetzt explodiert der Text dann nach oben. Umgekehrt ist es natürlich dann nach unten; auch nach links und rechts ist möglich.

SCALE COMPONENTS BY

Hier werden die Buchstaben grösser, wenn sie weggeschleudert werden. «0%» bedeutet keine Grössenveränderung.

ROTATE COMPONENTS BY

Hier werden die Buchstaben gedreht und zwar um die x- und y-Achse, was dann ein Verziehen bewirkt. Geben Sie die Drehung bitte in Grad an und kreuzen Sie *Uniform Rotation* an, um eine Drehung ohne Verziehung zu erreichen.

FADE COMPONENTS BY

Hier werden die Buchstaben gegen Ende ausgeblendet oder bei einer Implosion eingeblendet. Auch hier bedeutet «0%» keine Veränderung des Alphawertes, während dessen «100%» eine Totalausblendung bewirkt.

STRENGTH OF GRAVITY

Diese Option simuliert die Schwerkraft: Je höher der Wert, desto stärker die Gravitation. «1» simuliert dabei eine «reale» Gravitation; doch lässt sich dies am besten im praktischen Ausprobieren zeigen.

DIRECTION OF GRAVITY

Hier wird die Richtung eingegeben, in welche die Gravitation die Buchstaben zieht.

EXPLOSION STYLE

Wählen Sie zwischen einer Implosion oder einer Explosion. Ein Tipp für Sie:

Tipp: Sie können auf jeden Effekt einen zusätzlichen «Transform»-Effekt anwenden; dieser gilt dann jeweils für den Text als Ganzes.

Typewriter

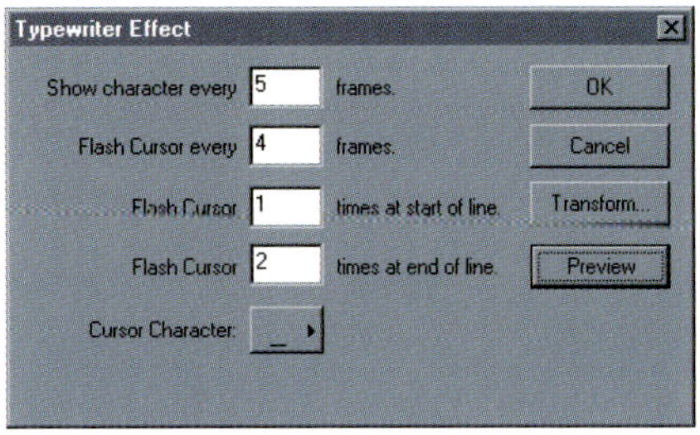

Der Typewriter.

SHOW CHARACTERS EVERY

Diese Option reguliert die Geschwindigkeit der Schreibmaschine, «1» ist dabei schnellstmöglich.

FLASH CURSOR EVERY

Dies bestimmt, in welchem Zeitabstand der Cursor blinkt.

FLASH CURSOR START

So legen Sie fest, wie viele Male der Cursor am Start blinken soll.

FLAH CURSOR END

Hier definieren Sie, wie viele Male der Cursor am Ende blinkt.

CURSOR CHARACTER

Hier legen Sie fest, welches Zeichen der Cursor sein soll. «Leer» bedeutet, dass kein Cursor angezeigt wird.

Wave

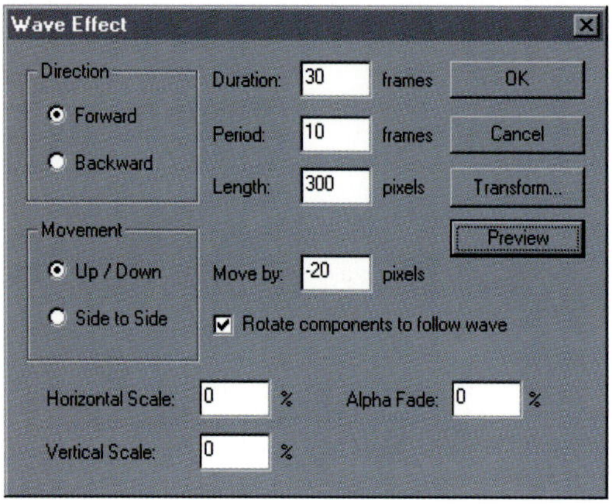

Die Welle.

DIRECTION

Hier legen Sie fest ob die Welle beim ersten oder beim letzten Buchstaben starten soll.

DURATION

Hier wird die Länge der Animation bestimmt.
Mein Ratschlag: Schauen Sie immer, dass diese genug lang ist – sonst wird Ihre Bewegung abgeschnitten.

PERIOD

Dies bestimmt die Länge, die ein Buchstabe für einen Durchlauf der Welle benötigt.

LENGTH

Hier definieren Sie – in Pixeln – die Distanz vom Anfang bis zum Ende der Welle.

MOVE BY

Bestimmt die «maximale Distanz», die sich ein Buchstabe vom Anfangsstandort entfernt. «Rotate Components to follow wave» bewirkt eine Drehung, die der Bewegung der Welle folgt.

HORIZONTAL SCALE

Dies skaliert ein Objekt in der Breite: Ein Pluswert verbreitert den Buchstaben, ein Minuswert drückt ihn zusammen. Bei «0%» bleibt der Buchstabe unverändert.

VERTICAL SCALE

Dies hat denselben Effekt wie bei *Horizontal Scale*, einfach in der vertikalen Ebene.

ALPHA FADE

Der Buchstabe wird ausgeblendet, wenn er am weitesten weg ist. «0%» bewirkt dabei keine Transparenz.

Scale Characters

FRAMES PER CHARACTER

Hier sehen Sie die gewünschte Anzahl derjenigen Bilder, die einem Buchstaben bei der Skalierung zugeordnet werden.

OVERLAP FRAMES BETWEEN CHARACTERS

Frames, die sich vom einen zum nächsten Buchstaben überschneiden.

SCALE CHARACTERS BY

Skalierung der Buchstaben am Anfang.

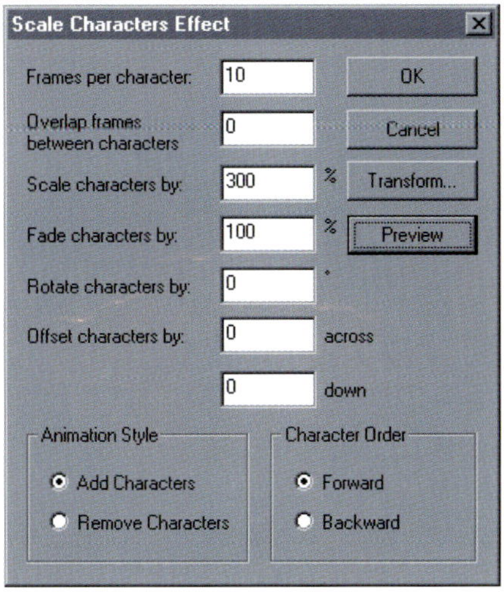

Der Scale-Effekt.

FADE CHARACTERS

Transparenz der Buchstaben am Anfang der Animation.

ROTATE CHARACTERS

Drehung der Buchstaben.

OFFSET CHARACTERS BY (ACROSS/DOWN)

Verschiebung des Startpunktes der Buchstaben horizontal und vertikal.

ADD/REMOVE CHARACTERS

Buchstaben werden aufgebaut oder aufgelöst.

CHARACTER ORDER FORWARD/BACKWARD

Buchstaben erscheinen zuerst am Anfang oder am Ende des Textes.

Alternate Characters

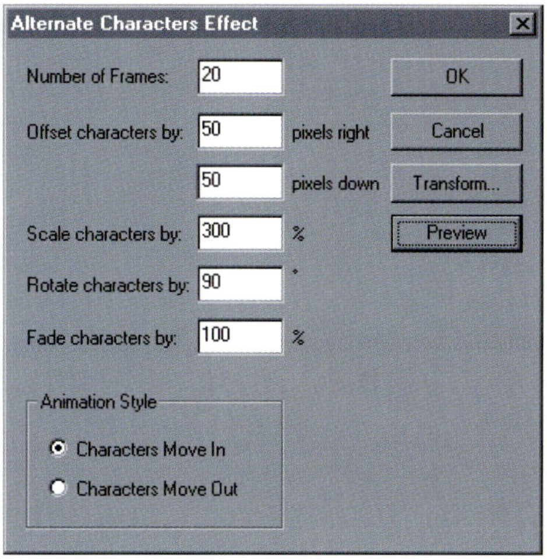

Alternate-Effekt.

NUMBER OF FRAMES

Länge der Animation.

OFFSET CHARACTERS BY

Startposition der Buchstaben, die animiert werden.

SCALE CHARACTERS

Skalierung der animierten Buchstaben.

ROTATE CHARACTERS BY

Drehung der animierten Buchstaben.

FADE CHARACTERS BY

Transparenz der animierten Buchstaben.

ANIMATION STYLE

Buchstaben erscheinen oder verschwinden.

REVERT

Den Revert-Effekt können Sie jedem beliebigen Effekt anhängen. Er bringt die Buchstaben wieder in die Anfangspostion zurück. Wie er das machen soll, können Sie in einigen Parametern einstellen, welche für sich sprechen.

KAPITEL 18 | ERGÄNZUNGS-TOOLS

FLAX UND SWFX

FLAX

Flax ist ein weiteres sehr einfaches und intuitives Texteffekt-Programm. Am Besten hierbei ist es, wenn Sie einfach nach Herzenslust damit herumspielen.

Die Panels und ihre Funktionen

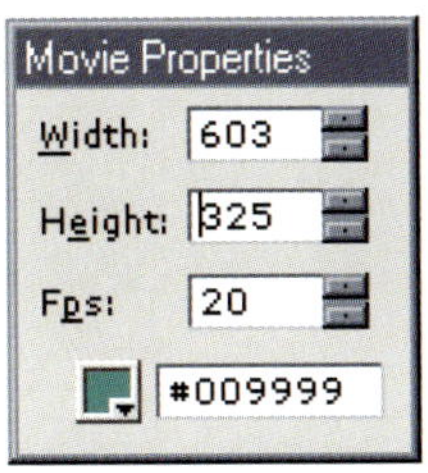

Die Film-Eigenschaften.

Mit *Width* und *Height* bestimmen Sie die Grösse Ihres Films; mit *Fps* die Geschwindigkeit des Ablaufs und mit dem Farbfeld zuunterst wird natürlich die Farbe eingestellt.

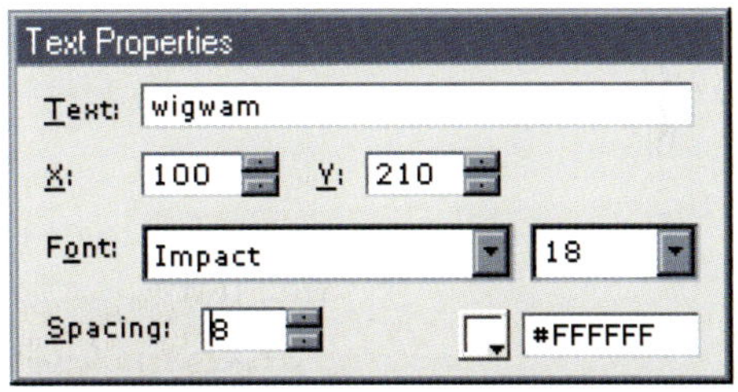

Die Text-Eigenschaften.

Mit *Text* geben Sie Ihren Text ein. *X* und *Y* bestimmen die Koordinaten Ihrer Textanimation.
Font steht für die Schift. Sie haben leider hier zu Anfang nur etwa 15 Schriften zur Auswahl; es können jedoch noch weitere auf der Flax-Homepage aktiviert werden: «*www.flaxfx.com*»

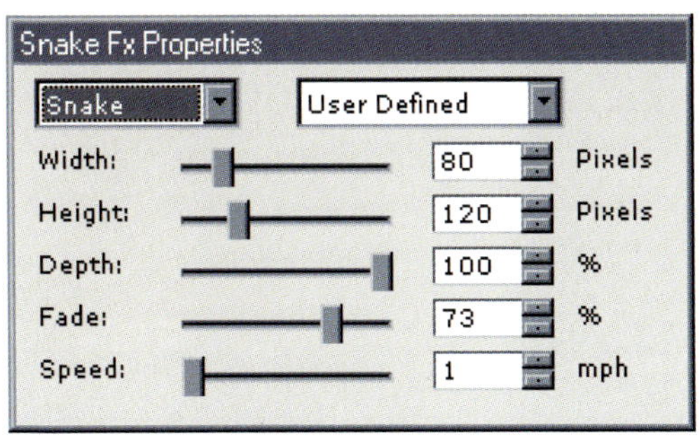

Mit diesen Reglern lassen sich die jeweiligen Grundeffekte beeinflussen.

Über die jeweiligen Regler lassen sich unzählige Variationen eines Texteffekts erzeugen. Spielen Sie damit herum, um die Möglichkeiten von Flax so bestmöglich auszuloten.

SWFX

SWfX ist ein weiteres tolles Text-Effekt Programm, welches Sie im Nu die unglaublichsten Texteffekte erzielen lässt.

SWfX enthält 100 vorgefertigte Effekte, welche Sie dann als «.swf»-File exportieren können.

Das Programm ist folgendermassen aufgebaut:

Auf der linken Seite wählen Sie Ihre Effekte aus. Es stehen 100 Effekte zur Auswahl.

Die Effekte, welche grün hinterlegt sind, zeigen an, dass es sich hierbei um Flash 4-Effekte handelt; die anderen sind Flash 3-Effekte.

Der Unterschied besteht darin, dass Flash 4-Effekte nur über den ActionScript-Befehl *load movie* in einen bestehenden Film importiert werden können; Flash 3-Effekte hingegen lassen sich normal mit dem Befehl **Datei | Importieren in Flash** importieren.

So sieht die Arbeitsfläche von SWFX aus.

TEXT ENTRY

Hier geben Sie den Text ein, welcher animiert werden soll.

FONT

Hier bestimmen Sie, wie Ihr Text aussehen soll. Mit *width* und *height* definieren Sie die Bühnengrösse. Auch hier bestimmt dann *fps*, wie schnell der Effekt abläuft; *bg color* bestimmt die Hintergrundfarbe im Vorschaufenster. Mit *link* können Sie eine Internet-Verknüpfung einfügen; diese wird dann aktiviert, wenn Sie mit der Maus auf die Bühne klicken.

SWF

Hier lassen sich mit *preview* die Vorschau-Parameter einstellen und mit *save as* die Effekte exportieren. *Loop preview* spielt die Animation in einer fortlaufenden Schleife ab. *View cursor* blendet einen kreuzförmigen Cursor ein, mit dessen Hilfe Sie Ihre Animation auf der Bühne verschieben können und auto preview spielt den Texteffekt ab, sobald Sie ihn in der Bibliothek anwählen.
Loop output spielt den als «.swf» exportierten Effekt in einer Schleife ab und *protect SWF* schützt die «.swf»-Datei. Verwenden Sie diese Option nicht, wenn Sie den Effekt anschliessend in ein Programm wie z. B. Flash importieren.

***Tipp**: Weitere Informationen zum Programm SWfX finden Sie auch im Internet direkt auf der Herstellerseite «www.wildform.com».*

«Best of Flash»

- www.turtleshell.com
- www.eye4u.com
- www.balthaser.com
- www.yugop.com
- www.egomedia.com
- www.gabocorp.com
- www.turntables.de
- www.ultrashock.com
- www.ysub.com
- www.jdm.wax.nu
- www.grafikadesigns.com
- www.designinsites.com
- www.oddcast.com

Links zu Tutorial-Sites und Foren

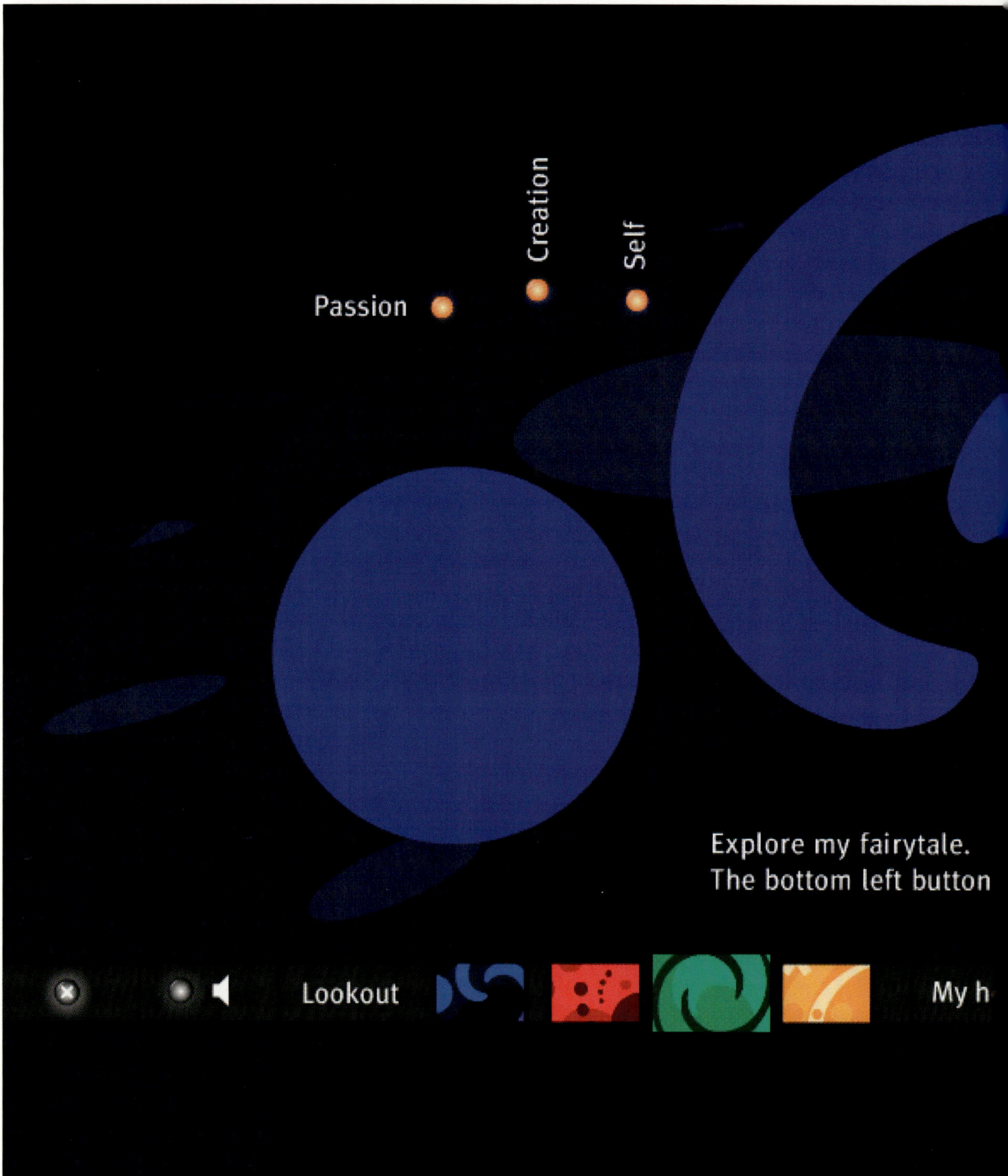
Creation
Self
Passion
Explore my fairytale.
The bottom left button
Lookout
My h

Hier und auf den folgenden Seiten präsentiere ich Ihnen Web-Auftritte, die auch für mich immer wieder neue Anregungen bereit halten.
Neben diesen «visuellen Appetizern» empfehle ich Ihnen natürlich auch, die Sites direkt aufzusuchen. Die einzelnen Internet-Adressen hierzu finden Sie jeweils *links oben* hier auf der Doppelseite.
Dabei können sich einzelne Adressen immer wieder ändern; ein aktuelles Verzeichnis finden Sie aber auch unter dem entsprechenden «Buch»-Link auf meiner Website ***www.wigwam.ch***.

Der Betreiber dieser Website heisst Joen Asmussen und ist 21 Jahre alt. Er ist «Flasher der ersten Stunde» und hat vielen «Flash-Jüngern» mit seinem Enthusiasmus, Talent und unermüdlichen Einsatz immer wieder zur neuen Motivation verholfen und so in der doch harten Anfangszeit durchaus als Leitfigur gedient.

Seine Tutorials sind hochklassig, da sie sehr leicht nachzuvollziehen sind und dem User schnelle Erfolgserlebisse bieten. Auch mein Buch ist dadurch stark inspiriert worden – daher an dieser Stelle: «Vielen Dank, Joen!»

Die Seite besticht durch eine kreative Kombination von indischer Mystik und gekonntem Design und ist aus diesem Grund vor allem in der heutigen schnellebigen Zeit ein Ort, an den es sich immer wieder lohnt vorbeizuschauen.

our
show
FORD MOTOR COMPANY FLASH WEBSITE
IMPRESS SOFTWARE FLASH INTRO
TV LOONLAND FLASH WEBSITE
UNIMARK FLASH WEBSITE
OCRA FLASH ANIMATION
HEAVYFLASH VIDEO FLASH DEMO
CAPTURED SPHERE FLASH DEMO
MODULAR WEBSYNTH FLASH MUSIC
I+K INFRASERV HTML/JS
"DAS ROMANTISCHE LICHT" - FLASH ANIMATION FOR
WIEDEMANN WACHSWARENFABRIK GMBH.
EYE4U

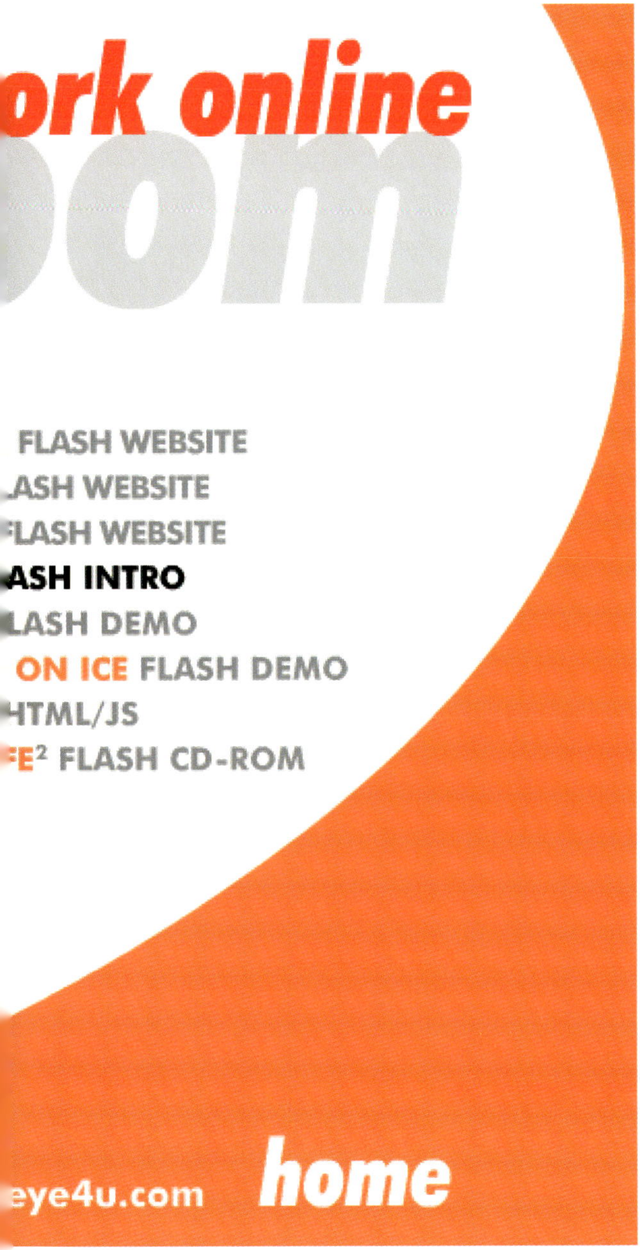

Hier sehen Sie eine derjenigen Sites, die wohl Flash ganz massgeblich zum Durchbruch verholfen haben; bis in die heutige Zeit hat sie nichts von ihrer Faszination und Dynamik eingebüsst. Und so geniesse ich noch heute den verdutzten Eindruck in den Gesichtern derer, denen ich die Site erstmals zeige. ;-)

Diese Site eröffnet das riesige Potential von Flash. Und so bin auch ich als Webdesigner diesem Ruf gefolgt und belohnt worden: Flash ist mehr denn je «in» und weist ganz klar den Weg in die multimediale Zukunft des Internets. Die Seite besticht vor allem durch die schier unglaublich flüssige Animation und den gekonnten Einsatz eines flashgerechten Soundtracks. Aber staunen Sie selbst, die URL finden Sie ja links oben auf dieser Seite.

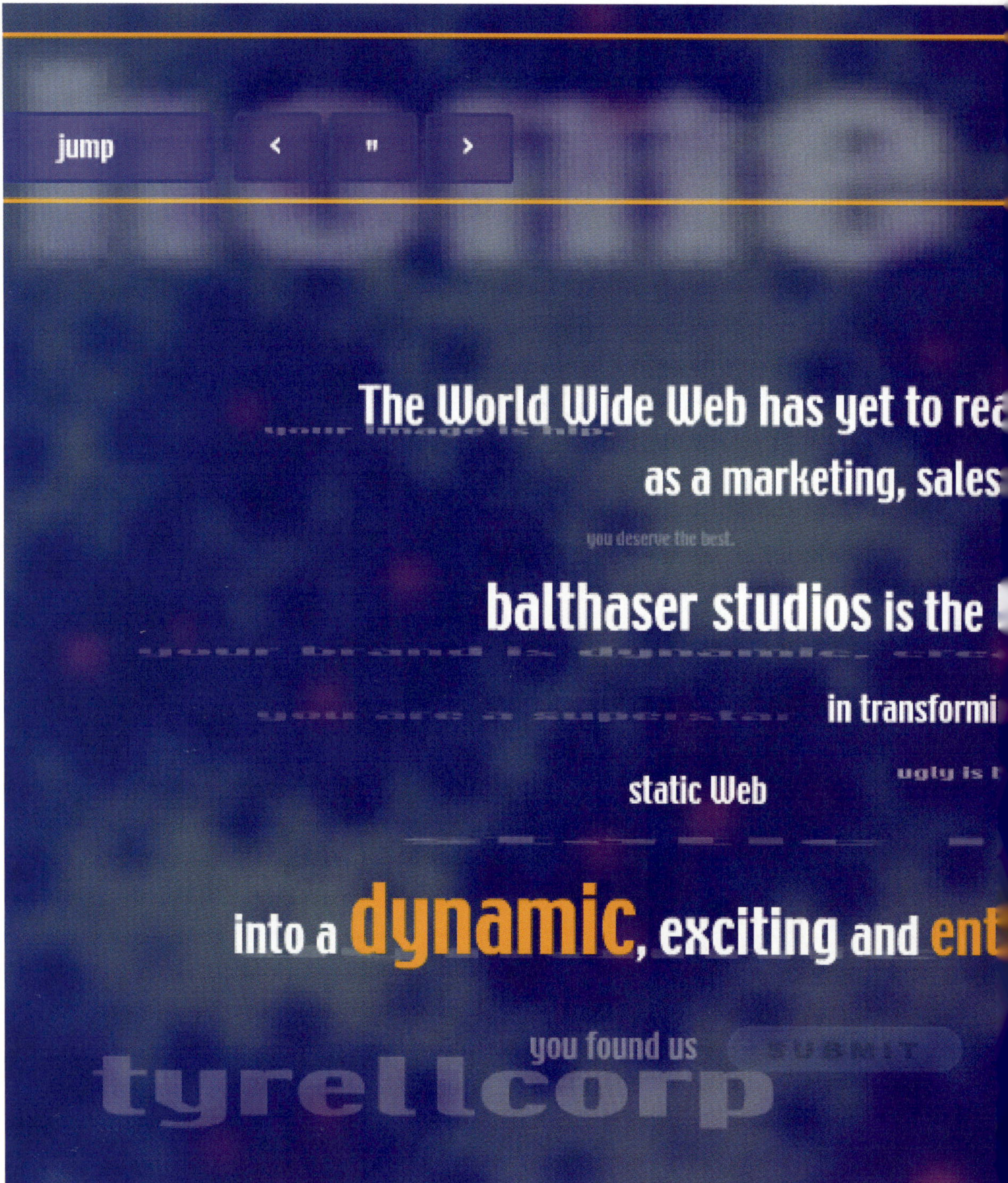
jump
The World Wide Web has yet to re
your image is hip.
as a marketing, sales
you deserve the best.
balthaser studios is the
in transformi
static Web
into a dynamic, exciting and ent
you found us
tyrellcorp

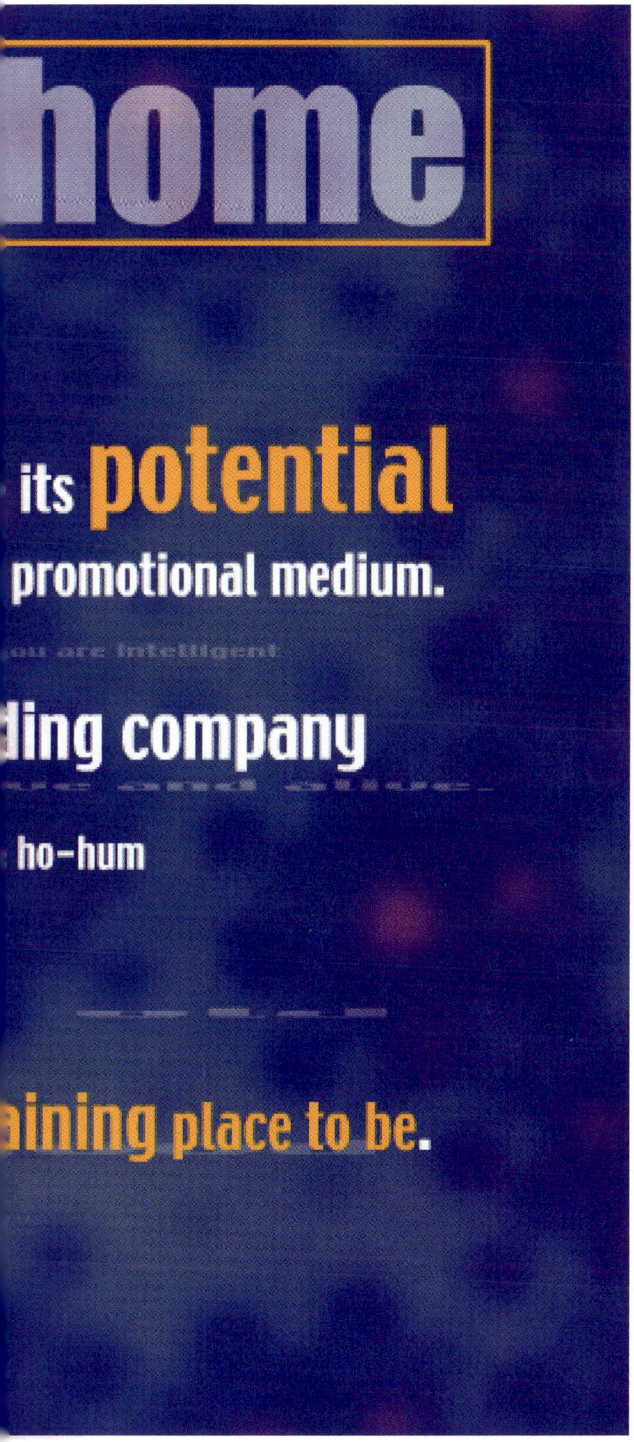

Vor allem der «MTV-artige» Clip am Anfang versetzt auf dieser Site in Erstaunen: Erstmals ist TV dem Internet ganz nah! Die einzelnen Symbole werden geschickt wiederholt und mit dem Sound auf rhythmisch optimale Weise koordiniert.

Auch dieser Auftritt ist eine Flash-Site der ersten Stunde; sie überzeugt einfach durch den Fluss der Animationen, den perfekt abgestimmtem Sound und eine internetgerechte Präsentation von Information und Effekten.

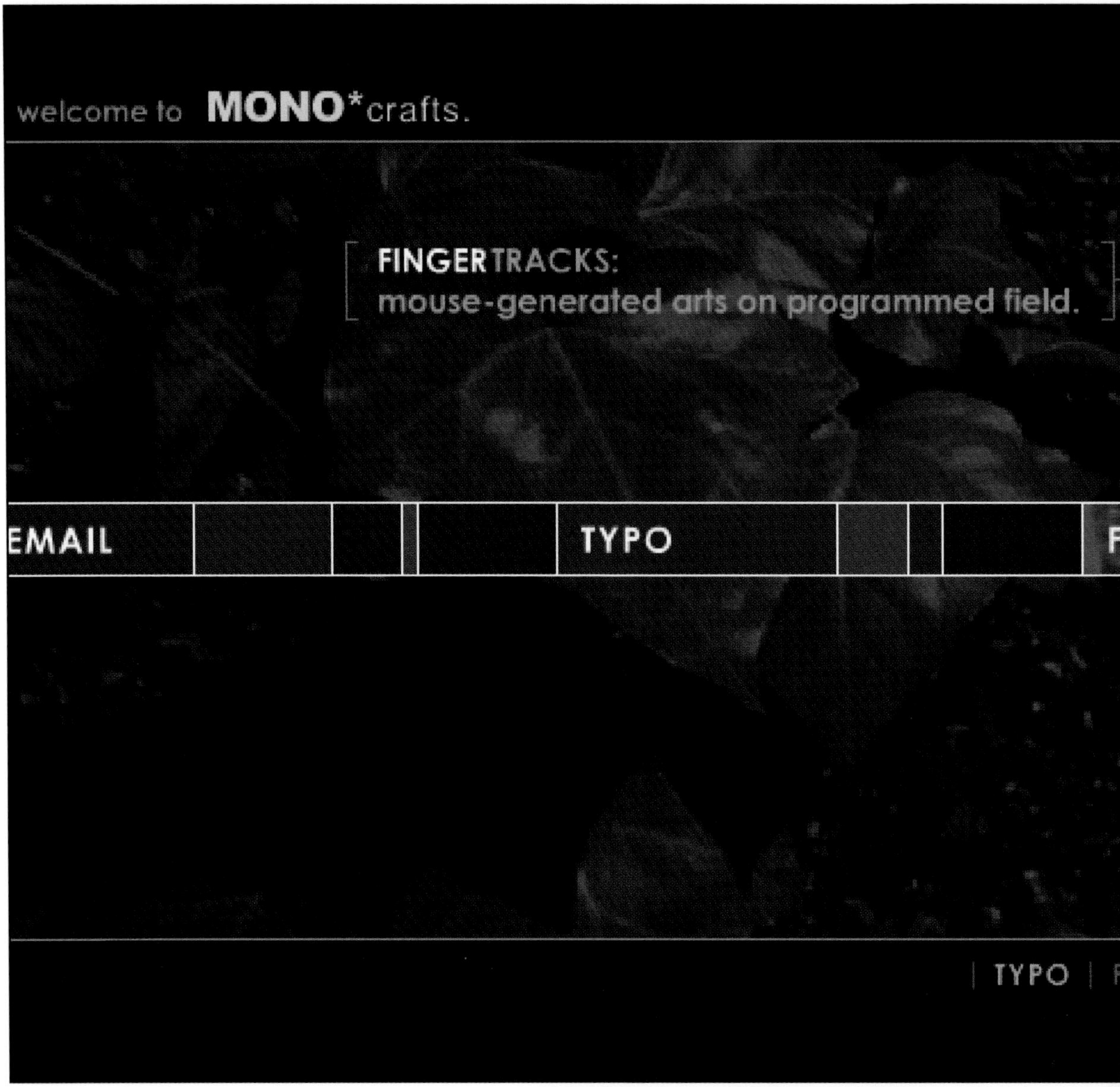

Hier sehen Sie eine der ersten Seiten, welche die Möglichkeiten des ActionScript vorgeführt hat; mir persönlich ist vor allem die alte Site-Version mit dem einzigartigen Scroll-Menü ist unauslöschlich in Erinnerung geblieben. Auch das Design, das über ein ideale Kombination von Bitmap-Grafiken und Vektoren verfügt, ist spitzenklasse.

Aber es gibt noch viel mehr zu entdecken: Spielereien mit ActionScript lassen den oftmals überraschten Betrachter vor dem Bildschirm nur noch rätselraten, wie man solche Effekte überhaupt programmieren kann. Yugop ist definitiv ein Meister-Guru des ActionScript!

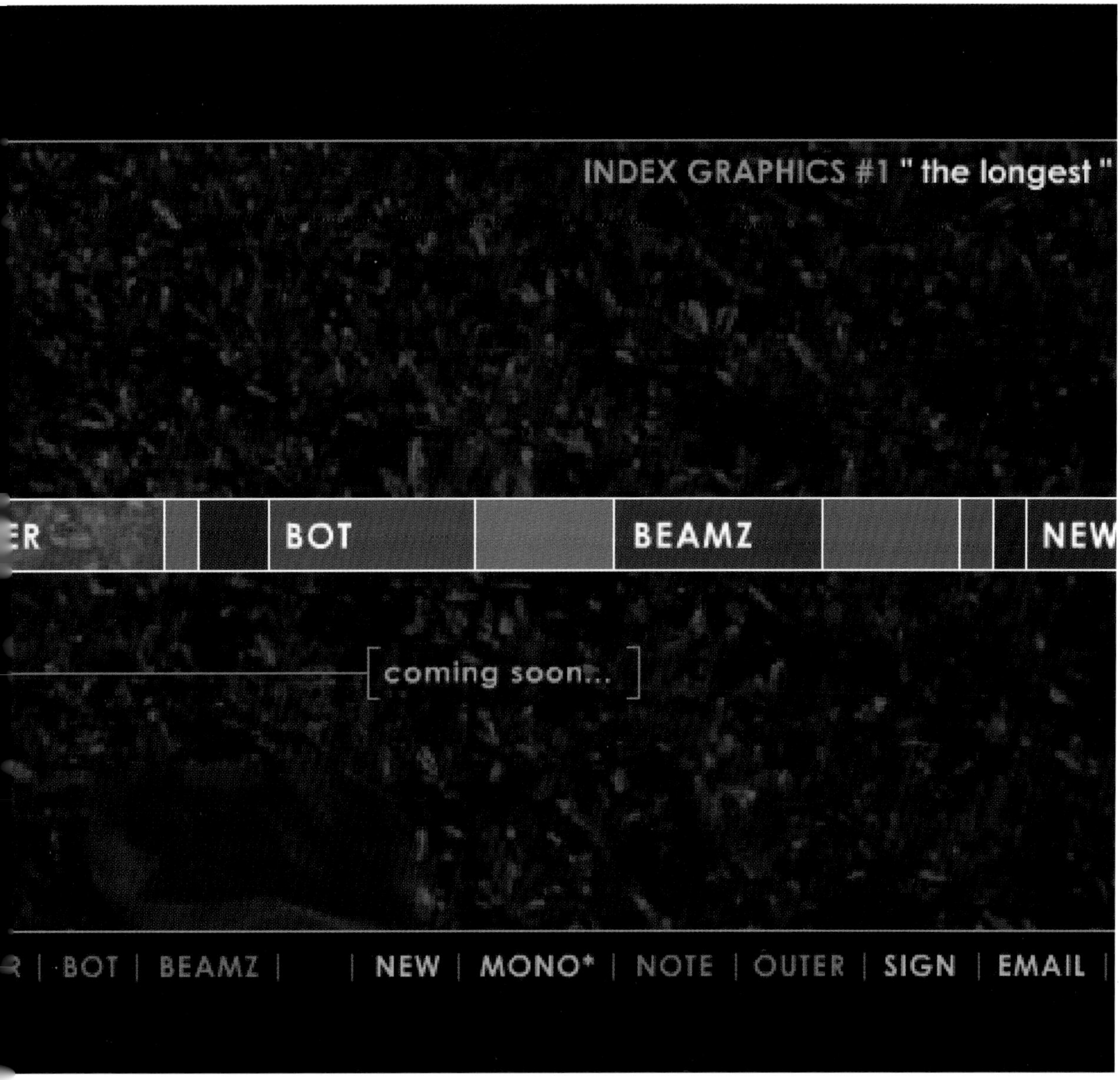
INDEX GRAPHICS #1 " the longest "
BOT
BEAMZ
NEW
coming soon...
BOT | BEAMZ | | NEW | MONO* | NOTE | OUTER | SIGN | EMAIL |

Friday, May 4, 2001
main
EGO AGENTS
menu
vitaly unclickable
director of interactive programming

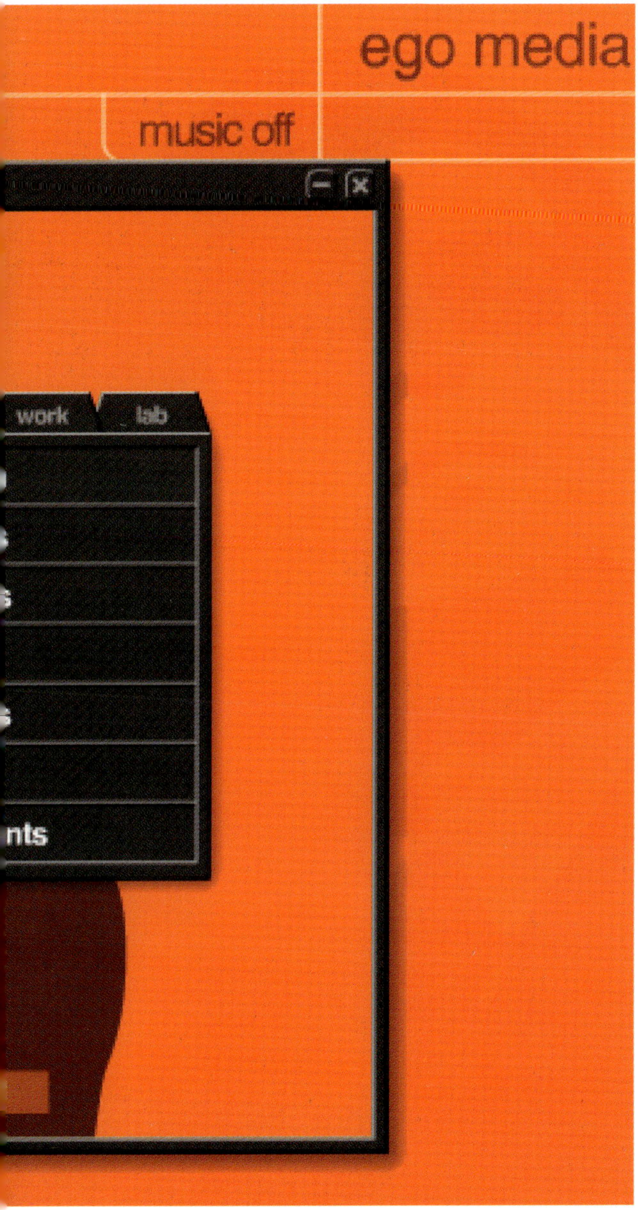

Egomedia war die meines Erachtens erste Site, welche mit gekonnter Integration von Videosequenzen in verfremdeter Form und absolut erträglichen Wartezeiten brillierte: Hier kommt klar zutage, wie man mit Video einer Flashsite so richtig «Leben» einhauchen kann.

Auch die frei bewegbaren Navigationselemente sind ein Klasse für sich. Die bewusst sprasam eingesetzten Farbtöne und der eingängige Sound runden die Site in ihrer Konsistenz äusserst gelungen ab.

Als «Flasher» ebenso der ersten Stunde wurde Gabocorps erste Site weithin bekannt und bewundert – er soll eine enorme Anfrage an Aufträgen erhalten haben, was ihm nur zu wünschen war.

Doch danach wurde es um ihn lange ruhig, und man wusste nur, dass irgendetwas Neues im Anflug war. Und so hat er uns mit seinem neuen Intro wieder in seinen Bann gezogen: Die Animation hat eine unglaubliche Tiefe und gekonnte Dramaturgie; der Eindruck, über diese Landschaft zu schweben, ist imponierend – und dass vor allem ohne lange Wartezeit (HeHe, dies an alle «Hardcore-HTML-Argumentalisten...» :-)).

Auch hier passt der Sound vorzüglich in die düstere Atmosphäre dieser Site: «Gabocorp is back. For real!»

scratch ▷
1
scratch
transform
help
editorial
credits
mail
goodies

Einmal Hiphop-DJ sein? Dann nichts wie zu turntables.de. Geben Sie Ihren Namen ein und Sie werden sofort als einer der weltbesten DJs für einen Abend in der Megahalle Ihres Veranstalters gebucht. Yo! Jetzt müssen Sie sich Ihren Respekt verdienen. Es gibt kein zurück...

Hier wurden die innovative Zeichenkunst aus der lebendigen Subkultur der Graffiti-Szene gekonnt mit der Möglichkeit verbunden, selbst in den Soundtrack einzugreifen und diesen zu gestalten – ein Mordsspass! Also, Subwoofer auf volle Lautstärke und Ihre Mitarbeiter im Büro kommen endlich wieder mal auf ihre Kosten... Scratch it, Babyiiieeee!!!

Ultrashock Home > The Launch Intro
ultrash

Das Meeting der Megaflasher: Viele bekannte Gesichter geben auf dieser Seite Tipps und Tricks aus ihrer Berufserfahrung preis.

Flash ist auch ein Tool für die Entwicklung von Trickfilmen und kann problemlos auch nach meiner eigenen Erfahrung zur Entwicklung von Cartoons für TV-Spots eingesetzt werden. Allein der Einstiegs-Zeichentrickfilm sorgt bereits für Hochstimmung. Also dann, viel Vergnügen beim Stöbern...

EFFICIENCY

Hier bietet sich ein innovatives 3D-Interface, welches seines Gleichen sucht und neue Horizonte des Webdesigns erschliesst.

3D wird hier dezent aber wirkungsvoll zum Einsatz gebracht. Auch eine gehörige Prise Humor ist mit von der Partie und zieht der ganzen Ernsthaftigkeit des Internet-Alltags ihren Stachel... Diese Site beweist einmal mehr, dass auch die ausgefallendsten Interfaces problemlos mit Flash realisiert werden können.

JezebelDigitalMediakarlward@c2i.net
Flash
Director
Illustrator
Photoshop
Imageready
Fireworks
Dreamweaver
Golive
Premiere

Video, 3D, Sound und Actionscript auf einer Site? Und das noch in einem gelungenen Ganzen? Dieser Auftritt demonstriert damit die neue Generation von Websites. Denn auch hier sind die Ladezeiten relativ kurz und lohnen sich bei dem dafür Gebotenen auf jeden Fall.

Besonders interessant ist der flüssige Ablauf und die dauernde Transformation von Elementen, so dass keine harten Brüche entstehen. Eine wahre «Best of Flash»-Site!

About Us
Services
Our Work
Affiliates
News & Events
Contact Us
about us
Testimonials
Grafika Designs was formed in the early stages of
Truta. There are many companies out there that c
believe we are between the only few ones that car
Our experience and ability to tie all of the proper e
us a very wise choice.
Grafika Designs is an Internet services firm that co
management consulting, user-focused design, on
leading-edge technology. Due to the fact that we
treat each of our clients with special care and give
something that big corporations tend to do less a
Awards
Legal notice
Join our mailing list
Home
Music on/off

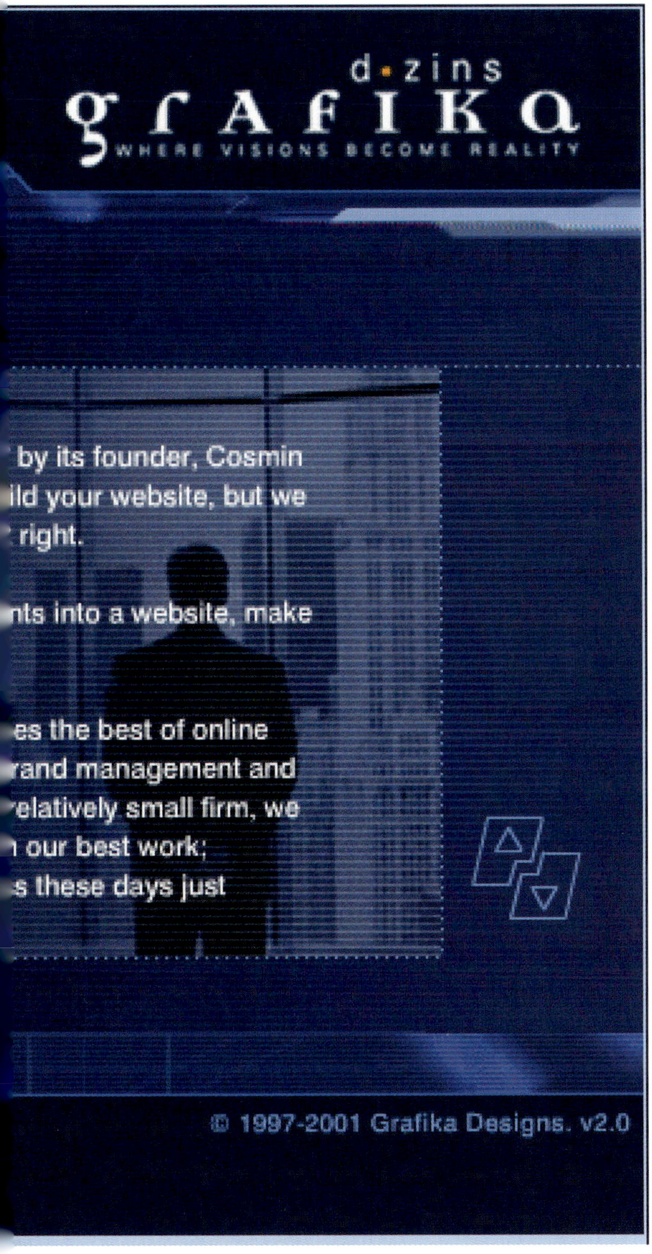

Diese Site verschmilzt durch die Integration von Bitmaps, Vektoren, Sound und dezenten Effekten zu einer konsistenten Einheit. Das Interface ist sauber ausgearbeitet und wirkt sehr elegant: Diese Site beweist, dass es keiner protzigen Effekte bedarf, um – frei nach dem Motto «weniger ist mehr» – ein erstklassiges Design zu präsentieren.

DESIGN INSITES
COMMUNICATION THROUGH TECHNOLOGY
AUDIO · DOWNLOADS · CUSTOMIZE
. // WELCOME TO DESIGN INSITES
VISION
PROFILE
PORTFOLIO
SERVICES
PROCESS
DI GEAR
CAREERS
CONCEPT LAB
PARTNERS
CONTACT
.//VISION

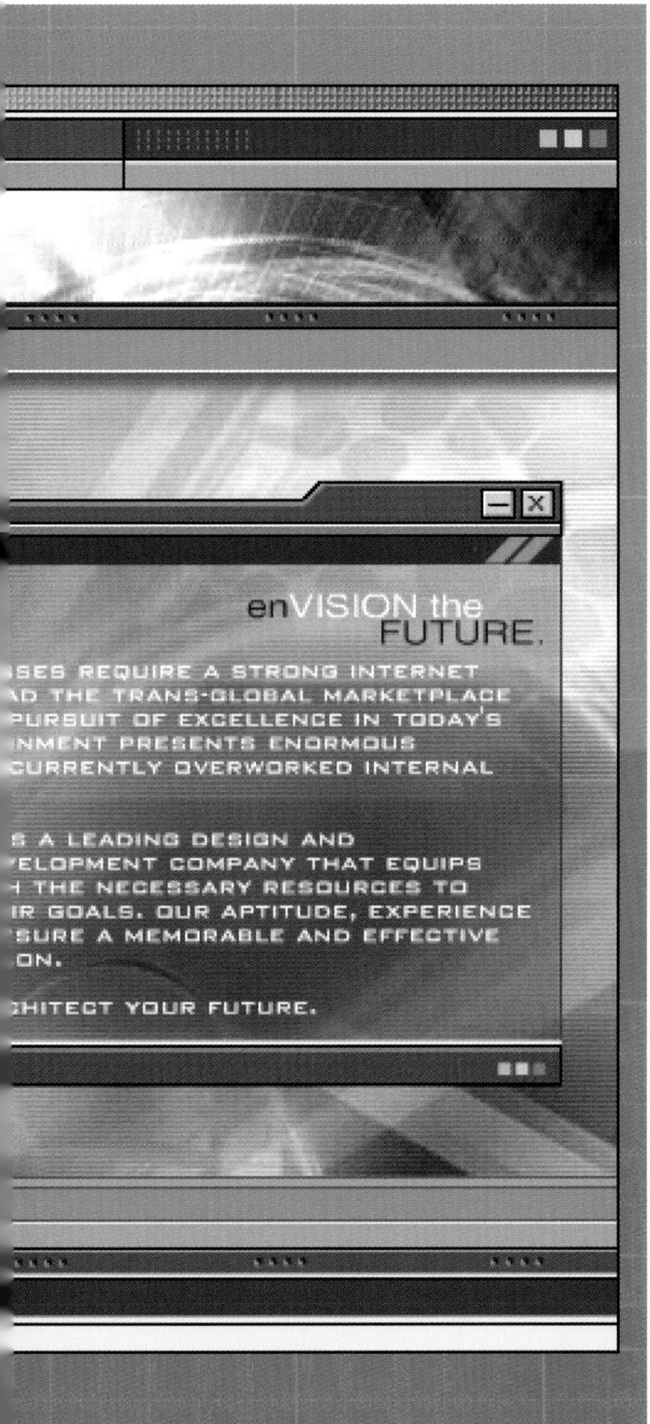

Diese Seite verbindet auf dezente Art und Weise 3D-Elemente, Bitmaps und Vektoren. Das ausgefeilte Menüsystem mit den verschiebbaren Fenstern verdient dabei Ihre besondere Beachtung.

Die Effekte sind ins Gesamtbild der Seite integriert und wirken belebend, aber eben auch nicht störend. Auch hier garantieren kurze Wartezeiten ein schnelles Informieren über den Inhalt der Website.

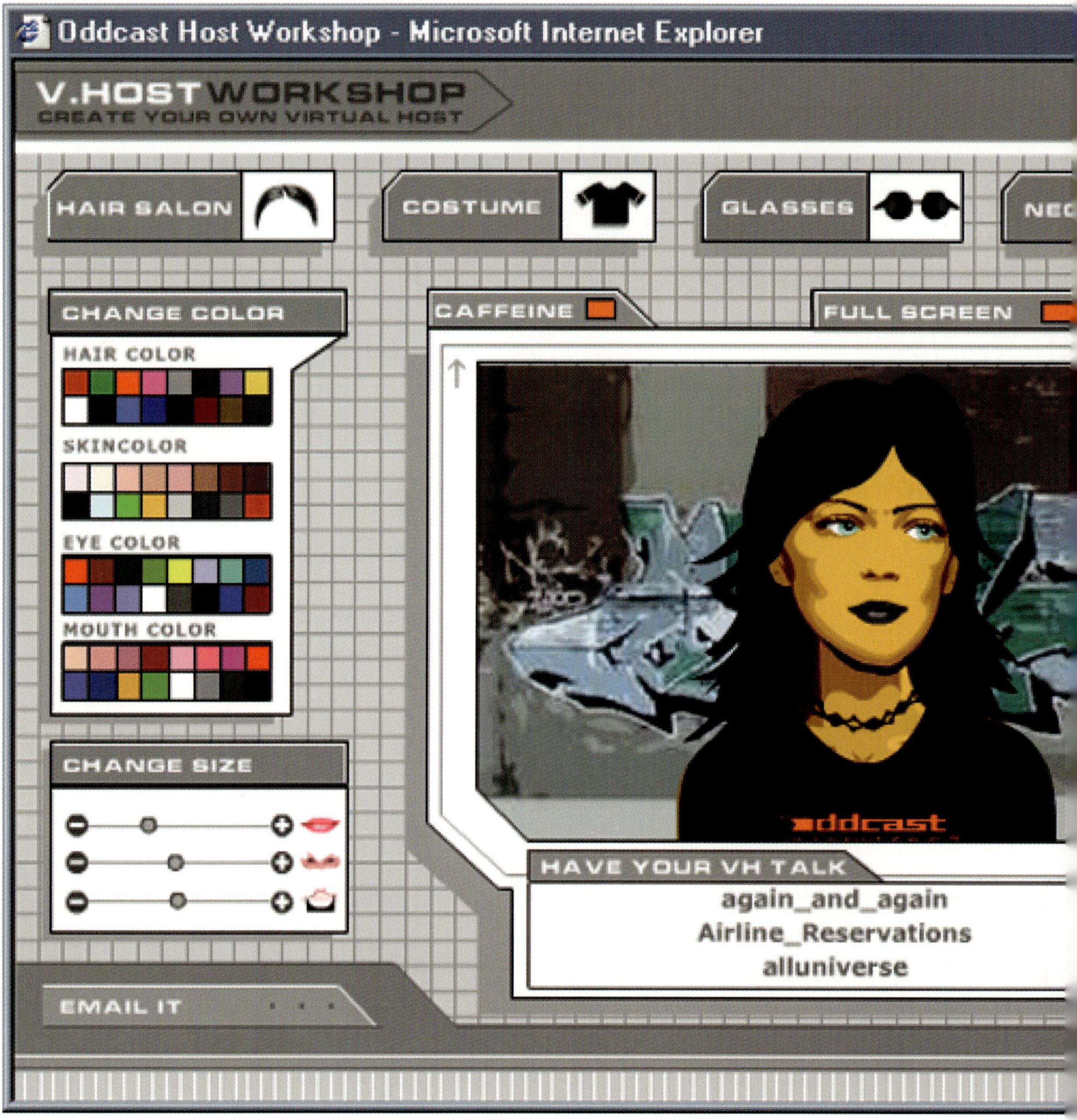
Oddcast Host Workshop - Microsoft Internet Explorer
V.HOST WORKSHOP
CREATE YOUR OWN VIRTUAL HOST
HAIR SALON
COSTUME
GLASSES
CHANGE COLOR
HAIR COLOR
SKINCOLOR
EYE COLOR
MOUTH COLOR
CAFFEINE
FULL SCREEN
CHANGE SIZE
HAVE YOUR VH TALK
again_and_again
Airline_Reservations
alluniverse
EMAIL IT
oddcast

TUTORIAL-SITES UND FOREN

Gern möchte ich Sie abschliessend auf einige weitere Online-Quellen hinweisen, bei denen Sie aktuelle Anregungen finden können.
Die Liste dieser Links habe ich zudem für Sie sowohl auf der *CD-ROM* als auch auf der Service-Seite zum Buch unter **www.wigwam.ch** abgelegt:

http://www.flashkit.com
http://www.turtleshell.com/guide/
http://www.virtual-fx.net
http://www.flashworker.de
http://www.moock.org/webdesign/flash/
http://www.popedeflash.com
http://www.flashplanet.com
http://www.flash4all.de

Ansonsten freue ich mich auf Ihr Feedback via E-Mail unter *info@wigwam.ch*!

Die Firma Oddcast führt eine neue Art der Kommunikation mit dem User ein. Durch verschiedene Beispiele kann der Anwender Echtzeit-Einfluss nehmen auf das, was auf dem Bildschirm geschieht. Erschaffen Sie sich z.B. Ihren Avatar und schicken diesen dann mit einer Botschaft versehen an Ihre Freunde.

Wow! Flash demonstriert auch hier seine Vorreiterrolle und wird das Internet weiterhin in Atem halten...

INDEX